华章经管

HZBOOKS | Economics Finance Business & Management

U0336271

ENTREPRENEURSHIP IN THEORY AND PRACTICE

Paradoxes in Play

（2nd Edition）

创业的悖论

（原书第2版）

［丹］ 苏娜·尼尔森　金·克莱弗　马斯布里特·罗斯塔加尔·埃瓦尔德　托本·巴格　著
　　Suna Lowe Nielsen　Kim Klyver　Majbritt Rostgaard Evald　Torben Bager

葛沪飞 张晓玲 杜思贤 译

机械工业出版社
China Machine Press

图书在版编目（CIP）数据

创业的悖论：原书第 2 版 /（丹）苏娜·尼尔森（Suna Lowe Nielsen）等著；葛沪飞，
张晓玲，杜思贤译 . -- 北京：机械工业出版社，2021.7
书名原文：Entrepreneurship in Theory and Practice: Paradoxes in Play（2nd
　　　　　Edition）
ISBN 978-7-111-68471-8

I. ①创…　II. ①苏…　②葛…　③张…　④杜…　III. ①创业 - 研究　IV. ① F241.4

中国版本图书馆 CIP 数据核字（2021）第 114832 号

本书版权登记号：图字　01-2021-2535

Suna Lowe Nielsen, Kim Klyver, Majbritt Rostgaard Evald and Torben Bager. Entrepreneurship
in Theory and Practice: Paradoxes in Play, 2nd Edition.

Copyright © 2017 by Suna Lowe Nielsen, Kim Klyver, Majbritt Rostgaard Evald and Torben Bager.

Chinese (Simplified Characters only) Trade Paperback Copyright © 2021 by China Machine Press.

This edition arranged with Edward Elgar Publishing Limited through BIG APPLE AGENCY. This
edition is authorized for sale in the People's Republic of China only, excluding Hong Kong, Macao
SAR and Taiwan.

No part of this book may be reproduced or transmitted in any form or by any means, electronic
or mechanical, including photocopying, recording or any information storage and retrieval system,
without permission, in writing, from the publisher.

All rights reserved.

本书中文简体字版由 Edward Elgar Publishing Limited 通过 BIG APPLE AGENCY 授权机械工业出
版社在中华人民共和国境内（不包括香港、澳门特别行政区及台湾地区）独家出版发行。未经出版者书面许
可，不得以任何方式抄袭、复制或节录本书中的任何部分。

创业的悖论（原书第 2 版）

出版发行：机械工业出版社（北京市西城区百万庄大街 22 号　邮政编码：100037）
责任编辑：李晓敏　　　　　　　　　　　　　　责任校对：殷　虹
印　　刷：大厂回族自治县益利印刷有限公司　　版　　次：2021 年 7 月第 1 版第 1 次印刷
开　　本：170mm×230mm　1/16　　　　　　　印　　张：20.75
书　　号：ISBN 978-7-111-68471-8　　　　　　定　　价：79.00 元

客服电话：（010）88361066　88379833　68326294　　投稿热线：（010）88379007
华章网站：www.hzbook.com　　　　　　　　　　　　读者信箱：hzjg@hzbook.com

PREFACE / 前言

　　我们希望写一本与众不同的创业教科书，它将向读者描述棘手且充满悖论的创业者世界。在这个固定计划常常被一夜推翻的世界里，具有明确指导方针和解决方案的创业教科书往往用处有限。诚然，有一些知识及方法是学生和创业者可以学习并且应该学习的，但是一本创业教科书不应假设存在明确的答案和可以预见的未来之路。创业之旅从来都不是预先设定好的，所以你必须为复杂性和不可预测性做好准备，也要为一路上不断出现的新机会和挑战做好准备。

　　通过一本书走进充满悖论的创业者的世界是一项挑战，实际上，这本身也是一个悖论。通过案例可以接近创业者和创业过程。创业教科书通常在每章结束时用案例对理论和模型进行阐释，然而，这并非很有帮助。因此，我们做了一些新尝试，即在每章（除第 1 章外）章首都提供一个有趣的案例，紧接着请你对案例进行解释，然后介绍与讨论每章相应的理论和模型，最后再回到这个案例，结合已有理论，从悖论视角再次对它进行解释。我们希望本书的这种案例解释的结构安排，能帮助你边做、边学、边反思。我们邀请了讲授创业课程的同行为本书撰写了许多有趣的创业案例，因此你在本书中将会看到发生在许多国家的真实创业案例。在此，我们向威廉·B.加特纳（William B. Gartner）、萨阿斯·萨阿斯瓦斯（Saras Sarasvathy）、阿兰·法约勒（Alain Fayolle）、本森·霍尼格（Benson Honig）、凯文·辛德尔（Kevin Hindle）、安妮塔·范·吉尔斯（Anita Van Gils）、托马斯·库尼（Thomas Cooney）、安·海伯格·克拉克（Ann Høijbjerg Clarke）、皮亚·肖·尼尔森（Pia Schou Nielsen）和比吉特·诺利克（Birgitte Norlyk）表示感谢，他们提供了一系列有价值的创业案例。

　　本书较前一版新增了四章：①第 6 章"新生创业"，由于新企业创立是创业领域的核心，为此我们特别在本书中设置了一章；②第 10 章"设计思维"，讨论了创业面临的新挑战，即设计思维及其对创业领域的贡献；③第 13 章"公共创业"，最近有呼声要求将公共创业作为新的研究领域，本书为此新设了这一章；④第 14 章"创业政策"，自 20 世纪 90 年代以来，创业政策已被确立为一门公认的分支学科。

作者在创业之旅中保持平衡与合作

　　本书由南丹麦大学的四位创业学者共同撰写。尽管这本书有四位作者，但读者不会觉得它有四种不同的写作风格，这是我们紧密合作与双重写作过程的成果。本书的每一章均由一位作者写作，经过小组讨论后，再由另一位作者校订，很多时候还会再经历新一轮的小组讨论，然后由第三位作者再次校订，这有助于统一写作风格。但是翻译过程更为重要，我们决定用母语写作，再由一位优秀的译者翻译成英文版本。我们很荣幸地邀请到了米克·汉考克（Mick Hancock），他对创业领域十分了解，也是一位优秀的作者，感谢米克对本书所做的贡献。此外，非常感谢伦纳特·施吕特（Lennart Schlüter）为本书设计了完整而精美的图表。最后，感谢爱德华·埃尔加出版社（Edward Elgar Publishing）确保了本书的顺利出版。

目录 / CONTENTS

第二部分 **创业过程**

绪论：充满悖论的创业

创业是一个重要且令人激动的研究领域。在现代社会中，新组织创建和现有组织革新是创造就业、促进发展的关键。创业者是那些富有激情、有所作为的人。

与一般创业教科书相比，本书在许多方面有所不同。

首先，最为重要的是，我们将创业定义为一种广泛的现象：从根本上说，创业涉及新方法和新过程的产生，以及对它们进行评估和组织。然而，一般教科书将创业局限于创建新的独立组织，本书认为创业行为也可以发生或出现在许多其他组织（如协会、政府机构、现有企业等）之中。

其次，大多数教科书只是借鉴管理文献中已经成熟的理论，着眼于如何运营和发展新生的小企业。在本书中，我们重点介绍了创业特有的理论和知识。

再次，我们希望通过与世界知名的创业研究者合作，撰写来自多个国家的创业案例，使读者树立全球视野。许多教科书仅使用来自单个国家的创业案例，从而无法让读者树立全球视野。当然，在许多时候，欧洲、美国及世界其他地区和国家的创业者面临的挑战都是相同的，但是具体情境的不同会使特定的创业机会也有所不同，这些情境既包括文化等软的可变因素，也包括法律法规等硬的可变因素。

最后，我们为创业教育提供了一种不同寻常且令人振奋的教学方法。而其他教科书中的传统教学方法往往侧重于理论呈现，再佐以经验示例和案例。

本书基于真实的创业故事，采用一种不同寻常且意义重大的教学方法。你将在许多不同的情境中遇到"真正的创业者"，你需要先设身处地地为他们着想，并将尝试代表他们进行决策。在经历这些之后，我们才向你介绍创业理论和概念。这种教学方法还鼓励你做大量的练习和调查，以便在新的创业情境中测试你已经建立的理论和知识。

当我们使用"创业"这个术语时，通常是指涵盖本书主题领域的广泛概念，即被定义为通过精心组织，评估、利用最初出现的新机会。与"创业"密切相关的概念是"创业过程"，我们将创业过程定义为从发现或创造机会、评估机会到最终通过精心组织来利用机会的活动。组织过程可能产生新的组织，这个新的组织可以是独立组织，也可以是现有协会、公共机构或企业内部的新组织单元。另一个常会被提到的概念是"创业者"，它是指发起创建企业的个人。本书还会广泛涉及许多其他概念。

读者对象

谁是本书的读者？这实际上是一本入门书，针对的是没有接受过任何创业教育的读者。不过，本书也同样适用于所有人，而不仅仅是那些"将要"成为创业者的人。因此，它不仅适用于希望创业的特定读者，也适用于那些希望拓展创业思维的更广泛的读者群体。若你属于前者，这本书将带你深刻理解创业者如何行动和创造价值，你还将了解创业过程，以及你正在寻找的非常具体的工具和创业技能。若你属于后者，即更广泛的那类读者群体，则这本书的价值在于它引入了一套适用于大多数情况的创造新事物的原则。无论你是在设计、人文、政治学领域，还是其他领域，你都将会在思考和学习中培养创业精神，并且提高识别或创造机会、评估机会和组织利用机会的能力。表 I-1 展示了两类读者之间的一些基本区别。

表 I-1　读者之间的差异

	特定读者	更广泛的读者群体
职业志向 总体原理 学习需要	有创业的抱负 了解创业过程 寻求有帮助的实用技能	有志于解决创业问题 拓展创业思维 寻求识别或创造机会、评估机会和组织利用机会的能力

　　无论你属于哪一类读者，创业教育对你来说都很重要。因为与其他学生相比，接受过创业教育的学生更倾向于创建新组织，在金融资产积累方面效率更高，更容易获得高薪，并更多地参与产品开发或其他研发活动（Autio，2007）。

创业的学习循环

　　有充分的证据表明创业教育应该与一般教育有所不同，因为创业教育是教你创造不存在的事物。而一般教育往往涉及一个人如何在已有的事物中行动，例如，在现有机构或已知市场中如何行动。在创业教育中，需要激发创业者的创业想象、冒险精神、行动导向和职业独立性。因此，仅仅获得技术知识和技能是不够的，你还需要使用和创造知识，并具有将其与自己的情境、行动、经验和创造性结合起来的能力。这本书将帮助你掌握创业的复杂性、创造性以及变革性的本质。

　　本书受到科尔布（1984）学习循环的启发，该学习循环促使你深入创业实践，而不是简单地阅读文字。这个循环也将从深入的理论角度为你介绍创业。实践、理论、实验和反思组成了学习游戏的全部内容……好好享受这场学习游戏吧！

　　科尔布的学习循环包含四项活动：

　　（1）活动的起点是以实践为导向的创业故事。本书采取文字形式描述创业故事，并以此激活整个学习过程。

　　（2）接下来会请你对故事中发生的事情及其原因做出反思和初步

解释。

（3）介绍相关理论，让你体会如何根据理论来解释故事。

（4）基于前面三项学习活动，你已经准备好用获得的知识来进行测试了。

我们会提供一些练习，帮助你复习并测试所学到的新知识。如图 I-1 所示，你可以开启新的学习循环。

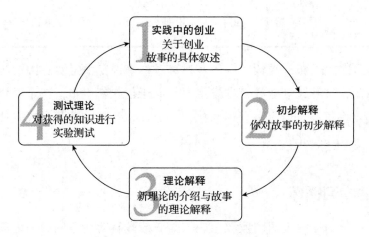

图 I-1　本书中学习循环的使用

内容组织的四重结构逻辑

本书根据学习循环的逻辑来组织各章内容，这意味着各章都使用了不尽相同的语言，即理论语言和日常语言。在本书中，几乎每章都分为四个部分，分别对应于学习循环的四项关键活动，它们分别是：

1. 实践中的创业

除第 1 章外，每章以真实的创业故事开始。

2. 初步解释

利用一组练习引导你对创业故事进行反思，并对创业故事进行初步解释：发生了什么？为什么发生？

3. 理论解释

介绍有关创业理论，以进一步解释这些故事，并为其增加理论视角。这部分侧重于以一种微妙的方式介绍创业理论，换言之，理论陈述是围绕一个悖论进行的。这个悖论为你解释创业故事提供了多种有趣的理论工具。

4. 测试理论

为测试你在各章中所学的理论知识，每章最后一节就如何在另一个创业情境中运用这些理论知识提供了一些建议，即在每章最初的创业故事所描述的情境之外，我们如何根据不同的情境来理解所学的理论知识。

创业：充满悖论的世界

创业理论充满了张力和困境，乍一看这似乎是矛盾的。例如，许多理论将创业过程描述为可以由创业者提前计划的一种决策行为。创业者可以预测这个过程，进而可以预测自己为了实现目标必须经历哪些步骤，就像拼图游戏一样（见图 I-2）。这些理论假设从创业过程一开始就存在一张完整拼图的图片。然后，创业过程就是试图制订正确的计划，并做出最优的决策，以便根据这张图片将拼图的各个部分组合起来。

其他理论则认为，创业者并不能事先预测要实现哪些目标以及如何实现这些目标。创业者将要创造的图景尚不存在。创业实在是太不可预测了，无法提前计划所有事情——一切都是以产品、组织、市场或其他形式创造未来，也就是说，一切都是未知的。因此，创业者需要采取一种

图 I-2　拼图游戏

即兴的方法，一步一步地前进，就像制作一种拼布的被子（见图 I-3）。这种被子是通过将许多新、旧材料逐渐拼合成有意义的图案而制成的，其中面料、丝带、刺绣、纽扣等材料的颜色和质量是不同的。也正因如此，才产生了许多美丽或不那么美丽的拼布作品。从这个角度看，创业者用他能获得的材料，通过一步步的即兴创作，创建了一个创业过程，而创业结果取决于这个过程，可以诞生许多不同的产品、组织或市场。

图 I-3   拼布被子

本书将创业理论视为一系列悖论的集合。一般而言，悖论是一种矛盾的陈述，本书称之为两种相互矛盾的理论视角，这些视角可以被认为是相反的。我们希望通过这种方式来展示创业理论中的张力，反过来，这又反映了创业者在日常生活中遇到的困境。创业者经常会陷入这种令人困惑的境地，因此必须在矛盾的观点中下定决心，也必须学会批判性思考并自己做决定。

本书中的悖论并不是"非此即彼"的矛盾，尽管它们事实上常常以相对极端的形式出现，目的是将不同的悖论视角彼此进行区分。虽然我们很容易把它们视为程式化的解释，但是在实践中，将适用的两种悖论视角结合起来，这会非常有助于读者理解创业过程中发生的事情。

本书结构

你当然可以选择完整地阅读这本书。不过，本书的结构也让你可以根据学术技能和兴趣选择其中与你最相关的部分来阅读。我们围绕四个主要部分设计了本书结构，每个部分均可独立使用。这些部分是：

（1）欢迎来到创业的世界；

（2）创业过程；

（3）创业行动；

（4）创业情境。

每个部分都包含了一些章节，每章涵盖了创业的一个核心主题，并对应着与每个主题相关的关键理论悖论（见表 I-2）。

表 I-2　本书的部分、章和悖论

部　分	章	悖　论
欢迎来到创业的世界	1. 什么是创业 2. 谁是创业者	导论——无悖论 创业者是天生的还是后天发展的
创业过程	3. 机会出现 4. 机会评估 5. 机会组织 6. 新生创业	机会是被发现的还是被创造的 机会评估是工具性的还是合法性的 机会组织是可预测规划的还是即兴创作的 新生创业是基于必要性还是基于机会
创业行动	7. 资源 8. 网络 9. 商业计划书 10. 设计思维	创业是资源利用还是资源探索 创业网络是理性工具的还是社会嵌入的 商业计划书是管理工具还是抑制创造力 创业是培养创业思维还是设计思维
创业情境	11. 内创业 12. 社会创业 13. 公共创业 14. 创业政策	内创业是自上而下的还是自下而上的 社会创业是选择商业世界还是更美好的世界 公共创业是封闭的还是开放的 创业政策是财富性的还是福利性的

第一部分：欢迎来到创业的世界

在这一部分，你将学习两章内容。第 1 章介绍创业现象。为什么创业现象对个人、组织和社会都很重要？如何从历史视角来看待它？本章将给出本书涉及的主要概念的内涵。

第2章探讨关于创业职业道路的决定。为什么有些人决定成为创业者而其他人却不？谁是创业者？你能从人群中认出他吗？创业者是天生的，还是我们都有潜力成为创业者？本章的悖论是：创业者是天生的还是后天发展的？

第二部分：创业过程

发现或创造机会、评估机会以及组织利用机会是与创业过程形成和实现有关的三个关键活动。第二部分包含四章内容，其中，第3章讨论新机会产生的环境。具体而言，即讨论机会是时刻就在我们身边，还是等待我们去发现，抑或是由个人创造的。本章的悖论是：机会是被发现的还是被创造的？

第4章旨在深入洞悉创业者是如何评估机会的。评估指的是评价机会在市场中是否有意义，或者该采取哪些行动使机会可行的过程。本章讨论是将评估机会理解为一个系统性的分析过程，还是理解为创业者通过与市场的互动来试图使其行为合法化的过程。因此，本章的悖论是：机会评估是工具性的还是合法性的？

第5章侧重于讨论如何组织机会。机会只有被组织起来，才会对投资者、顾客和其他人可见。因此，每个创业过程都能发展出支持该组织过程的结构和惯例，从而在现有组织内形成新组织单元或创建独立组织。本章的悖论是：机会组织是可预测规划的还是即兴创作的？

就像在蛋糕顶部放一颗樱桃那样，第6章将你的注意力聚焦在创业过程的特定、常用论点上。它将创业作为新企业创立的过程来处理，这与术语"新生创业"密切相关。本章旨在介绍引发创业的关键问题和活动。有些人被富有诱惑力的商业机会所吸引，从而选择创业，但是，另一些人则是出于必要性而被迫开始创业，因为他们实际上没有其他选择。本章的悖论是：新生创业是基于必要性还是基于机会？

第三部分：创业行动

第三部分集中讨论了四个关键主题，这些主题可以帮助创业者发现或创造、评估和组织创业过程。在第 7 章中，你将会遇到资源问题，本章将资源分为三种类型：金融资源、人力资源和社会资源。然后，本章讨论如何评估资源的价值，并探讨在任何给定时刻，创业者是该使用他已经掌控的资源来利用机会，还是应该用这些资源来探索更多的新资源。本章的悖论是：创业是资源利用还是资源探索？

第 8 章将会涉及网络及其建立。创业者的社交和商业网络十分重要。本章将检验创业者使用的不同网络，以及创业过程中的各种挑战所需要的不同网络。网络是该被理解为创业者可用的理性工具，还是该被理解为创业者周围"难以管控"的环境？因此，本章的悖论是：创业网络是理性工具的还是社会嵌入的？

第 9 章将深入探讨商业计划书，这是创业的核心部分。本章将讨论商业计划书在创业过程中的作用及其重要性，提出以下问题：在复杂的创业过程中，商业计划书是有价值的管理工具吗？它是支持和促进创业者对创意及其潜力形成结构化、整体性理解的工具吗？或者说，商业计划书是创业过程中推动创意成熟以及发现新机会的阻碍吗？因而，本章的悖论是：商业计划书是管理工具还是抑制创造力？

第 10 章讨论的是设计思维，它被视为一种独特的创业方法，即利用设计师的创造性方法来解决问题。对启动和发展创业来说，设计思维是一种具有创造性的、能够迭代的、可以协作解决问题的方法。共情参与、快速原型设计和共创是设计思维在创业过程中的关键要素。本章重点阐述设计思维与传统创业思维之间的差异。由于在一定程度上，设计思维的基本思想与许多创业研究文献背道而驰，因此，本章的悖论是：创业是培养创业思维还是设计思维？

第四部分：创业情境

第四部分强调创业并不是在"真空"中进行的，不同的环境背景有助于塑造创业过程。这一部分将考察四类有趣的创业情境。第11章介绍现有组织环境下的创业，这个现象被称为"内创业"。在现有组织的框架内也会有新创意的发现或创造、评估和组织，就像创业者在成立新的独立组织一样。问题在于，内创业是由管理层的主导和支持来实现的，还是由员工的主动和承诺来实现的。因此，本章的悖论是：内创业是自上而下的还是自下而上的？

第12章介绍社会创业者，他们致力于为实现社会目标或为社会活动做贡献而创造一个新组织，并为当地居民或全人类创造更好的环境。本章的标题是社会创业，但是如何才能促成社会创业？如果社会创业是为了创造更美好的世界，使社会目标成为社会创业者的唯一目标，那么我们将不必理会利益和商业交易。如果创造更美好的世界需要建立经济上可持续发展的企业，那么社会目标将不再是首要目标，而只是次要目标，因为利益和商业交易是第一位的。因此，本章的悖论是：社会创业是选择商业世界还是更美好的世界？

截至第12章，本书一直试图将创业与私人组织联系起来，而第13章则致力于说明在公共组织中也会出现创业现象。公共组织运作的特定环境将会限制或促进创业过程，比如，通过政策环境和提供福利的方式来关注共同利益。本章介绍公共创业的两种不同视角：封闭视角与开放视角。封闭视角强调公共创业是在公共组织中开展的，外部环境的作用极小。开放视角则指出可以选择复杂的过程来发展公共创业，并吸纳许多不同的利益相关者，他们可以来自公共组织、私人组织或志愿组织，也可以来自社会。因此，本章的悖论是：公共创业是封闭的还是开放的？

第14章阐明在创业过程中创业政策所发挥的重要作用。在全世界范围内，有不同的政策鼓励创业。创业的许多潜在社会利益表明值得制定政策来关注这一现象。本章强调两种创业政策视角的重要性：一种视角侧重于创业政策的主要目的是实现经济增长；另一种视角则着重于创业政策在促进福利制度发展方面所起的作用，例如，创业政策可作为帮助经济弱势群体和边缘化群体的手段。因此，本章的悖论是：创业政策是财富性的还是福利性的？

　　除了以上 14 个核心章节外，第 15 章还对所有讨论内容进行了总结，以再次强调本书所提出的悖论。本章还将讨论这些悖论之间是否存在更强的关联性，从而进一步帮助我们理解创业。

参考文献

Autio, E. (2007) *Entrepreneurship Teaching in Öresund and Copenhagen Regions*, Copenhagen: Danmarks Tekniske Universitet.

Kolb, D.A. (1984) *Experimental Learning: Experience as the Source of Learning and Development*, Englewood Cliffs, NJ: Prentice-Hall.

———

第一部分

欢迎来到创业的世界

———

第1章 什么是创业

创业时时刻刻都在我们身边，并且经常被谈起。但创业到底是什么？如何定义创业？这些看上去简单的问题实际上并不简单。在读报纸或看电视时，我们很容易会对创业者产生一种"当代英雄"般的印象。你一定听说过那些足智多谋的英雄，他们创建了自己的组织，最终名利双收，例如创建福特汽车公司的亨利·福特，还有创建微软公司的比尔·盖茨。本书所传递的观点是：创业不仅仅是指创建一个独立组织，更是一种复杂的现象，会发生在不同的环境中，并且在范围、过程和产出方面各不相同。

本章的主要目的是解决这个问题：什么是创业。这个问题没有标准答案。创业是一种广泛的现象，涉及诸多方面，依据关注点、定义、范围和范式，可以被划分为很多类型（Steyaert 和 Hjorth，2003）。存在着许多不同的"创业"定义的一个原因是：研究者是从不同的学科领域来研究创业的，例如经济学、心理学、社会学、管理学等。实际上，每位学者对创业都有他自己的定义，就像萨克斯（1872）讲述的那个关于盲人摸象的故事，有的人摸到大象的躯干，有的人摸到大象的尾巴（见图 1-1），因此每个人都讲述了关于大象的不同故事。在那之后，加特纳

（2001）提出：创业是否就跟这只大象一样？

图 1-1　盲人摸象

1.1　创业的电梯游说

在开始定义创业之前，我们首先介绍一个术语："电梯游说"。这个术语常用于创业中，通常指在乘坐电梯上下楼时，由一个人向另外一个人或一群人所做的简短的推销游说或口头论述。这个概念经常用于各种商业活动网络中。在电梯里，你只有几秒钟的时间，来快速有效地激发人们对你的创意、产品或类似的东西产生兴趣。

接下来，我们将激发你对学习创业的兴趣。在一般的场景中，"电梯游说"是没有问题的，但是在创业场景中，"电梯游说"只是相对简短的推销游说。创业对个人、现有组织和社会来说都具有很大的价值，因此，创业对你个人、你可能创建或工作的组织，以及你周围的人来说都具有价值。

1.1.1　针对个人的电梯游说

创业对不同的人具有不同的价值。你认为成为创业者有什么价值？对学生和其他人群的调查显示，激发创业者的不仅仅是赚钱的前景，更多的是对"独立"的渴望和对"成就"的追求（Naffziger 等，1994；Shane 等，2003），当然这并不意味着可以忽略赚钱。为了实现创业的最终目标，创业者必须创建商业上可行的组织，这意味着他们至少必须能赚到足够的钱来支付必要的开支，其中也包括为他们自己的努力所支付的报酬。

你可能认为创业对你没有直接的价值，但请细想：劳动力市场正在发生变化，其趋势是会出现更多的自由职业者、更频繁的工作切换、更快的技术发展、更多的选择以及更加模糊的工作结构等。实际上，这要求我们每个人无论教育和职业背景如何，都要比以往任何时候更像创业者那样行事。在某种意义上，我们必须创造一份职业，而不仅仅是拥有一份职业。我们通常在接受何种教育上有很多选择，并且毕业后往往会有多种职业选择，包括在各种形式的工资收入与自主创业之间进行选择。在过去，孩子们跟他们的父母从事相同的职业是很普遍的事：一个人几乎就是为了从事某种特定职业而生。尽管今天仍然存在这样的职业道路，但现在的年轻一代在创造自己的未来时面临更大的挑战。正如唐所说，"我们是自我创业者"（Down，2006）。因此，对年轻人来说，了解什么是创业，并接受与创业相关的培训是至关重要的。

最后，同样重要的是，创业是令人兴奋的。创业者通常与他人一起创造新事物。而在开拓阶段工作，创造新事物是一种具有挑战性的、有教育意义的经历。

1.1.2　针对现有组织的电梯游说

创业对现有组织同样具有重要的价值。在全球化世界中，如果企业不能实现差异化和创新，它们可能很难生存。世界各地的竞争异常激烈，世界的发展速度似乎没有上限（Nordström，2000）。技术进步意味着不断淘汰现有组织的产品和服务。因此，组织必须不断自我更新和全面创新，如新产品、新材料、新市场、新技术及新工艺等。

差异化和创新需要现有组织能够发现或创造新机会，并且追求新机会，而这正是创业的核心。你会发现越来越多的现有组织正在寻找那些管理能力能够超越传统管理技巧的员工，他们具有规划、组织、协调能力以及创业创新精神和创造力。因此，创业对在现有组织中工作的员工来说也是有价值的。

1.1.3 针对社会的电梯游说

创业对整个社会的价值也不应该被忽视。特别是自 20 世纪 70 年代以来，创业已被认为是创造就业、促进经济增长和繁荣的手段。博尔顿（1971）和伯奇（1979）提出了一个反常识性观点，他们认为在促进经济增长方面，小企业比大企业重要。这一观点至今仍有影响力，体现为世界各地的政治家和研究者总是从社会经济角度指出创业的重要性。

从这个角度看，许多国家都有鼓励成长导向型创业这一政策目标也就不足为奇了。在全球范围内，各国活跃的创业者占其总人口的比例存在很大差异，总的来说，发达国家的创业活跃人口比例高于发展中国家，但各国之间也有很大差异。文化、框架条件、产业结构等方面的因素都可以解释这些差异（Kelley 等，2016）。政治家们正试图改变这一比例，以便使创业活动在数量和质量上更上一个台阶，对此，我们将在第 14 章中做进一步的讨论。图 1-2 显示了多个国家的不同创业活动水平，从图中可以看出积极参与创业活动的成年人的比例。不仅发达国家与发展中国家之间有差异，而且这两组国家内部也有差异，即不同的发达国家之间存在差异，不同的发展中国家之间也存在差异。2015 年，保加利亚仅有 2% 的成年人在创业，但美国的这一比例为 8.3%，而厄瓜多尔则为 25.9%（Kelley 等，2015）。

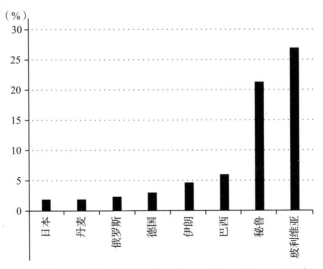

图 1-2　2015 年积极参与创业活动的成年人的比例

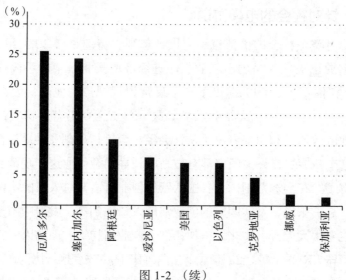

图 1-2 （续）

资料来源：Kelley 等，2016。

随着创业者不断地将新创意、新产品、新服务和新工艺推向市场，创业也被认为有助于经济发展中的良性竞争。创业者的活动导致了全新的产业和市场的出现。依靠风力涡轮机发电产生替代能源就是丹麦创业活动的一个例子，它创造了新产业，对我们解决当前及未来环境和气候问题的能力产生了重大影响。

因此，你可以通过学习理解创业现象，它对个人、现有组织和社会都很重要而且十分有趣。无须多言，创业值得一学。

1.2 历史回顾

世上任何事物都不是无中生有的，大部分现象只是漫长历史过程中的一部分。创业也有自己的故事。现在让我们回顾历史，追溯这段故事，这将帮助你更好地理解什么是创业以及如何定义创业。我们从四个传统入手分析创业的历史：经济传统、社会心理传统、出现传统和机会传统。

1.2.1　经济传统

创业是一个古老的现象，可以追溯到很久以前：战争时期，征服其他国家便可被认为是创业的一种形式。在当时，通过征服、掠夺资源来发现和利用新机会是很自然的（Baumol，1990）。

直到大约 1755 年，我们才在正式的贸易、商业类文献中看到对于创业现象的介绍。坎蒂隆（1680—1734）通常被认为是该领域的重要先驱（Landström，1999），他认为创业者的职责是通过廉价购买某种东西并以尽可能高的价格出售来弥补供需之间的差异。创业者就是冒险地获取和分配资源，从而使经济趋于均衡的人（Murphy 等，2006）。创业概念到 18 世纪末得到了扩展，即将创业者视为规划、监督、组织甚至拥有生产要素的人。到了 19 世纪，提供资金的人与创造利润的人被认为是有区别的（Coulter，2003）。

在 20 世纪初，奈特认为创业者的职责是承担经济中的不确定性，他区分了如下三种不确定性（Sarasvathy 等，2005）。

第一种不确定性发生在未来存在不同的已知结果时。在这种情况下，创业者的任务就是计算不同结果发生的概率并在此基础上进行决策。这种不确定性的一个例子是，把一些黑色和白色的数量分布已知的弹珠放在罐子里，估计蒙着眼睛的人拿出黑色弹珠的概率。

第二种不确定性发生在未来结果存在但事先不知道的情况下。这种不确定性的一个例子是，在不知道黑色和白色弹珠数量分布的情况下，在罐子里装上一些弹珠，然后让蒙住眼睛的人取出一个弹珠，并分别计算这个弹珠是黑色或是白色的概率。在取出了一定数量的弹珠之后，就可以形成对下一个弹珠可能是黑色的概率。

第三种不确定性，奈特将其称为真正的不确定性，这种不确定性发生在未来结果不存在，因此也不可能知道关于它的任何事情的情况下。在创业过程中，创业者以利润作为解决真正的不确定性的补偿。举个例子，假设罐子里装满了未知的且不断变化的一组东西，如球、蛋糕、糖果、昆虫等，然后要求一个人估计取出一个黑球的概率，那么这个概率是无法计算的。

然而，我们今天对于创业和创业者的理解，更多是来自熊彼特（1934）所赋予的创业者功能。熊彼特认为创业者在经济方面并不承担任何不确定性，这种不确定性是由向创业者提供资金的资本家承担的。相反，创业者是创新者，他们通过组合已有的事物，在经济中创造新的机会和组织：他们是经济发展的主要来源。熊彼特假设的起点是均衡经济，直到创业者通过组合已有的事物创造新机会，才造成了市场的不平衡。但是，这种不平衡有助于经济的发展。创业可以采用以下形式：

（1）引入新产品或提高新产品的质量；

（2）引入新的生产方法；

（3）开拓新的市场；

（4）利用新的供应来源；

（5）产业重组。

熊彼特假设新组织的表现将会超过现有组织，并在经济中掀起变革浪潮，他称这一过程为创造性破坏：新项目和组织不断形成，其他项目和组织则逐渐消失。如果创业者成功了，模仿者会模仿创业者并进入市场。随着市场逐渐饱和，经济中会出现新的均衡。当然，人们也可以对熊彼特的理论提出异议，例如：新事物总是比旧事物更好吗？为什么不确定性与创业者的行为无关？尽管如此，毫无疑问，熊彼特的观点仍与创业、创新和经济增长之间存在着联系。

1.2.2 社会心理传统

20世纪60~80年代，人们通常从心理、心态的视角来定义创业。麦克利兰（1961）在《追求成就的社会》（*The Achieving Society*）一书中提出了这些想法。这本书讲述了为什么有些人能专注于经济活动并取得重大成功，而其他人却不能。此外，该书还说明了为什么在经济上有些社会比其他社会发展得更好，尽管它们起点相同。在特定的社会中，行为者之间取得成就的需要被确定为解开谜题的关键，这种需要与创业者的人格有关。这意味着在创业研究中，心理学解释逐渐普及开来。具体而言，创业者与非创业者之间的心理差别具有一定的科学意义

（Carland，1984）。霍纳迪和邦克（1970）是探索成功创业者个人特质的最早的研究学者。他们指出了许多不同的创业素质，如"努力上进""自信""渴望成为自己的主宰""成就需要"（Hornaday 和 Bunker，1970）。

20 世纪 80 年代后，由于以下三种批评的声音，这些方面的研究文献逐渐消失。

（1）研究个人的个性特质，例如成就需要，往往会忽视个人特质彼此之间的影响，以及环境因素如何在创业行为中发挥作用。

（2）心理学角度导致产生了如此广泛的特质和因素，以至于创业者往往被视为"普通人"。

（3）最后，这些研究无法帮助人们凭经验确定人群中创业者的个性。特别是加特纳的文章《谁是创业者？这是一个错误的问题吗？》，至少在创业者的普遍个性特质方面，导致了心理思维方式的摊牌。

多年来，心理学研究路线得到了传统社会学的补充，传统社会学的研究重点是人与人之间的关系，而不是个人。因此，人们可以讨论一种社会心理传统，即关注个人和群体中的创业者（Aldrich，1999）。社会心理传统将在第 2 章中做进一步阐述。

1.2.3 出现传统

较新的理论侧重于将创业理解为一种组织过程，这个过程会导致特定的产出，即新组织的形成。创业者与非创业者的区别不是个人特质，而是创业者创建了新组织这一事实（Gartner，1988），这一思想在 20 世纪 80 年代被引入理论领域。在这里，创业被视为一种组织现象，创业就是"新企业创建行为的同义词"（Pitaway，2003）。

将创业定义为组织形成的过程，创业也就成为构建新结构的同义词，因为组织的特征是具有一定程度的正式政策、行政结构和目标。然而，传统组织理论与创业理论之间存在重要的区别。传统组织理论的出发点"始于新兴组织的结束点"（Katz 和 Gartner，1988），这意味着创业研究主要集中在导致创建新组织的过程上，而组织理论则主要关注组织成立后会发生的事情。

该文献本质上是有关行为的，这意味着在创建新组织的过程中，它聚焦于创业者的活动。例如，卡特等（1996）学者就揭示了71位创业者在创业过程中参与了哪些活动。

1.2.4 机会传统

出现传统有一个竞争者，被称为"机会传统"。机会传统不是从组织形成的角度来定义创业，而是将创业定义为"发现、评估和利用新机会，以引入新产品和服务、组织方法、市场、流程和原材料的活动"（Shane，2003）。在这里，革新或机会的出现被视为创业过程的核心，而创业活动的开放可能会导致多种产出，包括新的独立组织。其他可能的产出包括在现有企业、志愿组织和公共机构框架内的创业。

机会传统认为成功创业的决定性因素应该是具有创新性。创业活动涉及创造力，并且有可能改变现有的市场经济条件。埃克哈特和谢恩（2003）认为创业涉及新目标、新产品或新手段－目的链的创建。仅仅优化现有的目标、手段或手段－目的链是不够的，就创业而言，创建或确定新的目标、手段或手段－目的链是至关重要的。因此，应将重点放在少数组织上，无论是新组织还是现有组织，它们都带来了新产品、新流程、新市场，或者经历了重新组织。这是为我们已知的世界增加新事物的机会。因此，机会是机会传统中的关键概念。埃克哈特和谢恩将机会定义为"可以通过形成新手段、目的或手段－目的关系来引入新产品、服务、原材料、市场和组织方法的情况"（Eckhardt和Shane，2003）。

1.3 本书的基础

从历史上看，创业概念已经有了多种理解方式，如今其中的许多理解仍然存在，并且仍在发展之中。这就突出了在撰写项目或谈论创业时，将自己定位于创业理解范围内的重要性。下面的内容确定并定位了本书对于创业的理解。

1.3.1　互补方法

在文献中，你会发现许多有关如何理解创业过程的看法。有些人认为这个过程可以被描述为几个阶段或一个生命周期序列。这种观点认为，所有创业过程都要经历相同的阶段，并且人们可以预先确定这些阶段。有些阶段模型将从组织最早的起点一直到结束的整个生命周期进行划分。例如，克罗格（1974）将其分成五个阶段：成立、发展、成长、成熟、衰落。另一些人则聚焦于早期阶段：当创意被开发出来，采取了第一个具体的启动步骤，新的组织便开始成型（Carter 等，1996；Davidsson，2006）。启动前的阶段通常被称为"孕育期"或"发现期"，而启动后的阶段被称为"早期"阶段。此外，在一些研究中，创业者在创业之前被称为"新生"，而在创业后则被称为"所有者 - 经理"（Kelley 等，2016）。创业之前的阶段还可以进一步划分为创意产生并正在探索的阶段（即"潜在创业者"）和后期阶段，即采取行动开始创业但没有真正启动（即"新生创业者"）。在有关组织启动和发展阶段的文献中，你会经常发现有人将创业与生物过程进行类比，但在组织孕育、出生、童年及成年等阶段则存在差别。尽管许多阶段模型之间存在相似之处，并且都对生物过程进行了普遍引用，但是关于阶段的数量及其特点尚无共识。

如今，出现传统和机会传统代表了创业研究的两种主流视角，为了增进我们对创业过程的理解，这两种视角通常以相互竞争的观点呈现。然而，本书基于这样的观点，即可以将这两种传统视为互补。该观点认为实践中的创业过程涉及机会出现（即发现或创造）、机会评估和机会组织，机会出现与创业者发现或创造商业机会有关。例如，将已经存在的事物组合到一个全新的或改进的产品之中。机会评估侧重于创业者对机会是否具有市场吸引力的评估。机会组织则是指创业者试图通过实施来利用机会，以便市场中的人可以看到、理解并据此采取行动。

拜格雷夫和霍弗对创业者的定义也强调了将出现传统和机会传统进行互补的方法：他是"察觉到机会并且创建组织来追求机会的个人"（Bygrave 和 Hofer，1991）。谢恩对于创业核心的理解是，"创业是一项涉及发现、评估和利用机会的活动，并通过以前不存在的组织努力来引入新产品或服务、市场组织方式、流程和原材料"（Shane，2003）。虽然机会的概念在这里是核心，但也要注意，此处涉及了"组织努力"。

让我们以一个例子来说明这两种传统之间的互补性：建立一个新的学生社团。学生社团往往反映了一群学生中的政治立场或某种特定的兴趣喜好，例如，探讨环境问题或发达国家与发展中国家之间的关系。一群关注政治的学生也许会相信，他们可以通过新的学生社团对关键决策者产生更大的影响。这里需要考虑的一个关键问题是，是否存在某种传统方式，可以建立另一个社团提供"空间"；或者是否有必要以其他方式来组织自己，例如通过虚拟网络。根据"出现传统"，人们可以将这种情况理解为学生社团的传统建立过程，而"机会传统"则强调这种情况构成了一个不同的、认识学生社团的新机会。因此，这两种传统都有助于我们理解具体情况。

图 1-3 解释了本书对创业的理解，认为创业是机会出现、机会评估和机会组织的三重过程，既涉及出现传统，也涉及机会传统。本书将创业过程描绘为螺旋形，以强调本书反对将创业视为线性过程的观点。创业过程并不是建立在彼此基础之上、可清晰定义的各个阶段。相反，这些阶段通常是迭代、并行和重叠的。

第 3～5 章将会详细解释图 1-3，第 3 章侧重于讨论机会出现，以及机会的发现或创造；第 4 章侧重于讲述机会评估；第 5 章侧重于讲述通过组织来利用机会。由于新生创业和创业启动在创业研究文献中占有非常重要的地位，因此第 6 章专门探讨这些主题。这些主题可能与出现传统有关。

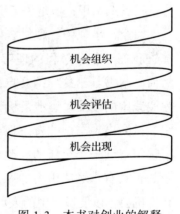

机会组织

机会评估

机会出现

图 1-3　本书对创业的解释

1.3.2　核心主题

与新机会出现、新机会评估及新机会组织相关的过程往往极为复杂，有多种不同的因素在其中起作用，例如环境，人口统计学，创业者的先前经验、职业、个性、自我理解、策略选择等。这本书着重强调五个影响创业过程或帮助创业者实现创业过程的核心主题，这些主题是：个人、资源、网络、设计思维和商业计划书（见图1-4）。

图 1-4　创业的核心主题

为什么这些主题很重要？因为创业者个人在创业发展过程中起着重要作用，毕竟，是个人或一小群人发起并实施了这个过程。此外，富有想象和创造性的过程是在个人的头脑中发生的。

资源是为发现或创造机会并进行组织所必需的信息，它们是构成创业的基础材料。资源可以被广义地定义为人力资源、社会资源和财务资源。

网络也至关重要。尽管创业在许多时候都是一个孤单的旅程，但是必须要强调的是，这个过程在很大程度上也是一个网络旅程。创业者经常与他人（如银行家、潜在客户、咨询顾问、其他创业者等）进行互动，并且创建网络。这些网络对于他获取那些对创业发展必不可少的知识、资源来说至关重要。

设计思维是一种独特的解决问题的方法，创业者可以通过这种方法来创造或发现、评估和组织机会。这种方法不可能对所有创业者都适用，但是当创业旅程中创业者遇到复杂挑战时，这种方法可以帮助创业者创造性地找到好的解决方案，以及帮助创业者去发现那些不易被发现的方案或新事物。

商业计划书可被理解为一种书面文件。它不一定是所有创业过程必需的，但是所有创业过程都需要一定程度的规划。商业计划书也可以具有不同的意义和价值：有时，它在获取资源、评估创业过程、奠定基础方面非常重要；有时，它的作用仅是为创业者在规划过程中提供支持。

第 2 章和第 7～10 章分别深入地讨论了这五个主题中的每一个，这也是在这里对它们仅做简单介绍的原因。因此，在阅读本书时，你不仅会更深入地理解创业过程中的关键活动，即机会出现、机会评估和机会组织，还会了解影响这些活动或帮助创业者发展创业过程的关键因素。

1.3.3　情境的重要性

到目前为止，我们只简单讨论了创业现象本身，还没有涉及创业过程如何受到周围特定环境的影响。在创业研究中也发现了忽略情境的倾向，我们往往将重点放在花（新组织）和园丁（创业者）上，而花园（情境）及其影响仍然是一个谜：这是一个很严重的缺陷（Hindle，2011）。

创业发展的情境会对创业过程造成影响，因为这种情境会影响创业者在机会的出现、评估和组织过程中可能获得的网络和资源的类型。同样地，不同的情境也会影响创业者的选择。例如，我们通常会认为，在规范和价值观都鼓励创业的情境里，其成员间的创业活动水平也会更高（Gnyawali 和 Fogel，1994）。总之，不同的情境使创业者面临着不同的阻碍和机会。

大学情境中的创业者可能会受到来自学术规范的约束，因为他们专注于思考和创造知识，而不是行动和商业化，这会导致创业过程中的张力。但是，大学情境也为创业者提供了很多机会，例如，以独特的知识形式来发展他的机会。此外，当创业者打破他们熟悉的情境时，如果新情境不能使他们的创业行为合法化，他们可能会感到孤独。

由于情境的重要性，我们在本书中设计了四章特殊的、关于创业的其他教材常常忽略的内容。这些章包括：关于企业内部创业的一章（第 11 章），关于社会创业的一章（第 12 章），关于公共创业的一章（第 13 章）和有关创业政策的一章（第 14 章）。

1.3.4 国家差异

最后，本书采用了国际视角。本书强调了创业的普遍概念和思想，在相关部分也会给出国际视角下的细节。总之，创业是在国家、地区和当地的情境下发展的，并受到这些情境中的规则、规范和价值观的影响。因此，各国家和地区之间的创业活动差异很大。

当然，立法起到了重要作用。在一些国家和地区，创业活动作为正式活动时往往会受到阻碍甚至被禁止，于是只能非正式地发展，这特别适用于国家完全或部分垄断经济活动的国家。所有国家都有创建新公司的规则，而且常常会有针对新成立公司的补贴或优惠待遇的特殊规定。一般情况下，创业者在国家、地方和当地政府提供的完全或部分的支持下，可以获得优惠贷款、廉价甚至免费的咨询。因此，当局既可以抑制创业活动，也可以促进创业活动，这显然影响了创业者的机会和动机。

然而，不仅仅是正式的法律和规则在起作用，不成文的规则也在起作用，如社会中相关的文化规范和价值观。一个例子就是，各国对男女在公共和经济生活中应从事哪些活动的看法差异很大。例如，女性可以担任总统、部长、警察和将军吗？答案因国家而异，并且在许多国家中，这些观念在整个历史发展过程中经历了重大变化。创业者的角色也有类似的情况。在一些国家，女性创业和经营公司被认为是可以接受的，然而在另一些国家，这是有争议的，因为女性创业者被认为与当地公认的女性角色背道而驰。这会影响这些国家中女性创业者的比例。在大多数国家中，创业者大多数为男性，但是在某些国家，女性则更多。2015 年，一项对创业条件的研究表明，在菲律宾、印度尼西亚、泰国、越南和秘鲁等国家，女性创业者比男性创业者多，然而在突尼斯和埃及，男性创业者的数量大约为女性创业者的三倍。在欧洲，男性创业者的数量大约是女性创业者的两倍（Kelley 等，2016）。

1.4 准备出发

我们希望你现在可以更好地理解：为什么学习创业是有价值的，什么是创业，以及本书是如何看待这种现象的，这当然也是本章的目的。现在，你将要踏上一段激动人心的旅程，你将有机会从实践和理论两个角度深入学习创业的核心主题。尽管已经了解了这段旅程，但是在你最终出发之前，我们还是希望确保你已经很好地理解了一组正确的概念。因此，在本章的结尾，我们将概述一组对理解本书至关重要的关键概念。

创业（entrepreneurship）：一个广义的概念，一般来说可以被定义为通过组织来评估和利用出现的新机会。

出现传统（the emergence tradition）：创业研究中的一种传统，着重于创建新的组织结构，并将其作为与特定市场需求相关的机会框架。

机会传统（the opportunity tradition）：创业研究中的另一种传统，侧重于将新机会作为创业的核心。

创业过程（the entrepreneurial process）：从发现或创造机会，到评估机会，再到最终通过组织利用机会的活动。

创业者或内创业者（entrepreneur/intrapreneur）：发起、争取并组织创业的个人。

悖论（paradox）：一种矛盾的陈述，本书将其作为两种对立的理论视角加以介绍。

视角（perspective）：一种理论方法，代表与悖论相关的两种陈述之一。

机会（opportunity）：被认为能够为他人创造价值的创意。

机会出现（opportunity emergence）：由发现或创造机会的个人所

领导的机会显现的过程。

机会评估（opportunity evaluation）：创业者评估这个创意在多大程度上代表了一个有吸引力的机会的过程。

机会组织（opportunity organising）：创建一些有意义的组织结构来支持机会的实现，如收集资源、协调活动并让其他人参与进来，以便获得想要的产出。

参考文献

Aldrich, H.E. (1999) *Organizations Evolving*, London: Sage.

Baumol, W.J. (1990) 'Entrepreneurship: Productive, unproductive and destructive', *Journal of Political Economy*, 98(5), 893–921.

Birch, D.L. (1979) *The Job Generation Process*, Cambridge, MA: MIT Program on Neighborhood and Regional Change.

Bolton, J.E. (1971) *Small Firms: Report of the Committee of Inquiry on Small Firms*, London: Her Majesty's Stationery Office.

Bygrave, W.D. & Hofer, C.W. (1991) 'Theorising about entrepreneurship', *Entrepreneurship Theory & Practice*, 16(2), 13–22.

Carland, J.W. (1984) 'Differentiating entrepreneurs from small business owners: A conceptualisation', *Academy of Management Review*, 9(2), 354–359.

Carter, N.M., Gartner, W.B. & Reynolds, P.D. (1996) 'Exploring start-up event sequences', *Journal of Business Venturing*, 11(3), 151–166.

Casson, M. (1982) *The Entrepreneur*, Totowa, NJ: Barnes & Noble Books.

Coulter, M. (2003) *Entrepreneurship in Action*, Upper Saddle River, NJ: Prentice Hall.

Davidsson, P. (2006) 'Nascent entrepreneurs, empirical studies and development', *Foundations and Trends in Entrepreneurship*, 2(1), 1–76.

Down, S. (2006) *Narratives of Enterprise: Crafting Entrepreneurial Self-identity in a Small Firm*, Cheltenham, UK and Northampton, MA, USA: Edward Elgar Publishing.

Eckhardt, J.T. & Shane, S. (2003) 'Opportunities and entrepreneurship', *Journal of Management*, 29(3), 333–349.

Gartner, W.B. (1988) 'Who is the entrepreneur? Is the wrong question', *American Journal of Small Business*, 12(4), 11–32.

Gartner, W.B. (2001) 'Is there an elephant in entrepreneurship? Blind assumptions in theory development', *Entrepreneurship Theory & Practice*, 25(4), 27–39.

Gnyawali, D.R. & Fogel, D.S. (1994) 'Environments for entrepreneurship development: Key dimensions and research implications', *Entrepreneurship Theory & Practice*, 18(4), 43–62.

Hindle, K. (2010) 'How community context affects entrepreneurial processes: A diagnostic framework', *Entrepreneurship & Regional Development*, 22(7), 599–647.

Hornaday, J.A. & Bunker, C.S. (1970) 'The nature of the entrepreneur', *Personnel Psychology*, 23(1), 47–54.

Katz, J. & Gartner, W.B. (1988) 'Properties of emerging organizations', *Academy of Management*

Journal, 13(3), 429–441.

Kelley, D., Singer, S. & Herrington, M. (2016) *Global Entrepreneurship Monitor, 2010 Global Report*, GERA/Babson.

Kelley, D., Brush, C., Greene, P., Herrington, M., Ali, A. & Kew, P. (2015) Global Entrepreneurship: Women's Entrepreneurship, Special Report, GERA/Babson.

Kroeger, C.V. (1974) 'Managerial development in a small firm', *California Management Review*, 17(1), 41–47.

Landström, H. (1999) 'The roots of entrepreneurship research', *New England Journal of Entrepreneurship*, 2, 9–20.

McClelland, D.C. (1961) *The Achieving Society*, Princeton, NJ: D. Van Nostrand Company Ltd.

Murphy, R.J., Liao, J. & Welsch, H.P. (2006) 'A conceptual history of entrepreneurship thought', *Journal of Management History*, 12(1), 12–35.

Naffziger, D.W., Hornsby, J.S. & Kuratko, D.F. (1994) 'A proposed research model of entrepreneurial motivation', *Entrepreneurship Theory & Practice*, 18(3), 29–42.

Nordström, K. (2000) *Funky Business: Talent Makes Capital Dance*, London: Financial Times Management.

Pittaway, L. (2005) 'Philosophies in entrepreneurship: A focus on economic theories', *International Journal of Entrepreneurial Behaviour and Research*, 11(3), 201–221.

Sarasvathy, S., Dew, N., Velamuri, S.R. & Venkataraman, S. (2005) 'Three views of entrepreneurial opportunities', in Acs, Z.J. & Audretsch, D.B. (eds) *Handbook of Entrepreneurship Research*, New York: Springer, 141–160.

Saxe, G.J. (1872) *The Poems of John Godfrey Saxe*, Boston, MA: James R. Osgood and Co.

Schumpeter, J.A. (1934) *The Theory of Economic Development*, Cambridge, MA: Harvard University Press.

Shane, S. (2003) *A General Theory of Entrepreneurship: The Individual–Opportunity Nexus*, Cheltenham, UK and Northampton, MA, USA: Edward Elgar Publishing.

Shane, S., Locke, E.A. & Collins, C.J. (2003) 'Entrepreneurial motivation', *Human Resource Management Review*, 13, 257–279.

Steyaert, C. & Hjorth, D. (2003) *New Movements in Entrepreneurship*, Cheltenham, UK and Northampton, MA, USA: Edward Elgar Publishing.

第 2 章　谁是创业者

如果没有发起并塑造创业过程的个人，那么就不会存在创业过程。如果出现新的机会，那么无论是引发新组织的机会，还是导致现有组织内的工作方式发生根本改变的机会，这些机会都必须是由个人或群体发起和维护的。在新机会必须经得起考验的创业早期阶段，个人往往起决定性的作用。新机会之所以取决于个人，是因为在这个阶段，没有任何过程或行动是可以自动开始运行的。只有在机会生命周期的后期，也就是在它已经被组织起来，广为人知并被普遍接受的情况下，创业者个人的作用才稍小一些。例如，虽然关键员工可以承担重要任务，但是组织因素通常更具主导性。

换句话说，个人或群体在评估和组织新机会的方式上留下了自己独特的印记。也许对取得创业成功来说，这些印记的重要性甚至比特定行业或部门中的机会和形势更高（Baum 等，2007）。因此，了解创业者的个性和素质至关紧要。谁是创业者？这个问题在创业中经常讨论，有人可以明确地回答吗？创业者自身是否具有与众不同的特色，还是所有人都是潜在的创业者？显然，谁是创业者仍是个谜，接下来，让我们看看是否可以更接近这个问题的核心。

2.1 雷米的创业

现在是时候从现实生活中学习了，先让我们来认识一位法国创业者雷米。雷米的创业故事由阿兰·法约勒撰写，是一个有关葡萄酒、热情、独立需要等方面的有趣故事，更重要的是，它为我们讨论创业及其背后的个人努力提供了许多信息。

创业故事 ////////////////////////////////////

法国葡萄酒品尝生意
作者：阿兰·法约勒

雷米在里昂大学学习期间开展了一项新业务。2008 年 2 月，他接受了有关创业启动过程的采访，那时他已经经营这家公司 10 多年了。我们在这里引用雷米在这次采访中所讲述的故事的摘录，他讲述的重点主要是个人背景、项目的出现、决策过程以及创业的早期阶段。

我具有技术背景，拥有工业制冷和空调工程学位。我在美国开利（Carrier）公司工作过三年，这家公司是这个行业的全球领导者。在那里，我参与了一些重大项目，如英吉利海峡隧道、法国图书馆等，这意味着在我的职业生涯初期，我的工作主要是技术性的。接下来，我为了获得一些管理技能而再次回到大学，并参加了里昂大学的 MBA 项目。在 MBA 项目期间的一门创业课上，我遇到了一位创业学老师，他在我心里播下了一颗种子并且生根发芽，那就是"为什么不去创业"。当时，创办公司对我来说是全新的想法，我甚至从未考虑过这个可能性，而且我的家人中，包括父母、叔叔、阿姨或是堂兄弟姐妹等，都不曾创立或是拥有一家企业。我的父母都是老师，不用说也知道，商业和创业的世界在我家里从来就不会成为讨论的主题。然而，在这门课上，我开始思考创立、发展并且运营一家企业的可能性。我思考得越多，它对我的吸引力就越大，因为我从中看到了满足自我发展需要、实现个人目标和抱负的机会，这比我在一家大公司工作更好。后来我一遍又一遍地问自己这个问题，心想"为什么不呢"？

我还没有结婚，没有孩子，而且也不是很有钱，没有什么可失去的。我确实有个女朋友，当时我失去了她，但不是因为我的创业项目，而是我个人的错：当你决定开展创业项目时，你会在这个过程中花费大量时间，没什么时间见你的朋友、女友以及家人，也很少出门，因为你没有多少钱可花，而且你还要专注于这个项目。

我刚开始是自己创业，之后有位来自阿尔萨斯的朋友加入了这个项目，后来他做了我的同事。实际上，本来我应该有更多合作伙伴的。有几个人在早期阶段表示愿意支持这个初创企业，但不愿涉及财务，也就是说不愿投资和参股。后来，甚至是这个项目的坚定支持者，即那些在财务上做出承诺的支持者，最终也一个接一个地退出了，并停止出席需要做出重要决策的会议，导致我们必须重新思考这个项目的商业计划书和资金需求。我毫不气馁地处理了这一切，并把这个项目坚持了下来。我不允许自己在经过一年多的努力之后，在最后一刻退缩，更何况现在重新考虑更新简历并去找工作为时已晚。特别是从英国回来后，我虽然已开始找工作，但很快就意识到，在开始一项新业务与找工作之间存在着某些矛盾之处，似乎不可能同时做好这两件事情。我没有真正意识到这个事实就经历了它。那时我正与我的女朋友合租一套公寓，她在里昂商学院读同样的 MBA 项目，比我低一级。她每天的日常就是忙自己的学习，我忙着自己的创业项目。那时，我犹豫不决，我不知道我真正想要什么。虽然我的职业简历看起来不错，但我也知道我必须回到巴黎生活，尽管这不是我期待的一个前景，但我还是发了一些求职信，也参加了几次面试。确实，当你踏进巴黎那些豪华的建筑之一时，当招聘顾问向你介绍了公司的概况时，你会很快意识到他们所提供的东西可能非常有趣：这个公司是一家享有国际声誉的大公司，工作非常吸引人，薪水也比我开办自己的企业所希望赚到的高得多（当时我曾有几个月分文不赚）。试想，在第一次面试顺利进行之后，你回到家，发现你不可能打开电脑并继续使用一些稀奇古怪的商业构想进行工作，而你又不知道它将走向何方……因此电脑保持关闭状态……大约一周后，你打开电脑，却尚未取得任何进展……当你把这些操作重复了两三次，就可以永久埋葬这个项目了！

将对法国葡萄酒的激情转变为成功的创业：不可能的任务？

于是我问自己："我该做什么？"我知道有些事可以以后做，但有些事却不能等了。诚然，你随时都可以创业，但总有某些时候更有利于创业。就我而言，我认为所有的条件都得到了满足，因此我决定停止找工作，并不再回复面试中遇到的那些人。从那之后，我就全身心地投入创业项目中。

葡萄酒创业项目的开展完全源于我自己对葡萄酒的兴趣和激情。就算没有成功，至少我也可以学到一些关于葡萄酒的知识，而对于像我这样的厨艺爱好者，这些知识在日常生活中总是有用的。虽然如今我知道，这不是开发商业计划的方式，但这个想法却一直在我内心深处，如果它没能一下子就成功，它也足够有趣到使我有动力将它变得可行。诚然，葡萄酒行业是一个艰难的行业，几乎没有钱可赚，创造的价值也小。葡萄酒贸易在法国已经存在了 20 多个世纪，行业里无论是从事生产、酿造还是买卖的人们都以非常传统的眼光来看待葡萄酒。葡萄酒行业也具有地域特色，在勃艮第、波尔多、罗纳河谷或者阿尔萨斯，你不可能使用同样的方法。我立刻意识到，了解它的特色将是一项非常复杂的任务。为了更好地理解这个行业并了解其运行方式，我花了一年时间拜访葡萄酒庄，品尝葡萄酒，与人交流，并给这个项目时间使其成熟。我曾有一个从未付诸实践的创意，是将特百惠（Tupperware）理念运用到葡萄酒销售中：个人在家里举办销售派对，人们可以品尝红酒，主办者获得奖励等。我的创意是与葡萄酒爱好者合作，并建立知识渊博的客户网络，他们将举办家庭派对来销售精心挑选的优质葡萄酒。但是，适用于塑料容器的方法并不一定适用于葡萄酒：塑料容器行业的利润率很高，而葡萄酒行业的利润率很低，因此我很快得出一个结论，即最初的创意并不可行。我重新思考了最初的创意，选择了葡萄酒经纪，这是一个相当传统的创意，尤其是在实施和分销方面。此时，我已经意识到某些特定市场可能具有商业吸引力，例如连锁酒店和餐厅，我之所以确定这些目标客户，是因为如果没有庞大的销售队伍，拜访私人客户时一次就卖几箱葡萄酒是不现实的。定位连锁酒店和餐厅，以便与公司总部进行谈判，然后在其整个酒店和餐厅网络中销售葡萄酒，似乎更具逻辑性和效率。我还意识到，这类客户使用批发商来处理各种饮品：水、软饮料、咖啡、茶、葡萄酒等。但葡萄酒与其他产品都不一样，它不是水，即使它确实含有水，也不是咖啡，它是需要特定专业知识的产品！于是我去拜见了几家连锁酒店经营者，他们至少同意我借用他们的名义去拜访当地的酒店经营者。这就是一切的开始！我的第一个客户是一家假日连锁酒店。

刚开始时，我是独自一人。当时我在里昂一套很旧的公寓里工作。在某种程度上还挺好笑的：楼梯是一道非常狭窄的石拱形楼梯，而我必须把箱子搬上楼梯。最初几个月公寓里并没有很多箱葡萄酒，没过多久，葡萄酒箱的数量就超过了我的私人物品，那时已经不再是我安置这些箱子，而是这些箱子收留我了，因为就连浴室里都有葡萄酒箱，到处都是它们……

2.2　雷米的创业引发的思考

你从这个故事中获得了关于创业者个人的什么信息？你对这个故事的最初印象是什么？下面的练习有助于你解释这个故事。

（1）列一个清单并讨论故事中所揭示的雷米的性格特征。

（2）假设雷米向你和同学们介绍了自己的故事。请你简要说明是否可以定义雷米为创业者，支持或反对的依据是什么？你如何定义创业者？

（3）你的一位同学强调雷米并不是一个人独自创业，而是与其他人一起创业。从这个观点出发，为什么创业者往往是团队合作而不是独自创业？

（4）假设你已经决定与他人合作来创办自己的组织。在组建一支完美的创业团队时，你会考虑哪些关键问题？创业团队的其他成员应该具有哪些特质、技能？

（5）假设你遇到了一位朋友，她已经创办了两家公司。在讨论是什么造就了创业者时，她声称自己生来就是创业者。你如何看待这种观点？

2.3 创业者是天生的还是后天发展的

如前所述，创业者的数量因国家或地区而异，这取决于国家或地区独特的经济、文化和社会环境。然而，创业者个人层面对于理解创造、评估和组织新机会的人员类型，并因此承担创业者作用也至关重要。心理学特质理论可以给我们一些关于创业者个性特征的答案，但是它们指向了不同的方向。根据科伦卡等学者（2003）的观点，关于创业者个人的理论发展通常可以分为三个阶段。第一个理论发展阶段是乐观阶段，在20世纪60年代和70年代占主导地位，认为创业者生来就具有多种特质，这些特质形成了可以识别的、具体的创业者个性，通过揭示出这种个性，可以将创业者与其他人区分开来。

然而，到20世纪80年代，出现了更为重要的第二个理论发展阶段。在这个阶段，创业者被认为是一种更加复杂的现象，仅仅寻找个性特征是不够的。该阶段引入了更动态、多样化的理论，这些理论侧重于从个人与环境的互动来解释创业和创业者。个人不是生来就是创业者，而是有可能后天发展成为创业者，这一观点被开创性地提出。随着时间的推移，每一个人都可能发展成为创业者。个人是否有动力尝试创业，取决于他们生活中遇到的特定情况和经历。

第三个理论发展阶段起源于2000年左右，再次关注人的个性。然而，该阶段专注于识别个人特质，而本书则是通过认知过程、意图、身份等方面的分析，对创业者的个性进行更加动态地理解。

简而言之，本章将向你介绍的悖论是：

创业者是天生的还是后天发展的？

2.3.1　创业者类型

在研究本章的悖论之前，重要的是要记住创业者不是简单的创业者。我们可以根据他们所面临的各种机会和挑战来区分不同类型的创业者。受乌巴萨兰等学者（2001）的启发，创业者可以被分为七类不同的群体：

（1）新手创业者：没有任何创业经验的人。

（2）惯性创业者：有过创业经验的人。

（3）连续创业者：不断创立和出售组织的人。

（4）组合创业者：同时拥有多个组织的人。

（5）混合创业者：同时是自主创业和雇员的人。

（6）新生创业者：正在考虑成立新组织的人，可以是新手、惯性、连续或组合创业者。我们将在第 6 章中充分讨论新生创业和新生创业者。

（7）内创业者：在现有组织中从事创业活动的人。我们将在第 11 章中充分讨论这种类型的创业者。

在各种文献中，你还会发现其他许多有趣的创业者分类，具体内容可以参考威克姆（2006）的综述。现在，让我们回到本章的悖论。

2.3.2　创业者是天生的

"创业者是天生的"这一视角代表了我们在本章前面所提到的乐观阶段。尽管心理学在这一阶段起着至关重要的作用，但我们还是要从第 1 章提到的经济传统开始讲起。这一传统认为，创业者在经济中所发挥的作用至关重要（Casson，2003），但是它并没有深入探讨谁是创业者，因此也没有研究与创业相关的、重要的个人人格特质。正如赫伯特和林克所指出的："创业者一直是经济理论史上神秘而难以捉摸的人物。创业者常常被提及，但很少被研究，甚至没有被仔细地定义，他们在经济历史中蜿蜒前行，产生的结果通常归因于不露面的制度或非个人化的市场结构"（Hébert 和 Link，1988）。一些经济学家，包括熊彼特（1934），都强调创业者的性格特征和个性的重要性，总的来说，他认为创业者是特别有创新精神的"伟大的人"：通过创造性破坏在经济中创造了新的变革浪潮。这使创业者区别于那些在活动中更"常规"的"普通人"。创业活动来自具有以下特质的特殊个体：

（1）渴望建立私人王国："首先，要有建立私人王国的梦想和决心"；

（2）有征服意志："然后就是有征服的意志，有战斗的冲动，渴望证明自己优于别人，是为了成功本身而战，而不只是为了成功的果实。从这个角度来看，经济行动就类似于体育运动、金融竞赛，或者更确切地说，是一场拳击比赛"；

（3）享受创造："最后，还要有创造带来的喜悦，即完成一件事情的喜悦，或者仅仅是运用自己精力和创造力的喜悦"（Schumpeter，1934）。

创业者作为特殊个体的观点在研究中得到了延续，研究的重点是确定构成创业者人格的独特特质。但是，一个人要成为创业者，他必须是一个特殊的人，这是真的吗？发现或创造机会，以及通过组织来评估和追求机会，确实需要承担风险，要有发现创新解决方案的能力、执行的需要和个人抱负等。这些听起来都像是与个人个性有关的特质。人们也许会怀疑有一类人更有可能拥有这些特质，而其他人则喜欢一种更安全和更传统的职业道路。

1. 引人注目的性格特质

正如第 1 章所提到的，1960 年左右到 1980 年左右期间的创业研究，着重于将创业者描述为具有一组特定特质的个人（例如，Hornaday 和 Aboud，1971；Hull 等，1980；Begley 和 Boyd，1987）。简言之，创业者是一类"能在一个领域指南中找到形象图片的、可描述的人"。"许多创业研究的重点是列举出描述这类人的一组特质，并将他们称为创业者"（Gartner，1988）。性格特质研究的目的之一是找出创业者群体与社会中其他群体有什么区别。如果你能指出人群中的创业者并支持这些独特的创业者，以加速社会经济增长，那将是非常有益的。性格特质研究背后的想法是，有些人具有某些特定特质，使他们更有可能发现或创造机会，并通过组织来把握机会。性格特质是"解释人们行为规律的一组概念，有助于解释为什么不同的人会对同一情况做出不同的反应"（Llewellyn 和 Wilson，2003），因此研究重点是识别个人或一组特质，来预测创业行为。

随着时间推移，被认为对创业至关重要的性格特质范围清单变得很长。例如，喜欢冒险、需要表现、独立、有闯劲的领导者、有自我效能感、行动和目标导向、有创新精神、聪明、有创造力、容忍不确定性和渴望赚钱等。这些足以使你认为创业者是一位非凡的超人或英雄。加特纳（1988）对有关特质研究的主要贡献做了更详细的阐述。然而，需要指出的是，关于上述特质是否在人一出生时就已获得且真正稳定，或者说它们是不是从生活中社会化和发展而来的，类似的讨论仍在继续。

有些特质似乎比其他特质吸引了研究者更多的注意力，并在这些特质研究上花费了更多的时间，例如冒险倾向、成就需要、自治需要、自我效能和内部控制点，这些也被称为创业者的五大特质（Vecchio，2003）。因此，有研究结果表明，与其他人相比，创业者表现出更高的成就需要，更愿意承担风险，更渴望成为自己的老板，相信自己能够控制周围的环境，而不是被环境所领导，并且对自己与工作相关的能力有更强的信心，因此相信自己在执行给定活动方面有着很强的能力。

由于经典的特质研究假设已识别出的性格特质是随着时间的推移而呈现稳定状态的，并且创业者在出生时或多或少就具备了这些特质，因此我们将这类研究视为"天生创业者"思维方式的一个例子，就像安徒生的《丑小鸭》的故事一样，能决定你是谁以及你将成为什么样的人的是你的出生，而不是你的成长，"只要你是从天鹅蛋里孵化出来的，出生在鸭场也没关系"。结论就是"一朝是创业者，就永远是创业者，因为创业者是一种性格类型，是一种永远不会消失的存在状态"（Gartner，1988）。

2. 是在基因里吗

作为对创业者"生来"就具有创业特质讨论的进一步发展，行为遗传学在 10 多年前进入了创业研究领域（Nicolaou 等，2008）。行为遗传学通常基于适应性或孪生数据集来研究基因效应。

创业研究通常认为，与父母不是创业者的人相比，那些父母是创业者的子女更倾向于参加创业活动。这可以从基因上进行解释吗？谢恩（2010）的研究显示，某些基因组合间接增加了个人成为创业者的概率，尽管这些基因组合是什么仍未被确定。因此，某些基因组合很可能潜在地影响个人的性格特质、认知技能和环境选择，并通过这些影响使个人成为创业者的机会。例如，具有高活动水平、高智商和有阅读障碍的人更可能成为创业者，但我们也知道，这些特征在某种程度上是由遗传决定的。此外，通常与创业者相关的个人特质，例如"自尊、寻求新奇、冒险倾向、不愉快、外向性、情绪稳定、开放性和责任心"在某种程度上似乎是由遗传决定的（Shane，2010）。

然而，人们还可能倾向于寻找和选择那些在基因上有创业精神的朋友，因为他们会被这种行为吸引。这样来看，即使是环境效应，例如榜样或社交网络效应，也包含某种程度的遗传倾向。因此，部分特质、认知和环境（如社交网络）的影响实际上是由遗传决定的。

重要的是，行为遗传学不只与基因有关，这个领域的研究实际上已经改变了我们对环境的思考方式。例如，研究表明许多环境影响都有遗传成分，而环境影响往往取决于基因（Plomin 等，2008）。这进一步表明了行为遗传学根本没有消除环境或社会化的观念。这并不是基因决定论！重要的是基因组合，而不是单个基因起到了作用，也就是与环境相互作用的基因组合相比于单个基因更具重要性。最后需要指出的是，一种基因组合可以具有多种行为效应。因此，一组未指明的基因组合可能会使一个人成为赌徒、暴力分子或创业者，这取决于他们所处环境中的刺激，例如他们的父母、朋友等。

2.3.3   创业者是后天发展的

正如我们在第 1 章中所讨论的那样，经典心理学文献，尤其是关于性格特质的文献，一直以来都受到批评。自 20 世纪 80 年代末以来，这个主题一直存在争议，这引起了我们在前面提到的关于回答以下问题的关键阶段：谁是创业者？正如加特纳强调的那样："我相信为了尝试回答'谁是创业者'的问题，着眼于创业者的特质和个性特征，既不会帮助我们对创业者下定义，也不会帮助我们理解创业现象。"（1988）

1. 注重培养和人口统计

对特质研究的一种批评是它很少考虑环境因素。这导致一种观点，即创业者的性格特征不仅受出身的影响，还受幼儿经历和人口统计因素的影响。诸如出生顺序、父母创业、父母鼓励、工作经验、教育、性别、年龄等因素都会影响你能否成为创业者（Hisrisch 和 Peters，2001），正是由于这些因素，成为创业者的想法才开始萌芽。

在年龄方面，《2010 年全球创业观察报告》显示，全球 25~34 岁年龄段的人参与创业早期阶段的人口比例最高，其次是 35~44 岁的年龄段，再次是 45~54 岁的年龄段。早期创业活动在 18~24 岁人群中不太普遍，而在 55~64 岁人群中最不普遍。在性别方面，同一项研究表明，总体来说，女性参与创业的可能性较小。然而各国女性创业者的比例差异很大，这取决于不同国家女性所面对的机会、文化环境和社会规范（Klyver 等，2013）。在非洲，女性创业者与男性创业者的比率为 0.96，而欧洲则为 0.46。在巴基斯坦，男性创业者与女性创业者的比率是 18，而在巴拿马，这个比率是 0.8。在西欧，女性创业者主要集中在奥地利和瑞士，在这两个国家，男女创业者的比率是 1.25，而美国的比率也大致如此。

2. 创业者全貌

对特质研究的另一种批判回应产生了这样一种观点，即人们可以在更广泛、更侧重于研究过程的环境下解释创业者个人。在这里，创业者被视为与一系列因素互动，以发现或创造机会、评估和组织机会的人群。创业者是由个人与许多环境因素相互作用而形成的。创业者市场与生活状况、网络特征、组织类型、资源获取、人口统计等一系列因素之间的互动作用关系到谁将成为创业者，而谁不会成为创业者。你只需要构建一个比迄今为止更广泛、更动态的理论框架，便可抓住造就创业者和创业的原因。

我们使用权变理论来创建这个框架，权变理论基于"系统由各种互相作用的组件构成"的思想。权变理论意味着某些事物是"由情况决定的或取决于情况"，因此，个人能否成为创业者，取决于他所遇到的情况和经历。此外，各种组成部分之间的相互作用使形成完全不同的创业过程和创业者成为可能。因此，"创业的过程并不是由同一位创业者一次又一次地走过的一条老路。建立新企业是一个复杂的现象：创业者及其公司千差万别"（Gartner，1985）。因此，创造创业者的方式不是单一的。最著名的创业权变理论是加特纳（1985）提出的模型，图 2-1 是该模型的简化版本，它显示了创业过程被视为由四个组成部分之间互相作用的结果，这四个组成部分分别是个人、组织、环境和过程。

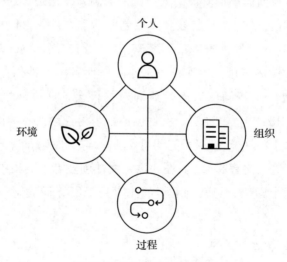

图 2-1　加特纳的权变模型

资料来源：Gartner（1985：698）。

权变理论为我们概述了创业发挥作用的机制，但它们却很少告诉我们创业者作为个体的情况。相反，它们专注于某些结构或系统组件之间的相互影响，而创业者主体则被作为外部因素（Jones 和 Spicer，2005）。

3. 创业者的认知过程

这一关键阶段给了这样的观点：创业者不是同质的个人群体，并且它在很大程度上已经超出了单方面特质研究的范畴及创业者是天生的这一观念（Baum 等，2007）。同时，人们不应该忽视创业者作为个人在创业等领域的作用。随着时间的推移，学者们对创业者个人的研究重新燃起了兴趣。因此，近年来，我们看到了一种有趣的研究方法的萌芽（关于创业者研究文献的第三个阶段），这个方法再一次更直接地关注创业者个人研究，尤其是关注认知过程（Mitchell 等，2002）。认知是研究思维如何运作和思想如何组织的，这事关创业者的才智而非性格特质，即他如何理解，以及他对环境和自身内在正发生的事情的看法是什么。这是关于创业者的大脑如何处理其从环境中获得刺激和信息的研究。因此，尽管创业者个性是主要的分析对象，但也可能存在一种相互作用的方法，使得个体和环境在创造创业者中都发挥作用（Chell，2008）。认知方法可以用来理解为什么有些人发现或创造机会并且追求机会，而另一些人却没有；为什么有些人选择成为创业者而另一些人却没有；创业者是否与他人有不同的想法，等等（Mitchell 等，2004）。谢弗和斯科特（1991）采取这种方法，试图探寻创业者和非创业者的商业认知过程分别是什么样的。

谢恩（2003）在研究中特别指出了使创业者利用机会的三种认知特征：

（1）与其他人相比，创业者在面对突发状况时更为乐观。因此，尽管结果不确定，但他们仍倾向于抓住机会。

（2）与其他人相比，创业者更愿意基于小样本进行归纳。因此，尽管没有太多可用信息，但他们仍倾向于做出重大决策。

（3）与其他人相比，创业者更习惯于依靠自己的直觉。因此，创业者倾向于不收集信息，因为他们有一种内在的感觉或信念，即利用给定的机会是正确的做法。

4. 身份与创业者

研究的另一个新兴分支聚焦于通过身份研究来理解创业者个人

（Down 和 Reveley，2004；Downing，2005；Stepherd 和 Haynie，2009；Hoang 和 Gimeno，2010）。关于身份是什么有着许多不同的定义，有些学者把身份理解为个人带入创业过程中的相对稳定的核心，能在未知情况下指引个人（Sarasvathy 和 Dew，2005）。而另一些学者则越来越多地将身份视为一种不断变化的社会建构现象。还有一种定义侧重于创业者在其环境中如何理解自己，即身份被定义为"个人对其所处环境的感知"（Weick，1995）。根据这个定义，个人对自己的理解会不断变化，这取决于这个人与谁互动，以及他在什么情况下参与互动。因此，身份形成采取了一种持续的社会过程形式，创业者正在尝试建立对以下方面的意义和理解：我是谁、我在做什么以及我经历了什么。所有这些都会影响创业过程的功能和创业者的创造方式。

同样地，应假定一个人具有多重身份。创业者个人并不仅仅是创业者这一单一身份，他也可能是家长、足球运动员、学生、半日制雇员或退休人员。这些其他身份在个人如何理解及执行创业者身份中扮演着重要的角色。因此，不能总是希望个人将其精力完全投入在创业者这一身份上。我们也很容易找到一些尽管参与了创业过程，但并不认为自己是创业者的人。例如，有人把自己看作是工程师，而创业过程只不过是促进其成为工程师身份的工具。

根据这项研究，所有人都有可能产生对创业者的自我理解。真正是谁建立了这种理解，取决于个人所参与的社会关系，以及他们现有的自我形象或对某些未来身份的渴望。

因为身份的创造是不断发生的，并且早已成为日常生活的一部分，所以这种思维方式与将创业视为一种非凡的英雄现象是相违背的。

5. 个体创业过程

在解决"天生的还是后天发展的"这一悖论之前，我们将花一些时间来研究个人迈上创业之路的过程。正如我们将要讨论的那样，这个过程可能受到创业者是否将自己视为天生的或后天发展的这一认知的影响。图 2-3 的个人过程模型由法约勒（2003）开发，它将个人创业之旅分为五个阶段（见图 2-2）：

阶段 1：无差异。如果我们都是潜在的创业者，那么个人的创业过程可以被理解为建立在一种漠不关心的情况下，即个人尚未意识到创业。

阶段 2：倾向。这可能会引起创业者的觉醒，从而激发个人对创业的兴趣和渴望。

阶段 3：意图。这反过来又有助于激发个人获得创业动机和发展创业的意图。

阶段 4：行动。这会触发个人决定成为创业者。

阶段 5：行动的结果。随着时间的推移，这一决定会产生一个或另一个结果。

在某些情况下，有人很早就度过了创业觉醒阶段，从小就梦想成为一名创业者，并因此打算长期从事这一职业。这些人也许一直把自己视为创业者，甚至可能认为自己是天生的创业者。

阿杰恩的"计划行为理论"也反映了采取行动之前的意图过程，这个理论认为行动的先决条件是有意识地采取行动，而意图是考量个人为实现某件事情会付出多大努力的一个指标，如创业。"作为一般规则，参与某一行为的意图越强，这种行为就越有可能实现"（Ajzen，1991）。因此，创业行为并不是随机的，也不是简单的社会刺激的结果，它们是由内在理性的个人意图执行创业行为而产生的结果。计划行为理论为我们提供了一些工具来解释和预测创业意图，他认为意图是三个变量作用的结果：

（1）感知的行为控制：个人感知创业项目的难易程度。

（2）主观规范：个人对执行或不执行创业行为的社会压力的感知程度。

（3）对行为的态度：个人选择创业行为而不是其他行为的程度，即对该行为有利性的看法（Ajzen，1991）。

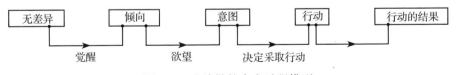

图 2-2　法约勒的个人过程模型

资料来源：法约勒（2003：39）。

　　根据经验法则，个人对行为的控制越多，社会对行为的尊重就越大，并且个人越是认为其行为有利，那么个人想成为创业者的意愿就越强，这会增加个人发现或创造机会的需要。

　　尽管如此，有时行动还是要先于个人创业的意图，例如，个人或多或少地会随机地创造他觉得有趣的机会，并开始进一步发展该机会，而实际上他并没有成为创业者的明确意图。谢恩总结认为，"人们可以并且一定会发现创业机会，而无须积极寻找它们"（Shane，2000）。新机会的发现或创造往往是我们与他人在日常情境下互动的结果。随着时间的推移，创业机会可以引发创业者的意图。例如，个人会好奇地探索他自己的潜力，哪怕他没有其他职业机会，或者他是被其他发现这个选择具有吸引力的人推动创业。从根本上讲，这是对创业过程的一种更加无意识的启动。在这种过程中，创业者的觉醒和意图随着时间推移而形成，同时其个人也开始成为创业者。

　　尽管我们可能无意这样做，但这种创业类型强烈地强调了我们所有人都有最终成为创业者的潜力。谁会成为创业者很难预测，这取决于环境，我们遇到的人、时机、机会，我们的需要，自我认知，等等。

2.3.4　创业者：是天生的还是后天发展的

　　从理论上讲，创业者个人的生活多少有点混乱。创业者从一个模糊人物形象到被认为是"微不足道"的，然后又被视为一个不流行的研究领域，再到后来，该领域变得再次有趣起来。有项研究试图描绘和识别创业者的性格和个性特质，并认为其保持不变，然而这项研究并没有取得太大的成功。这项研究认为创业者是天生的，他们或多或少是为这一职业而诞生的英雄。相反的观点则是，人们并非天生就是创业者，而是"成为"一名创业者。生活经历、遇到的人、个人的自我认知、所处的环境、所积累的知识和经验等，所有这些共同造就了创业者。谁将成为创业者并不是预先确定的，而且也没有与个性相关的规则来限制我们成为创业者，我们都是潜在的创业者。表2-1总结了"天生的还是后天发展的"这个悖论。

表 2-1 悖论：天生的还是后天发展的

	天生的	后天发展的
谁是创业者	特殊的超级人物	都是潜在的创业者
对创业者的看法	长期稳定，一旦成为创业者，就永远都是创业者	创业者是通过过程创造出来的
刺激	内在性格特质	外部因素
研究重点	创业者人格特质	个人与环境因素的互动造就个人、认知过程和身份
目标	能够预测并指出人群中的创业者	了解创业者以及创业者是如何创造的

表 2-1 展示了在创业者个人研究领域占据主流的两种视角。一种视角认为创业者是天生的，这意味着创业者是特殊的超级人物，他们生来就是创业者，并且一生都是创业者，决定创业行为的主要是内在性格特质。因此，研究（至少以其经典形式）主要关注与创业者性格相关的稳定性格特质。这种视角的研究目的在于找出人群中特殊的创业者。

相反，另一种视角认为创业者是后天发展的，强调我们都是潜在的创业者。创业者的创造是一个主要由外部因素起作用的过程，这也是本书研究的重点。这种视角的研究还包括对与创业者个人认知过程和身份相关的思考，研究目的是了解个人，以及了解如何通过与外部过程互动来创造个人创业者。

2.4 理论视角下的创业者

回到法国创业者雷米的故事，让我们从"天生的"和"后天发展的"两种视角来理解这个故事。

2.4.1 天生视角

从天生视角来看，雷米的故事讲述的是一个继承了某些个性特质的人，这些特质使他不适合成为公司雇员。他生来就是创业者，因此他放弃了一家世界领先的大企业中有前途的工作，大公司过于正式的结构根本不给他展现自我的空间。

起初，创业者的性格特质在不知不觉中影响着雷米。雷米从未考虑过成为创业者的可能性，然而在无意识的过程中，他的性格特质促使他表现出了创业的行为模式。这种行为是通过参加 MBA 项目时遇到了一位创业老师而触发的。之后，雷米越发意识到创业是与他的性格相符的。创业者特质对雷米产生了全方位的影响，创业也可以满足他独特的个人需要。

然而，当雷米在创业过程中遇到困难时，他将注意力转向了就业。他虽然去参加面试，但最终还是选择了创业。这便属于天生视角，即一旦成为创业者，就永远是创业者。尽管有过疑惑，雷米还是做了他生来就应该做的事情。

再来看看构成雷米创业者性格的特质，从天生视角来看，许多特质都与雷米有关。最重要的是，他的故事表明了他对自由的高需求：他让公司环境可以自由地实现个人的自我实现目标而不是公司目标。他热衷于建立一个私人王国，以实现自己偏好的个人生活方式。同样，雷米的故事也显示出高度的冒险倾向。在他几乎没有任何与葡萄酒行业相关的知识、资源、经验的情况下，他进入了风险重重的法国葡萄酒行业。为了理解葡萄酒行业的游戏规则，他在该行业游历了一年，这表明雷米具有高内控点。通过积极收集有关葡萄酒行业的信息，他认为在创业过程中自己能够控制行业范围内发生的事件。此外，他还相信自己有能力在这个行业创建企业。雷米的故事展现了他很高的自我效能感。

从天生视角来看，我们可以得出雷米生来就具有独特的创业者特征，它们解释了为什么雷米会进入创业以及新企业创建过程中发生的事件。

2.4.2　后天发展视角

后天发展视角则让我们对雷米故事中发生的事情有了截然不同的理解。最初，雷米没有任何创业意图，他没有将创业视为潜在的职业，毕竟创业并不是他成长经历的一部分，而且他正在一家大公司工作。雷米正是通过与其他人及他所处的外部环境进行互动，才意外地触发了创业。一位创业老师用一个问题唤起了他对创业的兴趣："为什么不创业呢?"

　　雷米认为将新企业创建作为职业选择似乎是在重新定义自己和职业生涯。创业越来越吸引他，尽管他仍然觉得自己原来的"雇员"职业身份很诱人，但最终他还是屈服于创业者的身份。很多迹象表明，他在旧身份"雇员"与新身份"创业者"之间犹豫不决。最后，正是对自己生活状况的反思使他全身心投入创业。他还年轻，这为他尝试创办新企业提供了空间。此外，他也没有父亲、丈夫等其他身份，因此他没有需要考虑的一系列复杂身份和义务。

　　正如后天视角所描述的那样，雷米的新企业创建过程是在与他人的密切互动和协作中形成的，这些人有朋友、非财务支持者、投资者和葡萄酒行业的从业者等。例如，他最初的商业想法是将从互动中转化而来的特百惠理念应用于葡萄酒销售。后来，他开始面向连锁酒店和餐厅销售。有趣的是，雷米通过这些互动不断获得新资源、知识和经验，从而打开了进入法国葡萄酒市场的大门。如果没有这些互动，雷米很可能会走入死胡同。

　　个人的认知过程也同样在雷米与环境的互动中发挥了作用。怀抱着对创业机会的激情，雷米似乎打心底觉得开创葡萄酒生意是一项正确的选择。同样，尽管他对葡萄酒市场了解甚少，他还是对新创业项目做出了重要决定。

　　因此，对后天视角的支持很好理解。雷米的故事可以解释为一个脱颖而出的创业者的故事，其中生活状况、市场、年龄、他人、身份和认知问题等诸多因素之间丰富的互动起着至关重要的作用。

　　法约勒系统研究了雷米的创业故事，他将新企业创建视为一种战略性的、动态的决策或行动过程，该过程是由个人感知到的瞬时战略配置的变化触发的（Fayolle，2007）。个体感知到的瞬时战略配置是三种感知组合的结果：第一种感知涉及支撑个人抱负的目标，第二种涉及个人感知到的资源和技能，第三种涉及感知到的环境机会和威胁。感知到的瞬时战略配置模型相当于将传统的战略分析过程应用于由有限理性的个人领导的新企业的创建。这些感知上的变化正是导致个体对新企业创建的认知经历了不同阶段的原因：无差异—倾向—行动（Fayolle，2003）。

此外，法约勒认为从承诺视角来理解案例中的事情进展是很有价值的。他认为承诺可以被定义为：

人们将自己大部分的时间、精力、财力、才智、关系和情感资源等投入创业项目，一旦致力于该过程，个人就不再考虑退缩的可能性：其所做的投资将使关于是否退出的选择变得非常艰难。若其退出，则被视为一场失败。

法约勒等学者（2011）进一步阐述了承诺视角。

2.5   创业者真的如此吗

基于上述思想和讨论，你已经形成了对创业者和造就创业者的因素的理解。下面给出了有助于你进一步理解的一些建议。

1. 采访一位创业者

列出一系列采访问题，旨在了解创业者是谁以及他是如何成长的。联系一位创业者并进行采访，以测试本章所学习的理论。在此基础上，请你来创建一个创业者的定义。

2. 创业者的媒体形象

寻找报纸上有关成功创业者的文章，分析媒体对创业者的各种看法。讨论一下这些看法如何影响你所在国家的创业者人数和从事创业的人。

参考文献

Ajzen, I. (1991) 'The theory of planned behavior', *Organizational Behavior and Human Decision Processes*, 50, 179–211.

Baum, J.R., Frese, M., Baron, R. & Katz, J.A. (2007) 'Entrepreneurship as an arena of psychological study: An introduction', in Baum, J.R., Frese, M. & Baron, R. (eds), *The Psychology of Entrepreneurship*, Mahwah, NJ: Lawrence Erlbaum Associates, 1–18.

Begley, T.M. & Boyd, D.P. (1987) 'Psychological characteristics associated with performance in entrepreneurial firms and smaller businesses', *Journal of Business Venturing*, 2, 79–93.

Casson, M. (2003) *The Entrepreneur: An Economic Theory*, 2nd edn, Cheltenham, UK and Northampton, MA, USA: Edward Elgar Publishing.

Chell, E. (2008) *The Entrepreneurial Personality: A Social Construction*, 2nd edn, New York: Routledge.

Down, S. & Reveley, J. (2004) 'Generational encounters and the social formation of entrepreneurial identity: "young guns" and "old farts"', *Organization*, 11(2), 233–250.

Downing, S. (2005) 'The social construction of entrepreneurship: Narratives and dramatic processes in the co-production of organizations and identities', *Entrepreneurship Theory and Practice*, 29(2), 185–204.

Fayolle, A. (2003) 'Research and researchers at the heart of entrepreneurial situations, new movements', in Steyaert, C. & Hjorth, D. (eds), *New Movements in Entrepreneurship*, Cheltenham, UK and Northampton, MA, USA: Edward Elgar Publishing, 35–50.

Fayolle, A. (2007) *Entrepreneurship and New Value Creation. The Dynamic of the Entrepreneurial Process*, Cambridge: Cambridge University Press.

Fayolle, A., Basso, O. & Tornikoski, E. (2011) 'Entrepreneurial commitment and new venture creation: A conceptual exploration', in Hindle, K. & Klyver, K. (eds), *Handbook of New Venture Creation*, Cheltenham, UK and Northampton, MA, USA: Edward Elgar Publishing.

Gartner, W.B. (1985) 'Conceptual framework for describing the phenomenon of new venture creation', *The Academy of Management Review*, 10(4), 696–706.

Gartner, W.B. (1988) 'Who is the entrepreneur? Is the wrong question', *American Journal of Small Business*, 12(4), 11–32.

Hébert, R.F. & Link, A.N. (1988) *The Entrepreneur – Mainstream Views and Radical Critiques*, New York: Praeger Publishers.

Hisrisch, R.D. & Peters, M.P. (2001) *Entrepreneurship*, Boston, MA: McGraw-Hill.

Hoang, H. & Gimeno, J. (2010) 'Becoming a founder: How founder role identity affects entrepreneurial transition and persistence in founding', *Journal of Business Venturing*, 25(1), 41–53.

Hornaday, J.A. & Aboud, J. (1971) 'Characteristics of successful entrepreneurs', *Personnel Psychology*, 24, 141–153.

Hull, D., Bosley, J. & Udell, G. (1980) 'Reviewing the heffalump: Identifying potential entrepreneurs by personality characteristics', *Journal of Small Business Management*, 18(1), 11–18.

Jones, C. & Spicer, A. (2005) 'The sublime object of entrepreneurship', *Organization*, 12(2), 223–246.

Klyver, K., Nielsen, S. & Evald, M.R. (2013) 'Women's self-employment: An act of institutional (dis)integration? A multilevel, cross-country study', *Journal of Business Venturing*, 28(4), 474–488.

Korunka, C., Frank, H., Lueger, M. & Mugler, J. (2003) 'The entrepreneurial personality in the context of resources, environment, and the startup process – A configurational approach', *Entrepreneurship Theory and Practice*, 28(1), 23–42.

Llewellyn, D.J. & Wilson, K.M. (2003) 'The controversial role of personality traits in entrepreneurial psychology', *Education + Training*, 45(6), 341–345.

Mitchell, R.K., Busenitz, L., Lant, T., McDougall, P.P., Morse, E.A. & Smith, J.B. (2002) 'Toward a theory of entrepreneurial cognition: Rethinking the people side of entrepreneurship research', *Entrepreneurship Theory and Practice*, 27(2), 93–104.

Mitchell, R.K., Busenitz, L., Lant, T., McDougall, P.P., Morse, E.A. & Smith, J.B. (2004) 'The distinctive and inclusive domain of entrepreneurial cognition research', *Entrepreneurship Theory and Practice*, 28(6), 505–518.

Nicolaou, N., Shane, S., Cherkas, L., Hunkin, J. & Spector, T.D. (2008) 'Is the tendency to engage in entrepreneurship genetic?', *Management Science*, 54(1), 167–179.

Plomin, R., DeFries, J.C., McClearn, G.E. & McGuffin, P. (2008) *Behavioral Genetics*, New York:

Worth Publishers.

Sarasvathy, S.D. & Dew, N. (2005) 'Entrepreneurial logics for a technology of foolishness', *Scandinavian Journal of Management*, 21, 385–406.

Schumpeter, J.A. (1934) *The Theory of Economic Development*, Cambridge, MA: Harvard University Press.

Shane, S. (2000) 'Prior knowledge and the discovery of entrepreneurial opportunities', *Organization Science*, 11(4), 448–469.

Shane, S. (2003) *A General Theory of Entrepreneurship: The Individual–Opportunity Nexus*, Cheltenham, UK and Northampton, MA, USA: Edward Elgar Publishing.

Shane, S. (2010) *Born Entrepreneurs, Born Leaders: How Your Genes Affect Your Work Life*, New York: Oxford University Press.

Shaver, K.G. & Scott, L.R. (1991) 'Person, process, choice: The psychology of new venture creation', *Entrepreneurship Theory and Practice*, 16(2), 23–45.

Stepherd, D. & Haynie, M.J. (2009) 'Birds of a feather don't always flock together: Identity management in entrepreneurship', *Journal of Business Venturing*, 24, 316–337.

Ucbasaran, D., Westhead, P. & Wright, M. (2001) 'The focus of entrepreneurial research: Contextual and process issues', *Entrepreneurship Theory and Practice*, 25(4), 57–80.

Vecchio, R.P. (2003) 'Entrepreneurship and leadership: Common trends and common threads', *Human Resource and Management Review*, 13(2), 303–327.

Weick, K.E. (1995) *Sensemaking in Organisations*, Thousand Oaks, CA: Sage.

Wickham, P.A. (2006) *Strategic Entrepreneurship*, Harlow: Pearson Education Limited.

第二部分

创业过程

第 3 章 机会出现

尽管创业者个体对于理解创业至关重要，许多人仍将机会的发现或创造视为创业理论的核心。机会是一种可以为他人创造价值的创意。没有机会，也就没有创业。此外，许多人认为对机会的关注是创业理论的独特之处。但是什么是机会？机会从哪里来？这些问题将是本章讨论的主题。

为了讨论机会，我们引入了另一个概念：创意。创意先于机会，但不是所有的创意都会发展并转化为机会。有些创意仅仅止步于创意，因为评估表明这个创意并不能发展和实现。因此，当我们试图区分机会和创意时，判断市场能否实现是十分重要的。如果判定市场无法实现，那么这个创意就只能是创意；如果市场是可以实现的，那么创业者可能会采取行动将这个创意发展成机会。

3.1 星巴克咖啡

现在是时候介绍现实生活中的创业故事了，它是由萨阿斯·萨阿斯瓦斯为本书开发的关于星巴克的案例。这个案例讲述了世界上最成功和最受尊敬的创业者之一的故事。

创业故事

星巴克咖啡的故事

作者：萨阿斯·萨阿斯瓦斯

截至 2011 年，星巴克公司已在 55 个国家和地区拥有并经营着 17 000 多家咖啡店。

1971 年，第一家星巴克咖啡店在西雅图的派克市场开业。受到精品咖啡美食家创业者阿尔弗雷德·皮特的启发，英语老师杰瑞·鲍德温、历史老师泽夫·西格尔和作家戈登·鲍克这三位朋友一起开办了这家店，出售来自世界各地的新鲜烘焙的咖啡豆。每个合伙人都投资了 1 000 多美元，并且每个人还从银行贷了 5 000 美元。这些创始人都是美国小说《白鲸记》的粉丝，他们用小说中捕鲸船上的海军大副的名字——斯巴达克，命名了这家商店。这艘船由船长亚哈布带领。在早期，他们从皮特那里购买生咖啡豆，后来直接从咖啡种植者那里进行采购。

在星巴克刚成立的大约 20 年时间里，美国的咖啡消费量持续走低——从 1963 年的人均每天 3 杯左右下降到 20 世纪 80 年代中期的人均每天 2 杯。大多数人只是从杂货店购买无差异的大众化咖啡，他们甚至没有听说过还有来自其他国家的特色咖啡。此外，在 1971 年，西雅图还面临着波音公司破产的严峻事实。作为西雅图最大的雇主，波音公司裁掉了 6 万多个工作岗位，其他产业也处于低迷状态。据报道，西雅图西塔科机场附近的一块牌子上写着一句标语——"最后离开西雅图的人会熄灯吗？"

在这种不景气的经济环境中，面对咖啡需求的不断下降，星巴克在派克市场以一家狭窄的店面正式宣布开业。这家小咖啡商店的创始人并不在意潮流趋势，而是想满足自己对优质、新鲜、烘焙咖啡的渴望。通过频繁拜访阿尔弗雷德·皮特并与他进行对话，他们发现要让顾客理解、欣赏好咖啡，就必须让顾客知道好咖啡的来源、香气、味道、制作方法，以及在日常生活中享用好咖啡的不同方式。

该公司时任董事长、总裁兼首席执行官霍华德·舒尔茨，曾就职于一家生产日用塑料制品的公司。1981 年，舒尔茨注意到西雅图的一家小商店购买了大量的简易滴滤式塑料咖啡壶，他决定调查一下。舒尔茨几乎一经了解星巴克创始人以及他们对咖啡的热情，就被吸引加入了这家企业。以下内容是他第一次访问星巴克后，在从西雅图飞往纽约的飞机上记录下的感受：

"我能感受到星巴克对我的吸引力，这其中有一种魔力，一种我从未在商业中经历过的激情和真诚。也许，只是也许，我可以成为那种魔力的一部分，也许我可以帮助它成长。就像杰瑞和戈登正在做的那样，创业是一种怎样的感觉？拥有股权而不只是领取薪水支票又是怎样的感受？我能为星巴克带来什么，让它变得更好？这机会就像我正在飞过的这片土地一样宽广。"

一年后他加入了这家公司，又一年后，他访问了意大利，在那里他爱上了咖啡吧的创意，即将咖啡吧作为可供社区交谈的一个浪漫的场所，但是，星巴克的最初创始人并没有特别着迷于开展咖啡吧业务。于是舒尔茨在罗思·马戈利斯的投资下，创办了自己的每日咖啡店，他称罗思·马戈利斯是"你能想到的最不可能的投资者"。

舒尔茨和马戈利斯完全不认识，但是舒尔茨的妻子认识马戈利斯，当她说起舒尔茨正在创办一家咖啡吧时，马戈利斯表达了想要投资的兴趣。当舒尔茨做好了充分的准备，带着商业计划书去见马戈利斯，并且急切想要和他谈谈财务预测时，马戈利斯表示对那些文件不感兴趣，只想知道舒尔茨对商业构想的细节。正如舒尔茨描述的那样："我说得越多，就越热情高涨，直到突然之间，马戈利斯打断了我，他问我需要多少钱，然后给我开了一张 10 万美元的支票。"

舒尔茨在这个过程中学到了很多。他尝试了许多不同的创意，其中有一些已经成为星巴克体验的核心元素，比如装饰、音乐、咖啡师、菜单上大小杯子的名称、点餐流程等。舒尔茨会根据一些反馈做出调整，但也会忽略一些反馈，因为他觉得可能会损害他的创造。通过与客户、员工、投资者及社区里人们的交流，他设计出了许多细节，越发确信自己想要收购最初的星巴克公司，并希望用同样的名字来命名自己日益增加的连锁店。

当舒尔茨试图依靠融资来实现这一目标时，他遇到了关于咖啡业为何永远无法成为增长型产业的五花八门的论点。下面是他反驳这些论点的要点：

"我们想要做的……就是重塑一种商品，我们会选择一些古老陈旧而又普通的东西，即咖啡，围绕它营造一种浪漫和社区般的氛围。"

我们将重新打造咖啡的神秘和魅力，并以成熟、时尚和知性的氛围来吸引顾客。

一杯准备好的星巴克咖啡

在这方面，耐克是我所知道的唯一一家做得相当好的公司。运动鞋当然是一件商品，它便宜、标准、实用，而且通常不是很昂贵。耐克的战略是先设计世界一流的跑鞋，然后在此基础上去追求兼具顶级运动性能和诙谐不恭气质的产品。这种风尚广为流行，吸引了无数普通人穿上了耐克鞋。20 世纪 70 年代，好的运动鞋每双仅 20 美元，谁会想到有人愿意花 140 美元买一双篮球鞋呢？

1987 年，舒尔茨设法与 240 多人进行了交谈，并从其中的 25 人那里筹集到了足够的资金，他们的投资让舒尔茨买下了星巴克品牌。正如人们所说，其余的都已成为历史。

3.2　星巴克咖啡引发的思考

星巴克的故事让你了解了机会出现。你该如何解释它？以下是供你思考的一些建议：

- 给当地报纸编辑写一封信，讲述机会的重要性：你为什么觉得机会很重要？根据星巴克的故事，你将如何定义机会？故事中，创意和机会都在发挥作用吗？
- 假设有一位读者问机会来自哪里？基于星巴克的故事，你将如何回答这位读者？该读者提出的其余问题是：创建星巴克的创业者是谁？他们有什么能力做了别人做不到的事情？
- 请思考，如果舒尔茨没有注意到咖啡壶销售量的增长，并进行调查，他还会成立每日咖啡公司或创建如星巴克一样成功的其他公司吗？如果答案是肯定的，他必须要做哪些不同的事？
- 请思考，你是否曾经想到过一个有可能转化为机会的创意？如果有，描述你是如何获得这个创意的，并列出将其转化为机会所需要做的三件事情。

3.3 机会是被发现的还是被创造的

机会理论通常涉及机会是什么、为什么存在、何时存在以及如何存在，还有它们可能采取什么形式，以及在机会形成过程中创业者扮演的角色。现在我们将不畏艰险，为你提供一个或多个关于机会本质的视角，这不是一项容易的事。

正如在关于创业者是谁的讨论中一样，对于机会是什么这一问题的答案也存在分歧。在此问题上通常有两种视角。其中一种视角强调机会无时无刻不在我们身边，只是在等待我们"撞向"它们，即发现它们。另一种视角认为机会是属于未来的某种事物，它是通过个人行动、与他人互动以及个人对这些事物进行反思的能力而创造出来的。因此，机会并不独立于人类活动和干预而存在。本章将向你介绍形成悖论的两种视角：

> 机会是被发现的还是被创造的？

3.3.1　机会与创意

我们在本章开始时提到，机会应该是能够为他人创造价值，并且可以在市场中实现的创意。创意评估的标准是：

- 锚定：绑定到为他人创造价值的产品、服务或体验；
- 有吸引力：他人愿意为代表这个创意的价值买单；
- 在合适的时间和地点：环境成熟到可以接收创业者及其创意；
- 有能力做：这个机会是切实可行的（Barringer 和 Ireland，2008）。

最后一点是指创业者拥有或者有能力获得所需的资源、专业技能、合法性和知识，以使这个创意对他人来说有价值。如果这个创意被评估为能够为他人（不仅仅为创业者本人）创造价值，并让他人愿意为这个价值买单，那么它就会在适当的时间和地点出现，并且它可以实现，即这个创意被认为是一个真正的机会。考虑到这一点，你认为图 3-1 中的图例是一个机会的画像吗？

图 3-1　这是一个机会吗

图 3-1 阐明了机会是如何与普通创意（想法）区分开来的。创意有可能成为机会，但它们没有满足上述的机会标准。你也许有一个非常好的创意，但你所有的竞争对手也会有同样的创意，除此之外，市场可能还

没有为你的创意做好准备。结果，这个创意只能是一个创意，它永远不会变成机会。然而，必须指出的是，人们往往很难划清机会与创意之间的界限。这是一个流动的转变过程，本书也将展示这个过程。

3.3.2 意图和能力的程度

既然讨论了机会，那么也应该讨论意图。如果创业者不打算通过组织来利用机会，那么他们是否发现或创造了机会也就不重要了。与此同时，人们可以争辩说，如果创业者没有发现或创造机会，即他们没有机会，那么他们是否有意图利用机会也就无关紧要了。

巴韦（1994）正式提出了这一讨论，他确定了两条不同的创业路径。在第一条路径中，创业过程开始于创业者想要创办一个组织，然后寻找机会。在第二条路径中，创业过程开始于个人已经或多或少地发现或创造了机会。这种思维方式在第 2 章中已经有所涉及。

巴韦（1994）的研究认为，在任何给定的时间，社会都是由人群组成的，其中有些人有创业意图，有些人则拥有机会，而有些人既有意图也有机会，有些人则既没有意图也没有机会。2004 年，全球创业观察（GEM）的丹麦团队收集的数据揭示了丹麦人民拥有机会及意图的程度。GEM 是一项国际研究项目，旨在确定：

（1）一个国家的创业活动与社会经济增长之间的关系；

（2）各国的创业活动如何变化；

（3）哪些国家框架条件会鼓励该国的创业活动。

GEM 项目自 19 世纪 90 年代后期启动以来，已有 60 多个国家加入。每个参与国每年都会收集有关创业的数据。其中，最重要的数据是对由至少 2 000 名成人组成的随机样本进行的人口调查。在表 3-1 中，我们试图确定丹麦人拥有机会和意图的程度，引用的数据是 2004 年收集的。

表 3-1 显示，大约 74% 的丹麦人完全不参与创业，7% 的人拥有他们打算利用的机会，他们是潜在的创业者。然而，两个非常有趣的类别是意图浪费和机会浪费，3% 的丹麦人属于前一种类别，这些人有创业

的意图，但他们没有机会可以利用。从社会角度来看，这是对意图的浪费。

表 3-1 丹麦人拥有机会和意图的程度（占人口百分比）

意图	是	机会 是	机会 否
		潜在的创业	意图浪费
		7%	3%
意图	否	机会浪费	没有创业
		16%	74%

第二个有趣的类别是机会浪费，占丹麦人口的 16%。这个群体中的人拥有机会，但是他们没有通过组织来利用机会的想法，其中 70%(=16/(7+16)) 的人有机会但并没有利用机会的意图。从社会角度来看，我们再次看到了严重的机会浪费。因此，表 3-1 清晰地表明了与丹麦创业有关的主要损失在于缺少利用机会的意图，尽管丹麦人实际上拥有这些机会。

然而，各国人民利用机会的意图和机会程度存在相当大的差异。凯利等学者（2011）在 2010 年的 GEM 报告中发现，认为在自己居住地区有良好创业机会的人群比例在不同地区间差异很大。他们构建了一个与国家经济发展阶段相关的模型，发现一个国家的经济越不发达，相信有良好创业机会的人所占比例就越大。这一点似乎与直觉相悖，你可能理所当然地认为在经济发达的国家中会有更多的商业机会。然而，凯利等学者（2011）研究发现，之所以会出现这种情况，是因为处在不同经济发展阶段的国家或地区，人们脑海中想到的商业类型是不同的。在乌干

达等欠发达国家，人们所设想的许多商业机会是由必要性而不是由机会
驱动的，这一点将会在第 6 章中进一步讨论。人们创业是因为他们没有
其他收入来源，这也意味着这些基于必需品的企业往往缺乏创新性，并
且没有增长潜力。

因此，我们可以得出这样一个结论：各国的机会浪费和意图浪费会
因其经济发展阶段的不同而有所不同，但这很可能在全世界范围内都是
一个重要问题。

3.3.3   机会类型

在讨论什么是机会以及如何产生机会时，我们经常提到熊彼特（1934）
和柯兹纳（1973）这两位理论家。正如第 1 章中所提到的，熊彼特理论
的核心是：机会将通过现有资源的新组合而出现，它们的特征还表现在
打破了现有的观念和做事方式。一个有趣的例子是一位工业设计师的故
事，该故事说明了如何通过组合现有知识来创造新东西。基于对昆虫知
识的研究，这位工程师在 2000 年获得了新型防弹背心的专利。有些昆虫
的内部很柔软，但是其外部则具有强健活泼的骨架，新型防弹背心就是
根据这些原则设计的，它打破了现有防弹背心的结构。这位工业设计师
在探索频道上看到了有关昆虫的节目时，就想到了这种背心的设计。因
此，通过将现有的防弹背心知识与昆虫知识相结合，设计人员创造了一
种全新的、更加灵活舒适的防弹背心。

另一方面，柯兹纳式机会则认为创业者利用现有的市场信息来查看
市场上是否存在资源"漏洞"，力图使这些资源被更有效地利用。换句话
说，要找出市场中尚未被他人完全利用的潜在价值。在这里，创业者专
注于优化，目的是使现有市场更加有效。例如，如果一家发廊发现了尚
未开发的潜在市场，那么它很可能在另一个街角建立另一家发廊。图 3-2
简化了熊彼特式机会与柯兹纳式机会之间的差异。

图 3-2 进一步从市场角度阐释了这两种机会之间的差异。熊彼特式
机会可以被理解为对现有市场均衡的破坏，因为它们破坏了现有的做事
方式。熊彼特意义上的机会并不需要发生，因为现有市场需要新的机会。

机会之所以产生，是因为现有知识进行了重新组合。在某些情况下，正如第 1 章所述，新机会甚至会重构整个行业。

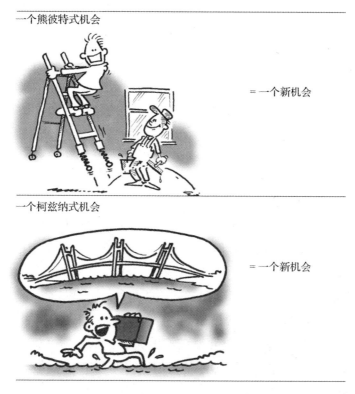

图 3-2　熊彼特式机会与柯兹纳式机会

然而，柯兹纳式机会可以作为补偿不均衡的手段，并有助于建立市场均衡。通常，当未被满足的需求突然被新机会覆盖时，就会出现市场均衡。例如，创业者也许会发现如何使非常昂贵的产品变得更便宜或更快速地生产。因此，柯兹纳式机会并不会像熊彼特式机会那样具有创新性。相反，它有助于为市场提供均衡。

我们可以得出，柯兹纳式机会和熊彼特式机会在市场中起着不同的作用，但是，它们也可以被看作是机会的互补方法。熊彼特式机会造成了市场失衡，而柯兹纳式机会却使市场恢复均衡。因此，图 3-3 被画成了一个循环。

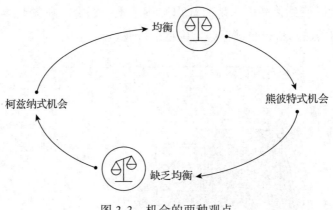

图 3-3   机会的两种观点

3.3.4   发现机会

现在我们来研究导致新机会产生的过程。可以说，柯兹纳式机会本质上是客观的，它只是我们所在环境的一部分，即市场中的利润差，仅仅等待着被发现。客观性的概念是指机会独立于人为干预、时间和地点而存在的事实。因此，尽管我们并不总是能意识到机会，但可以理所当然地认为机会是我们世界的一部分。谢恩和文卡塔拉曼表示，"……机会本身是客观的现象，但并非所有的人时刻都知道。例如，电话的发明创造了新的交流机会，却不管人们是否发现了这些机会"（Shane 和 Venkataraman，2000）。

然而，如果机会是客观的，为什么我们不都被它们"绊倒"呢？为什么我们社会之中只有一些人能发现机会？这个问题的答案是多方面的。有些创业者会积极寻找机会，但也有创业者无意识地发现了机会。柯兹纳引入了"警觉"概念来描述这种现象，这个概念是指"在不主动寻找的情况下，可发现迄今为止被忽视的机会的能力"（Kirzner，1979）。我们可以将"警觉"看成创业者内部的一种内置警报系统，它能对那些不可预见的机会做出响应，然后他会或多或少无意识地、不自觉地将注意力转移到这些机会上。这类创业者没有积极去寻找新机会，但却发现了它们。

然而，如果我们继续讨论"警觉"，那么仍然有疑问，即所有人是否对机会都有持续的准备，或者有些人是否比其他人更可能发现机会。在这种情况下，谢恩和文卡塔拉曼指出："对创业机会的认识是一个主观的过程"（Shane 和 Venkataraman，2000）。这意味着尽管机会是客观的，但发现机会是相对主观的。例如，在大多数情况下，个人在特定领域的信息和经验将会导致人们对解决方案及应对挑战的新方法有更高水平的认识。谢恩（2000）通过让拥有不同背景的一组创业者面对相同的技术来检验这一点，他们根据自身所拥有的信息和经验，以截然不同的方式将技术视为潜在机会。

图 3-4 阐释了个人发现机会的过程，它强调了获取信息对发现机会十分重要，并解释了信息获取依赖于我们的生活经历、社交网络和为寻找机会所做的努力。研究显示，人越多地寻找机会，发现机会的可能性就越大。此外，图 3-4 还表明，发现机会的能力取决于我们的吸收能力、智力和认知过程，吸收能力即我们以有用的方式解释信息的能力，如找出我们所面临问题的解决方案。认知过程是指我们所有人都有不同的认知架构，也就是指创业者如何理解、思考他的环境及其内心正在发生的事情。创业者对机会的感知也会有所不同，这取决于他的大脑是如何运作的。尽管缺乏信息，但创业者通常会比其他人更乐观地看待机会，并且比其他人更快地对机会采取行动，因为他们内心相信机会是有潜力的。

图 3-4 个人和机会发现

资料来源：Inspired by Shane（2003）。

3.3.5 创造机会

如果你认为机会不是我们周围环境中的客观现象，那么就没什么可发现的，许多人都持这种信念。机会不是"等待创业者去注意、发现或观察的具体现实"（Gartner 等，2003）。相反，机会是人类创造出来的东西，"机会和市场必须被发明、编造、构建、制造"（Sarasvathy，2008）。没有人类的干预，就没有机会，机会是主观的现实。正如我们所看到的，熊彼特式机会就是以下事实的例证：人类的行动对创造机会至关重要，它们不基于市场、价格、消费者偏好等现有信息，相反，最重要的是人类通过创造新的组合而创造性地行动的能力，其中创造力是指创新思维的能力。此外，这个观点还认为人与人之间的互动在创造机会中也发挥了作用。

因此，我们可以得出这样的结论，即如果机会不是客观现象，那么它们可以被视为是由社会建构的，这个社会建构是创业者在每天日常生活中通过与他人、所处环境以及他自己的互动而创造出来的。在这个问题上，弗莱彻认为"创业行为、特征和特性的形成过程并不是一个处于固定或静态的本体论状态的'对象'，相反，它们是动态的，并且不断更新，经由参与社会过程得以实现、塑造和构建"（Fletcher，2003）。与其将机会看作是始终存在且可能被所有人发现的客观事实，不如将它们视为日常现象。"我们必须认识到，日常生活中的创业行为具有很大的能力，可以使我们朝着新的、出乎意料的方向发展"（Boutaiba，2004）。图 3-5 阐释了创业者在与其他人及其日常生活环境之间进行互动时是如何创造机会的。

我们的日常互动常常会导致事物的复制。人类在很大程度上受到日常生活的支配。有时会有新的事物出现，比如新的机会。图 3-5 间接地显示了创造机会不仅仅只是为了发现最佳机会。因为机会创造是建立在日常互动的基础上的，所以关键在于此时此地正在发生什么，可以做些什么。换句话说，创造机会的目的是改善日常生活。

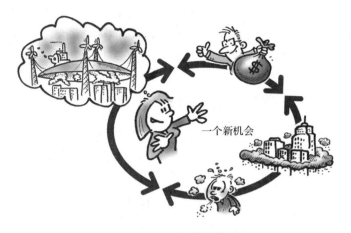

一个新机会

图 3-5　机会创造模型

下面请看一个关于 eBay 的故事。eBay 的创业者回忆道：

> 人们常常问我："当你构建这个系统时，你一定知道让它自我维持是 eBay 每天为 4 000 万用户提供服务的唯一途径。"实际上并不是，我让这个系统能够自我维持有一个原因，1995 年劳动节那天我创办 eBay 时，它还并不是我的事业，而是我的业余爱好。我必须建立一个能够自我维持的系统……因为我是一名软件工程师，我每天早上都要去上班，从早上 10 点到晚上 7 点，又希望在周末可以有自己的生活。因此，我和 Pam 都外出骑山地自行车，而唯一在家的就是我们的猫。我建立了一个可以持续工作的系统，它能处理投诉并获取反馈（Sarasvathy，2008）。

这个故事很好地说明了机会是如何在日常互动中产生的。创业者试图创造一个机会，这个机会是通过他与他人（Pam）及他的情境（他的工作）互动来实现的。一开始，他并不知道这个机会的最终结果是成立 eBay。他只是从做小事出发，一点点创造机会，并以每天的挑战作为每天新出发点。

从上述描述中可以看出，机会是不断演变的，这是相互作用的结果。

在机会创造的过程中，创业者不一定能决定其进展，创业者仅是影响这一过程的众多参与者之一。

3.3.6 机会：发现的还是创造的

本章的重点是回顾机会的两种视角：一种视角认为机会是发现的，而另一种视角则认为机会是创造的，表 3-2 总结了构成这个悖论的两种视角：是发现的还是创造的。

正如表 3-2 所示，发现视角将机会看作是环境中的给定对象，它们的形成涉及创业者如何发现尚未利用的资源并在市场中发现"漏洞"，这表明机会的来源是个人对当前市场信息的认知。假设发现的机会随着时间的推移保持不变，即它是稳定的，那么就机会类型而言，这种机会属于柯兹纳式机会。

表 3-2 悖论：发现的还是创造的

	发现的	创造的
机会特性	环境中客观给定的事物	取决于个体之间的互动
机会出现	涉及发现	涉及创造
机会来源	关注已有市场信息的个人	具有创造力的个人
机会状态	机会是稳定的	机会是动态的
机会类型	市场上的柯兹纳漏洞	熊彼特的市场破坏

创造视角则认为机会与个人的行动紧密相关。个人根植于社会情境中，这就是为什么他与他人以及整个环境产生互动的原因。而所有这些互动都有助于创造机会，并且强调了机会产生的过程需要有创造力的个人的干预。既然创造机会的过程是多种因素相互作用的结果（例如创业者本人、其他个体以及他们的环境），那么机会就是不断变化的，即它是动态的。这一观点借鉴了熊彼特对机会的看法，即将机会看作是对现有秩序的创造性的新组合。

如果你认为将机会视为创造或发现是没有意义的，则可以选择与萨阿斯瓦斯等学者（2002）采取相同的立场。他们强调有些机会"埋在土壤里，等待着警觉的个体去挖掘。然而，其他机会则需要一些利益相关者，包括创业者，通过动态互动、偶然的、设计和协商的过程，采取有效的行动来'创造'或培育它们"（Sarasvathy 等，2002）。因此，机会不一定是"非此即彼"的问题，也许既有需要发现的机会，也有需要创造的机会。

3.4　理论视角下的创业机会

一个故事会有多种解释。下面分别从发现和创造视角对本章开头星巴克的故事进行解释。

3.4.1　发现视角

从发现视角来看，星巴克的故事涉及一个现有的且可用的市场机会，并且这个机会还未被发现，也就是尚未被触及。新鲜烘焙的优质咖啡代表着一些未被开发的价值，这便是市场中的一个"漏洞"。星巴克的三位创始人似乎是靠运气而不是判断来发现这个"漏洞"的，他们只是追随自己的梦想。然而，霍华德·舒尔茨代表了警觉的柯兹纳式创业者。他的警觉能力使他不断地搜索市场寻找机会。为了理解市场的变化，他发现西雅图的一家小商店正在购买越来越多的滴滤式塑料咖啡机。

舒尔茨的警觉似乎是在不知不觉中显露出来的，毕竟他并没有积极地寻找机会，只是在见过星巴克的三位创始人之后，他才开始梦想创建一个新组织。他想知道拥有股份而不只是领取薪水支票会是一种怎样的体验。正是舒尔茨在塑料产品市场上的专业经验、知识和他自身的信息获取能力，以及解释这些信息并将其转化为有价值的机会的能力，使他发现了星巴克的机会。通过这种方式，他发现了其他人没有发现的东西。

尽管三位创始人在机会形成方面已经做了一些工作，但舒尔茨并不只是模仿他们所做的。基于对特殊烘焙咖啡业务的进一步市场分析，他认为咖啡不仅仅是一种热乎的深色饮料——它是一种完整的仪式。舒尔茨进一步挖掘了这个"漏洞"的机会。在意大利咖啡吧的启发下，他找到了使这个机会大规模发展的灵感。通过这种方式，舒尔茨拓展了最初的星巴克机会，并获得了巨大的成功，尽管许多批评人士认为咖啡行业不可能成为增长型产业。

3.4.2　创造视角

我们也可以从创造视角来解释星巴克的案例，即假想这个机会是从创造、想象和社会互动过程中产生的。毕竟，在第一家星巴克门店开设时，市场中没有任何趋势表明开设这样一家商店将会取得成功。相反，市场表明对优质咖啡没有需求，因此也就没有机会可以发现。

三位创始人没有离开现有市场，而是利用他们的创造力、想象力、视野和品味创造了星巴克。这表明机会的确是主观过程的结果。由于没有市场趋势可以观察，并且他们对优质烘焙咖啡也没有多少专业知识，因此，他们与经验丰富的美食咖啡创业者阿尔弗雷德·皮特进行了大量互动，从而形成了这个机会。由此来看，机会从一开始就出现在社会互动之中。

创造视角在舒尔茨的活动中尤为明显。他充分利用了创造性思维和社交互动。舒尔茨将最初的创意，他访问意大利时所获得的丰富经验和想法，与投资者、顾客、员工的日常互动，以及自己对未来需求的想象结合起来，将咖啡重塑为一种商品。这一过程反映了机会创造是动态且不断演化的社会互动过程。机会不是固定的，也不是永久的。

舒尔茨的创新努力使咖啡行业发生了翻天覆地的变化。这个行业曾一度专注于杂货店的大众化咖啡产品，而他围绕咖啡建立了一种全新而独特的文化，吸引了全球数百万人。正如我们所知，转变了一个行业的舒尔茨，是一位熊彼特式的创业者，进行了创造性的破坏活动。

我们分别从发现视角和创造视角对星巴克的创业过程进行了解释。然而，开发星巴克案例的作者萨阿斯瓦斯从效果视角提出了第三种解释。在本书中，你将在第5章学习效果理论。这个视角提出了这样一种观点，即机会的出现与发现或创造无关。对此，萨阿斯瓦斯在一次私人交流中进行了解释：

> 创造和发现过程都是将创意转变成机会。如果最初的创始人没有将他们对优质咖啡的热情和从阿尔弗雷德·皮特那里获取的灵感付诸行动，那么舒尔茨就没有什么可以"发现"的，至少是在专业咖啡行业中没有。但是，如果舒尔茨没有对咖啡机销售量的增长保持警惕，并进行调查，他想要成为创业者的渴望和获取巨大成功的抱负可能就起不到什么作用了。而且，即使是在他"发现"星巴克之后，他也必须做许多"创造"，以使它成为今天我们看到的星巴克。他在创办和发展每日咖啡店时所做的一切都涉及发现和大量的共创。例如，发现他的所有利益相关者，包括客户、供应商、雇员及投资者等所具有的品位、偏好、痛苦和偏见，这些利益相关者都积极参与了公司身份的形成过程，并体现在公司品牌和主要资产之中。

萨阿斯瓦斯进一步指出，尽管新机会是在创造与发现的独特混合中产生的，但创业者的行动始终是效果行动（effectuated action）。萨阿斯瓦斯这样解释：效果行动包括创业者与他人以及周围客观环境的互动，并最终将与他们互动的人转变为利益相关者，而这些利益相关者又会重塑并且共创他们周围的环境（Sarasvathy 等，2008）。

3.5　创业机会真的如此吗

现在该回到正轨了。当你在实践中对机会及其出现进行测试时，一定要记住上述理论和讨论。

1. 研究技术进步与机会

上网搜索并列出自你上学以来所发生的三大技术进步。描述在这些进步之后出现的两个机会。你能否提出一些由于这些进步而产生，但到目前为止还没有被利用的更多机会？

2. 新案例研究

在任何报纸或杂志上找一篇关于创业者的文章。如果找不到，就采访你认识的一位创业者。参考本章的理论和讨论，分析创业者的机会是如何出现的。

3. 绘制机会库

仅从这一章来看，你对新机会的识别取决于你已经拥有的信息。信息可能来源于你的生活经验、教育、业余时间、爱好，或你与朋友、同学、家人等进行交流的结果。找一张纸，想象你的大脑是一个拥有很多书籍的图书馆，这些书籍里包含了你所拥有的信息。现在输入这些书籍的名称：它们是关于园艺、足球还是算术？试评估图书馆书籍的组合，并确定你有可能发现或创造的机会是什么。

参考文献

Barringer, B.R. & Ireland, R.D. (2008) *Entrepreneurship: Successfully Launching New Ventures*, Upper Saddle River, NJ: Prentice Hall.

Bhave, M.P. (1994) 'A process model of new venture creation', *Journal of Business Venturing*, 9, 223–242.

Boutaiba, S. (2004) 'A moment in time', in Hjorth, D. & Steyaert, C. (eds) *New Movements in Entrepreneurship*, Cheltenham, UK and Northampton, MA, USA: Edward Elgar Publishing, 22–57.

Fletcher, D.E. (2003) 'Framing organisational emergence: Discourse, identity, and relationship', in Hjorth, D. & Steyaert, C. (eds) *New Movements in Entrepreneurship*, Cheltenham, UK and Northampton, MA, USA: Edward Elgar Publishing, 9–46.

Gartner, W.B., Carter, N.M. & Hills, G.E. (2003) 'The language of opportunity' in Hjorth, D. & Steyaert, C. (eds) *New Movements in Entrepreneurship*, Cheltenham, UK and Northampton, MA, USA: Edward Elgar Publishing, 103–125.

Kelley, D., Bosma, N. & Amoros, J.E. (2011) *Global Entrepreneurship Monitor – 2010 Global Report*, GERA/Babson College.

Kirzner, I. (1973) *Competition and Entrepreneurship*, Chicago, IL: University of Chicago Press.

Kirzner, I. (1979) *Perception, Opportunity, and Profit*, Chicago, IL: University of Chicago Press.

Sarasvathy, S.D. (2008) *Effectuation: Elements of Entrepreneurial Expertise*, Cheltenham, UK and Northampton, MA, USA: Edward Elgar Publishing.

Sarasvathy, S.D., Dew, N., Velamuri, S.R. & Venkataraman, S. (2002) 'A testable typology of entrepreneurial opportunity: Extensions of Shane & Venkataraman (2000)', working paper, University of Maryland and University of Virginia.

Sarasvathy, S.D., Dew, N., Read, S. & Wiltbank, R. (2008) 'Designing organizations that design environments: Lessons from entrepreneurial expertise', *Organization Studies*, 29(3), 331–350.

Schumpeter, J.A. (1934) *The Theory of Economic Development*, Cambridge, MA: Harvard University Press.

Shane, S. (2000) 'Prior knowledge and the discovery of entrepreneurial opportunities', *Organization Science*, 11(4), 448–469.

Shane, S. (2003) *A General Theory of Entrepreneurship: The Individual–Opportunity Nexus*, Cheltenham, UK and Northampton, MA, USA: Edward Elgar Publishing.

Shane, S. & Venkataraman, S. (2000) 'The promise of entrepreneurship as a field of research', *Academy of Management Review*, 25(1), 217–226.

第4章　机会评估

　　机会评估是创业中的一个关键主题。创业者不能单纯地期望，他为利用机会所做出的努力会在合适的时间及地点被市场认可。市场能否实现机会及机会的组织实施所代表的价值是不确定的。机会可能是无利可图的。因此，创业过程包括对每一个机会的评估，创业者需要从市场角度看其试图追求的创意是否创造了价值，从而确定该创意是一个真实的、强有力的和可行的选择。你可以认为"评估是区分创意与机会的关键"（Keh等，2002）。创业者通常不难产生新创意，但事实上，并非所有创意都是机会，对创业者来说，至少从长远来看，评估这个创意是否代表了一种经济上可行的选择往往是特别有趣的。

　　正如第3章所提到的，从概念上说，通常很难确定你是在处理一个创意还是一个机会。从创意到机会的过渡是一个宽泛的灰色地带。因此，在许多情况下，你可能会认为自己使用了错误的术语，例如，有些人可能会认为本章的标题应该为"创意评估"而不是"机会评估"。因此，灵活阅读本章中有关"机会"和"创意"的概念是很重要的，并且要记住，评估是创业者试图评定这个创意是否能代表机会的过程。

4.1　蒙特加西蒙森公司的创立

现在，让我们进入丹麦时尚界，认识一位对定义该领域有很大帮助的创业者。这位创业者叫娜佳·蒙特，她的公司叫蒙特加西蒙森。下面是有关该公司创立的故事。请您特别注意以下问题：娜佳和她的伙伴凯伦是如何评估她们的创意潜力的？她们如何发现该创意是可行的，并且代表着一个真正的创业机会，从而为他人创造有吸引力的价值？

创业故事

前景无限（only the sky is the limit）

娜佳和凯伦的创业之旅有一个非常成功的开始。她们的服装系列从一开始就非常成功，客户们想要娜佳和凯伦交付奢华的波希米亚风格服装。娜佳说："我们乘风破浪前行，我们基本上不会做错任何事……凯伦也一直说'前景无限'，我也觉得这很酷，因为那时没有限制，这成了我们的座右铭。"然而，2006 年，伴随外部风云变幻，她们的成功之旅急转直下，向更加暗淡和消极的方向发展，蒙特加西蒙森面临破产的威胁，并进入了破产管理。娜佳和凯伦的创意根本不具备在市场上生存的条件吗？

1. 下一站大城市

20 世纪 90 年代，娜佳和凯伦在丹麦的科灵设计学院上学时互相认识，在那里她们很快成为彼此的朋友并密切合作。毕业后，她们俩都没有明确的职业规划。凯伦在丹麦首都哥本哈根找到了男朋友，在 1994 年一个寒冷的冬日，她问娜佳："我们去哥本哈根开一家公司，怎么样？"娜佳点头同意，不过她说："这样做有些草率。我们对应该做什么没有明确计划，也没有经过仔细推敲。"她们依然正式成立了一家公司，尽管并非基于明确的创意。她们把所有的时间都花在所接到的工作上，"我们基本上是从零出发，提供各种各样的服务"。这两个女孩担任过电视节目主持人、造型师、作家、讲师等。

2. 将自己作为客户

在从事这些工作的同时，娜佳和凯伦于1995年推出了她们的第一个服装系列，但没有仔细考虑潜在的客户群，"当设计第一个服装系列时，我们没有考虑到最终客户是谁。多年来，我们一直将自己作为目标客户，我们只想着自己喜欢什么"。

因此，娜佳和凯伦试图通过打电话给她们最喜欢的诺加德商店——一家位于哥本哈根市中心、全国知名的商店，来销售她们的第一个服装系列也就不足为奇了。然而，因为店里的工作人员似乎对这两位年轻设计师的作品并不是特别感兴趣，她们不得不多打几次电话。后来，工作人员厌倦了她们接二连三的电话，就索性给了她们一分钟来展示服装。然而他们并不指望从这个展示中得到任何东西。最后，这家商店的老板买下了她们的整个服装系列。这次经历教会了娜佳，"永远不要接受否定的答案，你必须坚持再坚持。在现实世界中，有一件事你可以确信，那就是很多门都是关着的"。

3. 两位裁缝

这两个年轻女孩在打开市场的过程中经历了许多困难。此时丹麦时装行业正处于起步阶段，娜佳和凯伦面临着创造、塑造整个时装行业的挑战，她们没有人可以依靠，也没有榜样或先例。在没有指导的情况下，她们只能通过黄页来寻找第一个供应商，结果意外地雇用了一家靠垫生产工厂来缝制她们的第一批服装。"当打开工厂大门时，迎接我们的是一个从未想象过的景象。他们为家庭制作塑料垫子，但并不擅长制作衣服"。想要吸引媒体的注意来推销这些服装也不容易，娜佳说道："同样，对于媒体，这只是你谋生的方式，很难得到任何关注，没人会认为你是一名设计师。我们被认为是一对金发裁缝师，坐在一起为自己缝制连衣裙。"

娜佳和凯伦的巨大动力和奋斗精神帮助她们最终成功地冲破了障碍。她们通过宣传自我表现而不是商业表现来吸引人们对自己和产品的关注。"我们不以商业化为荣……我们没有专注于最终用户，也不关注产品在经济上是否可行"。因此，当丹麦一家大型百货公司的负责人找到她们，并声称希望推广她们的产品时，她们拒绝了，因为那个公司太商业化了。

在早期，她们的生活方式和"前景无限"的哲学导致她们购买了很多昂贵的家具，租用 1 600 平方米的办公空间，在时尚城市最具影响力的中心地带开设门店和展厅，并雇用昂贵的模特。例如，她们聘请了名模辛迪·克劳福德为她们的活动代言。这些活动在营销方面取得了成功，她们获得了很多积极的反馈，包括高收入和各种丹麦奖项，例如年度品牌奖，娜佳也被授予丹麦年度女企业家奖。然而，成功是很短暂的。

4. 暂停付款

"如果你在超市当收银员，每天晚上都喝香槟，那么到了某个时候，你的收入将无法满足你的消费。同样的事情也发生在我们身上"。2006 年，娜佳和凯伦面临破产，并被暂停付款。娜佳认为，出现这些问题的原因有很多，比如，缺乏商业洞察力、咨询和对市场进行评估，以及犯了一些愚蠢的错误。后者的一个例子是，她们忘记了支付 100 万丹麦克朗（约合 20 万美元）邮资，这是用来给名模辛迪·克劳福德邮寄产品目录的。

娜佳和凯伦以暂停付款危机为契机，思考如何在收支平衡的情况下建立更加稳健的业务结构。在接受资本注入后，她们开始行动起来，并在组织内所有可以想象到的领域进行成本削减。娜佳和凯伦开始更多地从经济、商业和战略上考虑如何通过"精益经营"来优化公司。"现在显然需要更关注盈利的和管理经济上可行的业务……我们也更加强调在表达中不要太以自我为中心。我们仍然忠于自己，但是我们也要为他人着想……考虑商业和最终用户"。尽管如此，她们仍然没有进行任何正式的市场调查来了解客户是谁。例如，通过分销商、员工和供应商来获取有关核心客户的信息。毕竟这些利益相关者还参与了重新定义蒙特加西蒙森公司的服装设计线的工作。

最后也同样重要的是，娜佳和凯伦开始使用特许经营的组织模式而不是拥有商店。通过这种方式，她们可以分散风险，并让当地拥有商业知识的人参与进来，这些商业知识包括谁购买了她们的产品、在哪里购买以及为什么购买。

5. 后记

2009 年，娜佳和凯伦选择结束她们在时尚界的长期合约，娜佳收购了凯伦的股份，仍然使用蒙特加西蒙森公司名称，开始自己创立公司。在分开后，娜佳和凯伦似乎都找到了各自前进的道路，但是她们也从充满动荡及挑战的蒙特加西蒙森公司旅程中学到了很多。

4.2 蒙特加西蒙森公司的创立引发的思考

现在轮到你参与了，想一想蒙特加西蒙森公司的故事，并解释一下娜佳和凯伦如何根据市场来评估她们的创意是否有价值，以及这个创意是否代表了真正的机会。下面是一些提示，可以帮助你理解这个故事：

（1）假设一家知名报纸交给你一项任务：写一篇文章介绍娜佳和凯伦如何评估她们的创意，并说明该创意能否代表有利可图的机会。你会关注什么？她们评估过这个创意吗？如果是，评估过程的特征是什么？

（2）假设你的叙述十分令人信服，以至于娜佳和凯伦立即任命你为她们的私人顾问。你该怎么建议她们将来简化创意评估？完成如下任务：首先，列出迄今为止她们评估机会的两个或三个积极方面；然后，列出与她们评估过程相关的两个或三个消极方面；最后，就她们如何将消极方面转变为积极方面，以改善她们今后的评估过程提供建议。

（3）一天，娜佳经过你的办公室，她正在考虑对核心客户和竞争对手进行市场分析。分析必须支持对某一特定创意的可行性进行评估，包括如何对该创意进行调整、修改等，以便更好地反映市场状况。试提供执行此类分析相关的建议，并评估相关的优缺点是什么。

4.3 机会评估是工具性的还是合法性的

当阅读创业研究的相关文献时，你会很快发现机会出现和组织是两个重点问题。关于机会评估的讨论较少，"关于创业者如何评价机会的知识却很少"（Keh，2002）。在考虑这个主题对创业过程有多重要时，你会发现我们对这个主题知之甚少、甚至是一个谜。毕竟，评估这件事能提醒创业者必须做些什么来实现它。评估在很多时候都是机会出现与机会组织之间的桥梁，因为它提醒创业者去思考通过组织活动利用资源来寻求这个机会是否有意义。

基于现有的创业过程中关于机会如何评估的研究文献，我们将着重介绍关于机会评估的两种视角，这构成了本章的悖论：工具性或合法性。

第一种是人们最熟悉的视角，强调了机会评估是一个实现特定结果或目标的手段。人们需要不同的工商管理知识和方法来评估实现目标的可能性。如前所述，创业者的目标通常是创建一个可以在市场中生存的可盈利的组织。因此，评估被认为是一种工具性的决定性行动。评估过程的特点是创业者系统地追求特定的分析规则。

相反，我们发现"合法性视角"强调合法性的创造对于选择权的评估是必不可少的。根据这种视角，创业者能否成功取决于他能否让其他人（包括创业者所在的组织）接受这个有价值、有吸引力的机会。如果成功，创业者就可以正确地判断该创意代表了机会，他们也将积极地评价这个机会。

当新创意产生时，它的合法性通常很低，因为它是未知的。这在研究文献中被称为"新进入缺陷"。因此，创业者面临的挑战是寻找市场参与者，利用他们的资源来支持这一创意。这需要合法性，即其他人接受它为市场环境中的有效机会。如果这个创意没有合法性，就不能被视为是真正的机会，因为它不可能实现。合法化过程从根本上讲是社会过程，在这个过程中，创业者通过与市场的互动来判断这个创意是否能代表机会。无须进行系统分析，社会互动可以自行决定评估过程如何展开及其结果。它不是有特定起点和终点的正式评估过程，而是连续评估的过程，它是作为日常创业过程的自然组成部分进行的，并且创业者在不知不觉中进行了这种评估。

因此，本章中将探讨的悖论是：

机会评估是工具性的还是合法性的？

4.3.1   什么是评估

传统意义上，评估被定义为"根据一套标准对某事物或某人的优点、价值和重要性进行系统的确定"（Hindle，2010）。评估通常可以采取多种形式，例如经典评估、影响评估、用户评估等。众所周知的评估工具是成本效益分析，即根据成本来评估效果。我们经常将评估与对给定活动相关的绩效、过程的回顾性和系统性评价联系起来。例如，对已经运行了多年的政府倡议进行评估：该倡议是否按照直接和间接资源消耗方面的既定目标完成？因此，评估通常是结合已经进行的事情进行的。此外，被评估的活动需要确定明确的目标。然而，进行评估的原因差别很大，目的可能是控制、记录、合法化、战略控制或学习等。

评估创业机会的过程与典型的评估过程有很大不同。评估目的是确定该概念在一个可能还不存在的市场中是否代表了有吸引力的未来选择，这使得该创意的评估和发展难以预测。因此，我们在创业中面临的是具有挑战性的前瞻性评估，即事前评估，而不是回顾性评估，即事后评估。它是关于未来的可视化和预测，以确定该创意是否能成为可持续盈利的组织的基础。"创业者必须预测未来的价格、商品和资源，并用直观判断来衡量市场潜力"（Keh 等，2002），而且他对过去业绩的了解也很有限，例如销售数据的进展情况。

在创业中，评估目的不是验证或证实已经发生的事情，而是评估一个创意的未来潜力，这使得评估过程更加不确定、复杂且具有风险。实施机会的决定是在创业者不了解未来状况（不确定性）并且必须考虑许多因素（复杂性）的情况下做出的，不确定性与风险密切相关。因此，创业者对与创业项目相关的风险感知是评估过程中的重要元素。如果他确定风险低，那么创业项目实现的可能性将会很高，反之亦然。

这表明，评估一个创意是否对他人有价值、可行，实质上是一个认知和情感过程，这意味着它发生在创业者的头脑之中（Grichnik 等，2010）。创业者可以寻求其他人的建议或使用各种工具来支持这个过程，但最终还是由他自己决定。由于认知因人而异，因此两个具有相同创意、处境相同的人很可能最终会做出不同的决定。一个人可能比另一个人更乐观、更愿意冒险，因此，会出现一个人追求机会而另一个人不追求的现象。

最后，当以需要和程度为特征进行创业评估时，必要的评估活动会因创意的复杂性和独特环境而有所不同。因此，在评估"用于海上结构物的新型高科技设备"的创意时，比评估"早餐和面包的送货上门服务"的创意要回答的问题更多。

4.3.2　工具性评估

工具性视角在有关机会评估的文献中最为广泛，如教科书、研究论文、报告等。也许这是因为在充满不确定性和风险的情况下，这种视角为创业者提供了清晰而简单的指导，能帮助他评估甚至预测一个创意能否盈利。工具性视角由一系列工具和指南组成，可以收集支持评估过程的信息。这些工具和指南本质上是理性的、分析性的。创业者通过应用这些工具和指南，可以了解这个创意是否代表着当前或未来的真实机会，包括这个机会是否对创业者本人具有吸引力，因为他拥有独特的专业知识、资源和环境（Haynie 等，2009）。换句话说，工具性视角试图以创业者自身的情况为出发点，赋予创业者对评价过程的控制权。人们认为，这种评估使创业者能够在机会的实际组织开始之前，预先评估他是否可以实现自己的目标。海涅等学者认为"机会吸引力的评估，也就是为公司带来竞争优势和创业回报的机会潜力可能会持续进行，并且与利用决策是分开的"（Haynie 等，2009）。

支持评估的工具性证据收集是作为一个分析过程进行的，在此过程中建议创业者将评估划分为不同领域。关于哪些领域是关键领域尚无共识，但学者巴林杰和爱尔兰（2010）建议创业者应特别关注四个领域：产品或服务、市场或行业、组织和融资。

因此，评估的主要兴趣点是：客户对创业者的产品或服务感兴趣吗？根据竞争对手、市场趋势等，市场上是否有此类产品或服务的空间？创业者应该如何组织自己来接触客户？实现这个创意需要哪些财务资源？在这些领域中，有些研究者认为对市场或行业的评估尤为重要，"毫无疑间，对业务运营所处行业和市场的分析是整个可行性研究中最重要的分析。没有客户，没有接受业务概念的行业和市场，就没有业务"（Allen，2006）。

通常，机会评估将遵循某些预先定义的阶段。基于上面学者巴林杰和爱尔兰提出的关键领域，机会评估过程模型如图 4-1 所示。

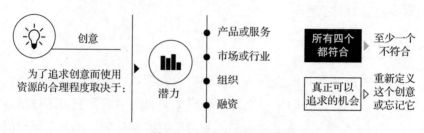

图 4-1   机会评估过程模型

资料来源：Inspired by Barringer & Ireland（2010）。

通过分析产品或服务、市场或行业、组织和融资四个领域，该模型展示了创业者如何评估一个创意以及是否应该进一步追求该创意。为了支持对每个领域的分析，文献中经常引用传统的管理理论。例如，在分析市场或行业时，经常使用"SWOT 分析"（Pahl 和 Richter，2007）和波特的"五力模型"（Porter，2008）等工具。

如前所述，在这些领域还没有达成一致的看法。辛德尔等（2007）和艾伦（2006）等研究者特别强调评估人的因素的重要性，即创业者或创业者团队的属性和技能，这在巴林杰和爱尔兰（2010）的组织维度中也有所涉及。例如，一位工程师可能是优秀的工程师和发明家，却不能胜任销售人员和经理。许多投资者，特别是对高新闻价值的风险项目进行投资的风险投资者和天使投资者，在考虑是否投资新机会时，都非常重视对人的因素的评估。

因此，机会评估既要考虑外部因素，如市场，也要考虑内部因素，如人的因素。这些外部和内部因素的结构和过程共同创造了这样一个问题：创业者的创意是否能够产生一种产品、过程或服务，从而为他人创造价值。

一种全面了解创意实现可能性的方法是商业计划书，将在第 9 章详细讨论，许多研究者从工具性视角认为它是创业成功的关键，"有些创业者缺乏耐心，不想花时间撰写商业计划书，这种做法通常是错误的。撰写商业计划书迫使创业者仔细考虑商业风险的所有方面。它还帮助新企业创建一组里程碑，可以用于指导业务推出的早期阶段"（Barringer 和 Ireland，2010）。

评估潜力巨大的机会

机会的范围和潜力各不相同。一些机会是小型的和本地的，其他机会则是大型的和全球的。一些机会来自创建新组织，其他机会来自现有组织。但是如何事先评估特定机会的潜力呢？可以使用什么标准来识别具有巨大潜力的机会，并找到能够预先进行系统评估的工具？

威克姆（2004）强调了评估机会的三个关键标准，他提出了根据"规模""范围"和"跨度"评估其潜力的重要性，其中，规模是指机会的大小，范围是指机会在短期和长期内提供的价值，跨度是指机会随着时间流逝而具有的持久性。一个成功的机会很可能只是昙花一现，只要它的规模很大。例如，在 2004 年环法自行车赛期间，Lance Armstrong 推出了一款带有"live strong"字样的黄色橡胶腕带，这款腕带的目的是为癌症研究筹集资金，是让全世界的人更加了解这种疾病，充分享受生活。这款腕带在销售上取得了巨大成功，并创造了全球时尚。但随着环法自行车赛"黄色狂热"浪潮的逐渐消退，这款腕带的受欢迎程度也随之下降。

辛德尔等学者（2007）的模型基于的标准有所不同，该评估模型的特点是它分为三个层次。首先评估这个创意的可行性，然后评估其发展潜力，最后评估它是否可以实施。对于每一个层次，都评估了五个维度，即产品、市场、行业、人和资金，该模型是在两篇关于机会评估的博士论文基础上开发出来的。通过测试，基于该模型的大量创新创意评估的准确性被证明是很高的，因此，人们相信该模型可以清楚地识别出一个创意的潜力。但该模型不应该被视为一定有效，因为它依赖于对不同领域的高度主观的评估，它提供的主要是系统的评估过程。此外，它还构成了对话的起点，例如，如果评估某个特定创意是否可能成为一个机会，则需要在投资者与创业者、顾问，以及学生之间进行对话。

辛德尔等（2007）提出的模型（见图4-2）由三个评估层次和五个维度组成，该模型被称为新创企业智商（venture intelligence quotient，VIQ）模型。

VIQ框架		层次 I 创意评估	层次 II 创意增强	层次 III 新创企业实施
	产品	创新知识产权保护	价值主张	开发，运营
	市场	市场接受度	目标市场、动力学	分销，沟通
	行业	行业吸引力	持续竞争优势	竞争者，地图
	人	个人愿望， 人际关系	执行能力	里程碑，风险
	金钱	收入模型、利润 和现金周期	收支平衡，资金周转	财务计划， 投资提供

图 4-2　新创企业智商模型

资料来源：Hindle 等，2007。

第一层次是创意评估，显示在模型的左侧，涵盖了对构成创业过程基础的创意是否值得追求的评估。第二层次是创意增强，侧重于增强这个创意，以及探讨构成成功机会的要素是否可以基于该创意进行开发。换句话说，可以用来确定并理解该创意的潜力。第三层次是新创企业实施，涉及该创意的有效实施。本节提供了一些建议，来说明创业者如何根据这个创意建立一个新的组织。这涵盖了 VIQ 工具的最后一部分，本书将在第 5 章中重点讨论这些问题。

如前所述，该模型的五个维度为：

（1）产品：创意的本质，可能是产品、服务、经验或过程。

（2）市场：对创意感兴趣，并且有资源获得该创意所代表的产品或服务的客户群和组织团体。

（3）行业：提供相同或可替代的产品、服务、经验、过程的组织。

（4）人：创业者或创业团队。

（5）金钱：财务维度。

4.3.3　通过创建合法性进行评估

然而，评估并非总在实际创业活动之前就已被定义。评估是针对特定目标并基于某些特定工具的系统化、时间有限的分析过程，可以降低情况的复杂性。有些创业者根本不使用这种逻辑来评估他们的创意，他们选择将这种逻辑与其他评估方法结合起来，其原因可能是很少有创意如此"准备就绪"，以至于可以通过工具性评估过程对其进行测试。另外，创业者可能没有"时间"坐下来进行详细的工具性评估，因为他必须即刻利用这个创意，否则它的潜在机会就会减少。例如，其他竞争者可能会在创业者之前抓住这个机会。最后，考虑到创业评估的复杂性和风险，人们可能无法判断哪些创意能代表未来的成功。尤其是当创业者具有非常创新的商业创意时，如 Skype。也许创业者不必进行工具性的评估，而仅做到采取行动并为自己及其过程创造合法性即可。

作为工具性视角的替代，评估也可以被视为日常创业过程的组成部分。只有将这个创意付诸行动，用这个创意去面对他人，并在社会环境中测试其吸引人的方面、消极的方面以及发展潜力之后，才有可能了解该创意是否代表机会。在这里，评估的重点是这个创意对他人是否有吸引力，或者说如何修改这个创意才能使它对其他人具有吸引力。后者表示，创业者有必要根据从环境中获得的反馈，不断地重新评估这个创意。所有这些都强调了合法性视角。工具模型可能包含了对合法性的评估，但是从合法性视角来看，其基本思路完全不同。

什么是合法性？简而言之，如果某事物符合特定社会群体所接受的规范、价值观、信仰、做法和程序，那么它就是合法的（Johnson 等，2006）。我们给出一个著名的合法性定义，合法性是"一种普遍的感觉或假设，即在某种社会构建的规范、价值观、信仰和定义系统中，一个实体的行为是可取的、合适的、恰当的"（Suchman，1995）。

因此，当经济、社会和政治环境接受创业者的创意，并将之作为市场的有效组成部分存在时，该创意可被视为是合法的选择。根据这种方法，环境在决定一个给定创业过程何时有"空间"以及何时没有"空间"方面起着重要作用。当新型组织或新行业正在发展时，这一点尤其明显，"当提供的商品和服务被东道国社会视为合法和可取时，新型组织的种群就会出现"（Reynolds，1991）。因此，我们可以说"某些类型的组织根本不可能在它们的时代之前创立"（Aldrich，1999）。如前所述，创业者的创意越新颖，在说服他人相信这个创意的相关性和合法性时，他可能会遇到越多的问题，因为环境可能难以理解这个创意，以及处理好这个创意。学者奥德里奇和菲奥尔这样认为，"与仅继承许多前辈所倡导的传统的组织相比，第一个新型组织面临着一系列不同的挑战"（Aldrich和Fiol，1994）。因此，"新"创业者缺乏对他人的信心，而这对于人们参与新出现的机会至关重要。新兴市场中的创新型创业者还缺乏可以依赖的榜样，而榜样也被认为对创业成功至关重要。

没有必要的合法性，创业者将难以筹集到必要的资金、招募员工、获得客户，"在创新型创业者面临的诸多问题中，缺乏合法性尤其突出"（Aldrich和Fiol，1994）。曾有一项针对处在早期阶段的组织的实证研究，证实了它们的生存能力取决于其获得合法性的能力（Delmar和Shane，2004）。

合法性无法通过象征性的行动、规划来获得和评估。创业者可以通过与其他参与者，尤其是其他市场参与者的行动和互动，来确定他人是否认为这个机会是合法的。为了强调这一点，奎恩（2004）讲述了一个故事，他和一群同事邀请顾问来帮助他们找到自己的核心能力，以此作为创业项目的基础。顾问先要求他们写一份关于自己核心能力的看法清单，然后又告诉他们扔掉清单，因为它是不可用的。相反，顾问建议他们给朋友和业务合作伙伴发送电子邮件，让这些朋友和业务合作伙伴来确定他们的核心能力。这个故事的寓意是，当我们在他人而非自己的眼中创造价值时，就是我们"最好"的自我。我们最好的自我是在他人眼中合法的自我，而这只有与他人互动才能找到。正如奎恩所写的，"读这些人写的东西，我感到被认可和接受"(Quinn，2004)。

1. 作为过程的合法性

约翰逊等学者（2006）提出了保证新对象（例如新创意）能获得合法性并因此被评估为真实可能性的过程，这个过程包括四个阶段：创新、局部验证、扩散和总体验证。第一阶段涉及创意的创造。第二阶段围绕当地利益相关者，旨在确保新机会与现有规范、价值观、程序等相关，并在当地环境中有意义。一旦在当地或其他紧密相关的环境中被接受，新机会就开始传播到其他环境之中。"随着新对象的传播，它在新情况下的采用通常不需要像在第一个当地环境中那样需要明确的理由"(Johnson 等，2006)。随着时间的推移，新事物将逐渐被广泛地接受为环境的自然组成部分。因此，合法性过程可以看作是水面上扩散的涟漪，最终会完全消失，成为更大海洋的组成部分。传播依赖于社会互动和接受程度，这也控制了传播过程的进展。

2. 建立合法性的策略

如前所述，从创业者角度来看，根据合法性视角进行的评估或多或少是有意识地进行的。在这里，我们认为创业者可能采取各种深思熟虑的行动，并用创意的相关性去证明环境的合法性。例如，创业者可能会模仿已经被环境接受的其他组织，或者可能试图获得一些官方认定，以强调依据现有情况，这个创意实际上是有意义的（Shane，2003）。此外，创业者可以通过与他人合作以获得社会合法性，例如，通过新的贸易组织或新的网络寻求合法性而不是单独行动。建立合法性的另一种策略是侧重于在主要利益相关者之间建立信任，这将为创业者提供获取知识、资源的途径。信任很重要，它对于人与人之间所有类型的互动都是至关重要的。

许多其他方法都可用来提高合法性，包括实际的或象征性的行为，例如，制作名片、信笺和网站。创业者还可以利用特定商业领域中具有高合法性的人员来获得合法性，例如，通过聘请导师、组建管理或咨询委员会。此外，与具有合法性的现有组织建立联系可以提供更多具有合法性的途径。如果创业者可以在名片上写上"被知名机构信任"，这就将有助于克服他的"新进入缺陷"。

从合法性视角来看，创业者很少追求与创建合法性相关的实用策略。取而代之的是，创建合法性的过程往往是试验性的、探索性的，创业者通过自己在市场中的日常行为，寻找能够告诉他这个创意是否合法的信号。打个比方，创业者手握着他的创意并进入实地测试，试图通过利用这个创意的优点来说服他人，以评估该创意的合法性程度，即是否值得进一步追求。通过试图说服他人相信这个创意的优点，创业者收到了各种形式的反馈，告诉他这个创意是否能作为现实机会的基础。反馈可以采取资源、知识、新机会、障碍等形式，这些都可以作为以后将创意塑造成机会甚至组织的物理投入。然而，反馈也具有象征意义，因为它告诉了创业者，其他人对于其机会合法性的看法，这侧面反映了创业者的创意是否有意义，以及作为一种选择，进一步追求它是否合适。

因此，根据合法性视角对创意进行评估，是通过探索、实验活动以及社会互动，而不是在实际创业过程之前使用系统的分析工具来进行评估，评估也正是在这个过程中进行的。正是在这里，我们创建了应该评估的标准内容。因此，评估成为一种循序渐进的过程，创业者可以在一段时间内将这个创意作为潜在的机会进行评估。

不同类型的创业者在创建合法性方面面临着不同的挑战。对于已经创建了自己创意的物理原型的工程师来说，围绕它创建合法性通常相对容易，因为市场参与者有具体关联的事物。相反，想要出售咨询服务或文化演出的人面临着在更无形化的产品上建立合法性的挑战，这种产品实际上就是他本人。

4.3.4　评估：工具性还是合法性

现在你已经掌握了机会评估的两种不同视角，即工具性视角和合法性视角，表 4-1 对它们进行了总结。

表 4-1 悖论：工具性视角或合法性视角

	工具性视角	合法性视角
评估感知	实现一定目标的工具	合法性创建
评估目标	指明行动的方向	说服市场参与者相信这个创意
评估标准	它们应该在评估过程之前制定	它们在创业过程中出现
评估过程	理性、系统和分析	社交、互动、实验和探索
评估特征	评估和创业行动是两个独立的活动	评估和创业行动是两个不可分割的活动

如表 4-1 所示，工具性视角认为评估是实现特定目标的一种手段，目标指明了行动的方向，可以决定这个创意如何、能否成为以及如何成为可行的机会。评估标准是在实际评估过程之前确定的，且评估本身在时间上受到特定起点和终点的限制。这些标准通常来自不同的分析框架，例如 VIQ 工具或商业计划书。这些框架表明，创业者为实现目标必须线性、合理、系统地分析和评估活动链。最后，工具性视角通常将评估和实际创业行动视为两个独立的活动，即先进行评估，然后根据评估的建议采取行动。

相比之下，合法性视角则强调合法性建设是评估过程的重点。评估过程是不断进行的，旨在使市场参与者相信这一创意的卓越性和潜力。在这里，评估标准不是预先确定的，而是通过在合法化过程中不断与市场互动来确定的。评估过程是社会的、互动的、实验的和探索的。创业者将创意带入市场并进行测试，从合法性视角来看，这就突出了评估过程和创业行为是两个不可分割的过程这一理念。

4.4 理论视角下的机会评估

根据上述理论，我们现在对本章一开始的蒙特加西蒙森的故事进行解释，先从工具性视角进行解释，再根据合法性视角进行解释。

4.4.1 工具性视角

乍一看，可能很难从工具性视角来理解蒙特加西蒙森公司的创业故事。在创业过程开始之初，娜佳和凯伦没有明确的创意，也没有通过理性分析过程来实现的具体目标。然而，随着时间的推移，娜佳和凯伦似乎变得越来越专注。她们开始以目标为导向并开始关注她们的活动计划。特别是，暂停支付一事导致她们不得不停止，并系统地分析和评估自己能做些什么，以创建令市场认为有吸引力的服装系列和商业模式。对她们来说，评估是个探索性、试验性的过程，这使娜佳和凯伦澄清了她们的目标，并通过分析预算确定了实现这个目标所必要的财政削减。换句话说，她们通过系统的财务评估将业务削减到了最低限度。当时的目标是建立一个成熟且在经济上可行的组织，她们也知道必须不断研究如何优化业务，以及哪些活动会带来相关的经济后果。对她们来说，仅仅制作一件漂亮的衣服是不够的，还应该保证有利可图。

从起初拒绝成为一个商业组织，到后来娜佳和凯伦开始进行商业分析性思考，在某种程度上，她们的注意力已经从自己喜欢的东西和自己的生活方式上转移了，例如，思考最终用户是谁以及他们为什么要购买衣服。更能体现商业思维的一点是，娜佳和凯伦对客户群体进行了有效、合理的分析，并根据市场情况对产品的潜力进行了分析，使市场的需求和愿望融入她们的设计之中。这是通过对蒙特加西蒙森公司目标群体（包括分销商、员工、供应商等）进行评估，以及重新定义公司的产品设计线来实现的。此外娜佳和凯伦试图通过特许经营创造一种更加稳定和盈利的局面，这是组织评估的一种形式。

换言之，暂停付款显然导致了一种更具工具性的评估方法的产生，且该方法在评估过程之前就确定了目标，并使用了系统分析工具。

4.4.2 合法性视角

从相反的角度来看，蒙特加西蒙森公司故事的早期部分提供了大量合法性视角的证据。这是关于两个年轻女孩的创业故事，她们很难说服世界相信她们拥有一个有吸引力的产品，也很难获得作为创业者的合法性。特别是，娜佳和凯伦是在还未被市场接受的行业中进行创业，这给年轻创业者带来了合法性上的挑战。她们不仅要试图说服外界相信她们的产品，而且还要试图说服外界相信整个新兴行业的价值。因此，媒体、销售渠道等最初都拒绝了她们。她们也没有可以依赖的榜样。

然而，她们的组织就像水面上的涟漪一样扩散开来，并越来越被认为是合法的，这主要是因为在时尚界，娜佳和凯伦似乎对如何创建积极的认知和信誉具有很好的洞察力。这是顺理成章的，因为她们进入了哥本哈根市中心的知名零售店诺加德。由于这个特定的销售渠道本身在时尚界享有广泛的社会认可，因此，其他人很容易认为她们的产品系列是有吸引力的。娜佳和凯伦敢于探索、坚持不懈，不轻易接受别人的拒绝，勇敢展示自己的产品，从而打开了销售渠道之门。勇气、毅力以及与"正确的"人的互动是她们创造合法性的标志。

娜佳和凯伦通过创造合法性进入市场的另一种有趣方式是，她们让自己"好像"拥有了非常珍贵并已经被时尚界广泛接受的产品。她们表现得"好像"已经在时尚界中享有盛誉的形象和树立了成功的地位，并做出了具有象征性的姿态，例如，聘请著名的超级名模，在昂贵的办公楼里办公，并且配置高档家具，创业初期就在城市开设商店和展厅，等等。通过这些行动，娜佳和凯伦脱颖而出，这在时尚行业中是非常有利的。一开始的评估过程在很大程度上也是创业过程中不可或缺的一部分，这是由于娜佳和凯伦似乎没有将合法性作为一种深思熟虑的策略。事实上，从一开始，她们就以不将自己的设计与市场联系起来为荣，也不为别人如何看待她们及其系列产品而烦恼。

通过对机会进行探索性和实验性的评估，娜佳和凯伦得到了市场的积极反馈，使她们的服装明显地迎合了上升的市场趋势。积极的反馈还体现在收入和价格不断增长上，这为蒙特加西蒙森公司带来了更多的合法性。娜佳和凯伦做得很对，她们在某种风格正流行时创造了一种有吸引力的选择。事实上，有强有力的证据表明娜佳和凯伦的行为不仅为她们自己的公司创造了合法性，而且也为整个丹麦时尚界日益增长的合法性做出了贡献。

然而，不幸的是，合法性并不是一经获得就能永远拥有的东西。正如蒙特加西蒙森公司故事后期所揭示的那样，你可能会失去合法性。这个公司被暂停付款的事实清楚地表明，娜佳和凯伦在每个人眼中都不具有合法性。她们从形象和系列时装的层面上理解了时尚界合法性的规则，但她们并没有详细了解如何创建商业合法性，尽管她们获得了诸如年度最佳女企业家等奖项。事实上，她们可以将其业务重组视为一种补救措施，以弥补由于付款暂停而在业务领域中失去的一些合法性。

4.5　机会评估真的如此吗

本章中的解释、思想和讨论为你理解机会评估并发展自己的机会评估测试做好了准备。你可以采用以下练习进行巩固学习。

1. 概念化评估

首先，请进行一次头脑风暴练习，写下所有与评估相关的词语。然后将这些词语组织成对评估是什么的定义。最后，确定你对评估的定义是反映了工具性视角、合法性视角，还是两者的结合。

2. 顾问

如你所知，蒙特加西蒙森公司经历了一次暴风疾雨般的航行。想象一下，娜佳和凯伦联系你并想聘请你做顾问，并特别要求对以下问题进行分析：

（1）在评估方面，她们做过的最有益的两件事是什么？

（2）她们做过的最消极的两件事是什么？

（3）若要把消极的事情转变为有利的事情，她们能做些什么？

3. 写下你的评论叙事

从一个商业创意（你已经有的创意或新想法）开始。打开电脑，写一篇关于你将如何评估这个创意的叙事，你有 10 分钟时间来写你的叙事。请两人一组，互相读你写的叙事，一起分析这些叙事是否提供证据以表明你从工具性视角、合法性视角或者两者结合视角进行了评估。

参考文献

Aldrich, H.E. (1999) *Organizations Evolving*, London: Sage.

Aldrich, H. & Fiol, M.C. (1994) 'Fools rush in? The institutional context of industry creation', *The Academy of Management Review*, 19(4), 645–670.

Allen, K.R. (2006) *Launching New Ventures: An Entrepreneurial Approach*, Boston, MA: Houghton Mifflin Company.

Barringer, B.R. & Ireland, R.D. (2010) *Entrepreneurship: Successfully Launching New Ventures*, Upper Saddle River, NJ: Prentice Hall.

Delmar, F. & Shane, S. (2004) 'Legitimating first: Organizing activities and the survival of new ventures', *Journal of Business Venturing*, 19, 385–410.

Grichnik, D., Smeja, A. & Welpe, I. (2010) 'The importance of being emotional: How do emotions affect entrepreneurial opportunity evaluation and exploitation?', *Journal of Economic Behavior & Organisation*, 76, 15–29.

Haynie, M.J., Stepherd, D.A. & McMullen, J.S. (2009) 'An opportunity for me? The role of resources in opportunity evaluation decisions', *Journal of Management Studies*, 46(3), 337–361.

Hindle, K. (2010) 'Skillful dreaming: Testing a general model of entrepreneurial process with a specific narrative of venture creation', *Entrepreneurial Narrative Theory Ethnomethodology & Reflexivity*, 1, 97–137.

Hindle, K., Mainprize, B. & Dorofeeva, N. (2007) *Venture Intelligence: How Smart Investors and Entrepreneurs Evaluate New Ventures*, Melbourne: Learnfast Press.

Johnson, C., Dow, T.J. & Ridgeway, C.L. (2006) 'Legitimacy as a social process', *Annual Review of Sociology*, 32, 53–78.

Keh, H.T., Foo, M.D. & Lim, B.C. (2002) 'Opportunity evaluation under risky conditions: The cognitive processes of entrepreneurs', *Entrepreneurship Theory and Practice*, 27(2), 125–148.

Pahl, N. and Richter, A. (2007) *SWOT Analysis – Idea, Methodology and a Practical Approach*, Santa Cruz, CA: GRIN Publishing.

Porter, M.E. (2008) 'The five competitive forces that shape strategy', *Harvard Business Review*, January, 86–104.

Quinn, R.E. (2004) *Building the Bridge as You Walk on It: A Guide for Leading Change*, San Francisco, CA: Jossey-Bass.

Reynolds, P.D. (1991) 'Sociology and entrepreneurship: Concepts and contributions', *Entrepreneurship Theory and Practice*, 16(2), 47–70.

Shane, S. (2003) *A General Theory of Entrepreneurship: The Individual–Opportunity Nexus*, Cheltenham, UK and Northampton, MA, USA: Edward Elgar Publishing.

Suchman, M. (1995) 'Managing legitimacy: Strategic and institutional approaches', *Academy of Management Review*, 20(3), 571–610.

Wickham, P.A. (2004) *Strategic Entrepreneurship*, Harlow: Pearson Education Limited.

第 5 章　机会组织

现在是时候利用这个机会了，这需要组织能力。组织本质上涉及开发一些有意义的实践、结构和系统，我们称之为组织机构。这一过程本身涉及人员、资源、战略、竞争、技术等要素的协调，并且它在由多个个体组成并相互影响的复杂环境中演变。组织过程被视为是实现机会并将其推向市场的一种工具，它可以创建新的独立组织或在现有组织内成立新组织单元（Allen，2006）。我们也可以设想创业者通过购买特许经营单位或将机会出售给现有组织来利用他的机会。然而在本章中，我们将集中讨论通过新的组织形成来进行机会组织这一过程所涉及的内容。

5.1　迈耶与诺玛餐厅

在讨论如何通过组织来利用机会这一问题之前，是时候再来见一位创业者了，他叫克劳斯·迈耶，是丹麦的一位著名厨师。让我们看看他是如何组织创业活动的。他创建了一家老牌餐厅——诺玛，这家餐厅在2010 年和 2011 年被《餐厅》杂志评为全球最佳餐厅之一。在进行组织过程的同时，他从一名大学生蜕变为一名成功的连续创业者。

创业故事 //

一位著名的厨师，"事情就这样发生了"

"我从来没有想过开一家大公司，我想要取得成功，但没想到会有这么多的员工、这么高的营业额，拥有七八家子公司，而事情就这么发生了。我从未按照计划进行工作，直到几年前，我还没有做过预算方面的工作，而距离当初产生成立董事会的想法也只有四年时间。我从不接受银行贷款，我只做过一次，但并没有成功……所以我以最简单的方式开始。"克劳斯是这样描述他的创业方式的。2010 年，迈耶集团（包括子公司）旗下拥有数家食品公司，共雇用了 300 多名员工。

克劳斯在 20 世纪 60 年代和 70 年代的丹麦"饮食文化"中长大，当时，许多女性离开厨房，从事有偿劳动。丹麦家庭的饮食生活充满了冷冻蔬菜、肉末、油炸人造黄油和其他食物，这些使生活更轻松并降低了生活成本，但这往往是以牺牲食品质量和消费者的体验为代价的。起初，克劳斯对食物没有特别的兴趣，但他年轻时曾在法国南部一位著名厨师的家里住过一段时间。这段经历帮助他建立了人生使命，即改造和完善丹麦或北欧的饮食文化，将体验、灵魂、品质和真诚重新融入食物之中。但是，如何做呢？克劳斯没有一个实现自己使命的计划。

克劳斯没有像很多人那样接受过厨师培训。相反，他在哥本哈根商学院（Copenhagen Business School）攻读了课程。他在商学院获得了工商管理学位，专攻创业和发展业务。克劳斯之所以选择这种方式，很大程度上是因为他已经将创业视为未来的职业道路，他的父亲和祖父都是个体经营者。

20 岁时，克劳斯开始了他的第一个创业项目，他在哥本哈根的两居室公寓里"送外卖"，骑着他的罗利自行车送食物。后来，他说服商学院院长让他接管学校食堂，这是漫长的创业旅程的开始。自那以后，他创建了许多组织，如巧克力公司、迈耶和廷斯特尔员工餐厅、诺玛餐厅、迈耶的熟食店等。图 5-1 为 2008 年迈耶集团组织结构。

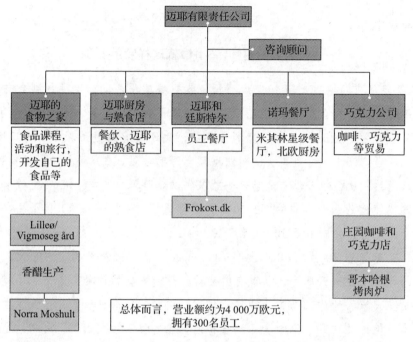

图 5-1 2008 年迈耶集团组织结构

1. 聚焦使命

"大约四年前,我对自己的人生有了最好的打算:它与我生命中最近的 15 年人生相一致。我不想从事餐饮业,但我得到了一份工作……一个好地方……克里斯蒂沙恩的一个旧仓库,我的创意是建立一个北欧美食餐厅。"同事们都笑了起来,北欧食物并不精致,不值得去开一家美食餐厅,它被嘲笑为"鲸鱼餐厅"。尽管如此,克劳斯还是与拥有美食行业丰富经验的合伙人雷内·雷泽皮一起创办了诺玛餐厅,他们培育了北欧美食独特的历史、味道和起源,这是以前没有人想到过的。我们都知道泰国菜、法国菜和印度菜,但北欧菜是什么呢?这两位创业者都没有取得经济上巨大成功的梦想:这便不容易实现。正如克劳斯的人生使命一样,他们真正的成功标准是定义北欧厨房,并在北欧的农民、大小企业、政治家等群体中创造共同的使命，推广高品质的北欧食品，这一切都带来了巨大的成功。2008 年诺玛餐厅被评为米其林二星餐厅，如前所述，它 2010 年和 2011 年连续被评为世界上最好的餐厅之一。

2. 北欧运动

诺玛餐厅的创立实质上是一个涉及很多不同人群的过程，首先是合伙人雷内·雷泽皮。克劳斯主要是基于他的创业者经验来支持雷泽皮："我支持他，并在财务、建设网站、招聘员工、创建第一个菜单、选择平面设计师、负责与房主的合同关系等方面帮助他，但最重要的可能是我汇集了所有北欧食物的情报……来自挪威、丹麦等国的食品部长，甚至来自北欧食品行业的人士……讨论如何分享我们的愿景。"克劳斯只选择邀请部长、北欧食品行业的高级官员、记者和著名厨师来参加研讨会，阐述北欧美食的理念，参会厨师们的任务是为新的北欧美食制定一份宣言，并准确表达为"十条戒律"。

这一宣言发起了一场全新的运动——一场由许多不同成员参与的运动，他们由来自斯堪的纳维亚国家的厨师、消费者、政治家和商界人士组成。这场运动以宣言为基础，共同推广北欧的饮食文化。北欧各国的食品部长也参与了这场运动，并根据宣言启动了"新的北欧食品方案"，这个方案将资金分配给根据宣言开发、生产或销售产品的组织和个人。

看得出来，一家餐厅和它所建立的理念引发了一场北欧运动。通过这场运动，克劳斯实现了为丹麦或北欧饮食文化搭建平台的使命。北欧的饮食不仅仅只有冷冻蔬菜、肉末和油炸人造黄油，而是反映了具有独特的味道、起源和品质的饮食文化。

3. 与创业共舞

克劳斯在反思创建企业时试图将如何烹饪与如何创建组织联系起来，"这两者有很多相似之处，我喜欢的烹饪方式是没有食谱或明确的计划。我喜欢去一些地方，比如匈牙利，看看花园里有哪些蔬菜，什么肉可用，冰箱里有什么。然后我会放松一下自己，想着我能做什么和我会做什么。这也是我做生意的方式，在与周围环境互动的过程中，我倾听人们的声音，与我的员工聊天。如果我有一位擅长花艺的洗碗员工，而不让他去布置花卉，那我就太愚蠢了。如果遇到一个想建乳品厂的人，并且假如我们一起做的话，它就会越来越大、越来越好，那么我就会被吸引。所以我用烹饪的方式来做生意，我围绕着关键问题观察，看看会发生什么，并尝试去感受它的能量"。

2008年，在接受哥伦比亚广播公司《观察家》（*Observer*）采访时，克劳斯也表达了类似的想法，他解释说："我从未制订过很多计划，我的计划是向外界开放的，因为你不能错过现在市面上的机会。我认为这对我的梦想是有好处的，因为我一直对新的途径持开放态度。增长往往来自规划和融资。我没有计划，也没有贷款，这意味着一切进展都非常缓慢。如果我做了不同的事情，我可能会经历更快的增长。"

然而，迈耶集团的规模越来越大，克劳斯开始需要专业化的组织结构。他设立了一个专业的董事会，但其主要职能是提供灵感。他喜欢自己保留控制权："董事会为我提供了一家组织良好的公司，该公司具有与我们想做的事情相适应的正确技能。谁应该是领导者？……我对建立大型组织了解不多，我不想拥有一家大型组织，但现在我有了一家……我希望我是一位好的领导者和有远见的人，所有的员工都愿意追随我，但我不是那种典型的领导者。"董事会经常建议克劳斯多考虑赚钱，但他对自己的创业活动有着比财务目标更大的愿景。

5.2　迈耶与诺玛餐厅引发的思考

你如何理解克劳斯所说的组织过程？以下是可以帮助你从组织角度思考这个故事的一些问题：

- 假设你是州立学校八年级学生的代课老师。根据克劳斯的故事，你的任务是向全班同学解释组织是什么以及组织是如何创建的。你要对班上的同学们说些什么？
- 你在黑板上画了一条时间线，让全班同学大致了解克劳斯的创业历程。你得到了学生的回应。班上的一名男生提问："你知道创业过程何时会导致一个新组织的建立吗？"你的回答是什么？

- 班上的一名女生也很好奇，她问："你认为克劳斯为什么不先建立诺玛餐厅？这才是真正实现他的人生使命的机会。"你能给出一个好的答案吗？

5.3 机会组织是可预测规划的还是即兴创作的

如你所知，本章的主题是机会组织。各种文献对组织所涉及的内容提供了许多不同的解释。有些学者认为，组织过程是有意识的、深思熟虑的过程，它计划并旨在实现可预测的目标：成立一个成功的组织。通过这种方式，创业者被视为是理性的架构师，并通过规划来优化组织过程和机会。这种解释在社会上似乎很普遍，尤其是在政治家、教育工作者、咨询顾问、银行家等群体之中。它反映了我们所说的组织规划视角。

然而，文献中也包含了组织过程的另一种视角，我们称之为组织的即兴创作视角。这种视角强调，在许多情况下，创业者开始时没有明确的目标来确定他想要创建什么样的组织，即使创业者一开始就有明确的目标，但也可能会改变，因为未来和环境是不可预测的、变化的以及无法把握的。如果创业者发现自己处在机会参数（如市场需求结构、客户群、价格、竞争等）尚不清楚的组织环境中，那么后一种情况就变得更为明显，因为创业从根本上讲就是创造新事物，即创造未来（Shane，2003）。即兴创作视角认为，由于创业有如此多的不确定性，因此规划也就没有什么意义。相反，在实践中创业的特点是创业者会不断摸索前进的道路，不断地重新考虑他们的环境，在此过程中向他人寻求建议和寻找资源，从而不断地开启新的机会和目标，而这正是即兴创作。只有通过许多不可预测的小步骤才能够建立一个新的组织。总之，规划与即兴创作视角代表了一个悖论：

> 机会组织是可预测规划的还是即兴创作的？

5.3.1   什么是组织

在组织理论中，我们通常假设这个组织已经存在。然而，创业聚焦于组织，并由此导致了一个创建新组织的组织过程出现（Katz 和 Gartner，1988；Gartner 等，1992）。尽管如此，要理解组织过程所涉及的内容，首先应该关注的是一个组织的特征。组织本身就是一个极其宽泛和模糊的概念，可以从众多视角来定义（March 和 Simon，1958）。这可能是因为组织在很多时候都是模糊的实体、过程和结构，我们认为它们是理所当然存在的，在我们塑造它们时，它们也塑造了我们。定义一个组织的有些视角重视这个组织的正式结构、共同规则、行政程序、框架和目标，其他视角在组织定义中则更关注非正式、面向过程、互动、社会和人文因素（Morgan，1997）。韦克（1995）对导致创建一个新组织的个人和社会认知过程提出了有趣的建议。卡茨和加特纳（1988）引用了麦凯尔维（1980）对组织的定义，这个定义同时提供了结构和过程导向两个维度。组织是一个"有明确目的的边界保持活动系统，包含一个或多个有条件自治的、目的明确的子系统，且在受到特定约束的环境中，提高投入产出比率有助于这些子系统生存"（Katz 和 Gartner，1988）。

正式组织相对容易识别，而非正式组织的存在可能难以察觉。

伯格和凯尔纳提出了不同的组织定义，"每一个组织都是意义的具体化，或者说，为了改变形象，组织是客观形式意义的具体化"（Berger 和 Kellner，1981）。 因此，组织是由参与者、资源、知识等构成的有组织的社区，在这里，将它们结合在一起的黏合剂是利益相关者共同持有和普遍接受的观点与看法，即它们为什么以客观结构、系统、规范和逻辑的形式出现，它们控制着利益相关者的意见和行动，同时也受到利益相关者的影响。

也有人认为，组织本质上是一种群体形式，其中的个人不仅仅是聚集在步行街上的随机人群。相反，在组织中，个人间是通过相互作用而达成共同目标的。

　　起初，一个初始组织是在希望共同努力实现共同目标的个人间合作中产生的，例如将新产品推向市场。这个初始组织没有一种技术意义上的结构，因为合作努力更多的是个人动机的结果，而不是组织成就。然而，如果初始组织要在其最初的项目之后继续存在，它将发展出一种精心设计的社会结构，并成为一个一般意义上的组织。（Hatch，1997）

　　从初始组织向精心设计的组织转变过程中，这些个人通过一系列过程聚集在一起，这些过程导致：

（1）更形式化：以一些共同的规则和物理限制为框架；

（2）更复杂：强调行政职能的必要性，以及将各项活动联系起来；

（3）明确目标：针对特定的总体目标。

　　因此，组织可以说是一种协调社会和人类行动的框架。但是，因为创建一个新组织往往只涉及一个或几个创业者，所以你可能不会马上想到社会统一体。然而，与创业机会的组织（设计标志、汇集资源、与客户交流等）类似，创业机会也从依附于创业者发展成为一个公认的社会组织，除创业者外，还包括其他参与者。其他参与者的参与可以被视为创业组织的先决条件。"人们构建一个组织是为了完成他们自己无法独自完成的事情"（Aldrich，1999）。其中，许多参与者需要进一步的正规化、方向化才能形成结构。因此，一个新组织的建立是通过许多不同参与者的互动而形成的。参与这一过程的行动者越多，该过程就越复杂，对创建中的组织形式化要求就越高。我们需要将其与目标和管理流程联系起来。

5.3.2　组织过程包含的内容

　　我们将组织过程视为一个随着时间推移而创建新组织的过程。在法约勒（2003）的启发下，一个新组织的发展被划分为五个阶段。这些阶段包括获得创意、评估创意，以及将其转变为一个真正的机会。这个组织的设计会随着时间的推移变得越来越稳定。本章主要讨论第四阶段，因为最后一个阶段超出了本书的兴趣范围。正如我们在第 1 章中所确立的，本书将创业过程分为三个阶段，即机会创造、机会评估、机会组织，这种分类方法基本符合法约勒的思想。图 5-2 说明了上述五个阶段。

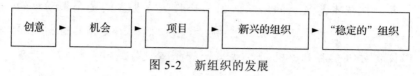

图 5-2   新组织的发展

资料来源：Fayolle（2003：41）。

图 5-2 所描述的五个阶段显示了创业过程是一个线性和渐进的过程。然而，法约勒关于这些阶段的观点是要表明，从后一阶段到前一阶段的过程中可能会有反馈，而且阶段的发展不一定按这个顺序发生，例如，有些创业者在评估这个创意是否代表了一个真正的机会之前，会建立一个正式组织。当然，这个过程可能也会在某个阶段停止，从而不会形成一个新的组织。

法约勒的阶段模型表明，组织不仅仅是由一个个步骤组成的，即简单地从没有组织到有一个新组织。相反，人们应该考虑一系列流动的组织步骤，以期在现有组织内建立新的独立组织或组织单元。由于从"没有组织"到"有一个新组织"是一个平稳的过渡过程，在实践中很难确定该新组织是何时形成的。是在获得外部资金的时候？是支付第一张账单的时候？是第一次销售发生之后？还是该新组织正式向当局注册的时候？

虽然法约勒的模型为我们提供了从整体上理解创业过程的方法，但图 5-3 显示了创业者在市场中为了实现他的机会而必须做出的一些关于组织努力要素。

图 5-3 表明组织需要原材料、资本、人力资源、信息、知识、客户等方面的资源（即组织形成的第一个关键要素），本书第 7 章将更详细地探讨资源挑战。

创业者需要通过采取行动和与环境互动来获取资源，因为他很难拥有所有必要的资源，这使得网络的形成和发展成为第二个关键要素。正如奥德里奇所指出的，"所有新生创业者都会利用他们现有的社交网络，在为他们的组织获取知识和资源的过程中构建新的社交网络"（Aldrich，

1999）。这些网络中的参与者包括客户、股东、供应商、分销商、竞争对手、顾问、家人、朋友等。有关网络挑战的内容详见本书第 8 章。

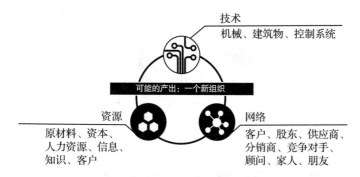

图 5-3   组织要素

资料来源：Inspired by Jones（2007）。

组织形成的第三个关键要素是技术。随着资源不断被利用，技术可以将投入转化为产品和服务。技术是指机械、建筑物、控制系统等。

在最终的组织中，资源、技术和网络这三个组成部分都已建立好。在创业初期，创业者的任务是建立这些条件：积累资源、建立技术、发展网络，这绝对不是一件容易的任务，要同时部署许多不同的活动。为了说明这种复杂性，奥德里奇（1999）引用了美国的一项研究，该研究指出了与创业过程相关的关键活动，这些活动如图 5-4 所示。该清单不代表所有创业者都应开展其所列出的活动。每一个组织都是独一无二的，换句话说，组织不是一条通用的路线，由同样的创业者一而再再而三地推进（Gartner，1985）。相反，这些过程“与创造它们的创业者一样，在各自的特征上存在着巨大的差异”（Bhave，1994）。

创业者活动可能与业务所在国的政策有着紧密联系。世界银行是一家为发展中国家提供金融支持的国际银行，其网站所提供的数据显示，创业在难易程度上存在很大差异，这取决于一个国家的规章制度对商业的友好程度，创业者创业可能会因此变得更容易或更困难。可以通过比较不同国家的程序（即创业启动前要完成的程序数量）、时间（即接受创业开始之前等待的天数）、成本（即占人均国民总收入的百分比）和开办新企业的最低资本（即最低资本金要求）来衡量创业的难易程度。例如，根据《2010年营商环境报告》，在其第一项的子指标"创业"中，澳大利亚排名第三，仅次于新西兰和加拿大。在澳大利亚，创业需要两个程序，完成的时间平均为两天。此外，其创业成本是人均国民总收入的0.8%，而且没有最低资本要求。相比之下，几内亚比绍在同一子指标中排名最后（即在统计的183个国家中排名第183位）。在该国创业需要进行16个程序，平均需要213天才能完成，其创业成本是人均国民总收入的323.0%，最低资本投资为人均国民总收入的1 006.6%。

图 5-4　创业过程中的关键活动

资料来源：Inspired by Aldrich（1999）。

5.3.3　组织过程并不总是成功的

组织过程并不总是能导致建立一个新组织，创业者往往会选择中止这个过程。《全球创业观察》（GEM）2010 年的调查结果显示，在创业过程中，即从打算创建一个新组织，到实际创办或已经建立了一个新组织的过程中，参与的人越来越少。例如，该研究显示，在美国，虽然 7.7% 的美国人打算创业，但只有 4.8% 的人采取了具体措施，实际上只有 2.8% 的人在运营一个羽翼未满（不到三年半）的组织（Kelley等，2011）。在丹麦、德国、瑞典和英国等其他国家也出现了同样的现象，尽管有意创业、已采取具体措施或已经开始创业的受访者数量有所不同。

这项研究结果引出了一个问题：创业过程中为什么会有如此多的失败？学者布鲁什和马诺洛瓦（2004）指出了各种障碍，如知识薄弱、机会识别错误、产品或服务开发失败，以及开发系统和结构的能力差等。此外，合法性差、与建立相关网络有关的障碍多、识别和开发具有吸引力的资源基础的能力差，这些也是可能存在的问题。最后，风险也可能是一大关键问题。因此，为了让我们能更深入地了解创业组织失败的原因，根据法约勒（2003）的模型（见图 5-2），我们有必要区分导致“稳定的组织”的过程与建立这种组织的过程。根据学者布鲁什和马诺洛瓦（2004）的研究，创业者在建立“稳定的”组织的过程中遇到的障碍主要分为两类：个人挑战，即获得适当的健康保险、平衡时间及缺乏导师；社会挑战，即得到重视和获得支持（Brush 和 Manolova，2004）。

根据利维等学者（2011）的研究，在考虑与组织成立后期相关的可感知的障碍时，关键是要注意到，组织不仅可能因负面原因或风险失败（如破产）而终止，也可能是自发关闭。也许从一开始，该组织的意图就不是要坚持更长的时间，而是利用暂时的市场机会实现预期的销售。或者说，关闭组织的原因可能仅仅是创业者得到了更好的工作机会。当创业者开始寻找新的挑战时，该组织便不再满足他的需要。在《全球创业观察》的一项研究中，博斯曼等学者（2008）调查了创业者为什么在过去 12 个月内关闭了自己的组织，结果显示，大约有三分之一的组织实际上是以不同的形式或与其他所有者一起拥有而存在的。图 5-5 显示了美国创业过程中不断下降的参与率。

图 5-5　美国创业过程中不断下降的参与率（占人口的百分比）

注：潜在创业者：18～64 岁人群中希望在三年内创业的人的比例。

新生创业者：在 18～64 岁的人群中，目前参与创办或共同拥有企业的人所占百分比。

新组织：在 18～64 岁的人群中，目前是新企业业主经理的人的比例。

资料来源：Kelley 等，2011。

因此，变更应被记录为延续而不是退出。在关于失败的讨论中，利维等学者（2011）的研究表明，只有 4%～5% 的企业因法定破产或无力偿债而关闭，其他原因还包括转售、自愿关闭、疾病、退休等。

从这个角度来看，不难理解学者威克姆（2004）指出把成功和失败的重要性理解为主观决定的也是有意义的。这意味着创业者在创业过程中成功或失败的体验，要结合创业者的期望、动机和目标来看待。如果这些都不符合，创业者可能会认为这一过程是失败的。例如，如果一位创业者的目标是改善工作与家庭生活之间的平衡，那么所谓的成功就是实现了这种平衡的时候。另一位创业者可能更期待经济增长，那么对他来说，成功的关键不是创造"平衡的生活"，而是赚钱。

5.3.4　组织过程可以被规划

现在是时候更具体地研究一下如何进行组织了，我们可以更深入地研究之前介绍的两个视角：规划和即兴创作。让我们从前者开始。

创业中的规划视角根植于古典管理理论，在古典管理理论中，制造业组织被视为实体，由经营者创建以实现预定目标。经营者使用理性分析和规划等工具构建和操作组织这部机器（Hatch，1997）。因此，该视角表明组织是有意图的、理性和深思熟虑的，组织过程可以由分析（竞争对手分析、客户分析等）和规划来驱动。最终可以将其导向特定目标。因此，规划视角假定创业者从一开始就对他想要实现的目标（组织）有清晰的认识。

萨阿斯瓦斯（2008）认为规划视角将组织视为一个因果过程，在这个过程中，创业者必须问自己一个问题：“我必须做什么才能实现期望的目标——一个成功的组织？”现在创业者面临的挑战是选择最佳的策略、资源、网络，以便使他们能够取得最好的结果。在寻求利益最大化以及障碍最小化的背景下，通过理性分析和客观决策，他们能够做出这些选择并制订计划，并认为这些有助于实现目标。创业者关注的是组织过程的各个方面，他认为这些方面是可预测的，并使他们能够控制事件的进程（Sarasvathy，2001）。

假设创业者拥有几乎完整的信息、明确的偏好和可用的充足资源作为基础，且他从一开始就为整个组织活动制订了包含既定步骤的计划，并且他在采取行动之前就计划好了。规划可以与行动分开，这也表明环境或多或少是稳定和透明的。因此，只有当我们假设未来或者至少未来的重要方面是可预测的，创业者的目标和偏好是明确的，且创业者的行动独立于环境时，规划视角才有意义。这种因果思维背后的逻辑是，只要创业者能够预测未来，他就能控制未来，从而减少与组织过程相关的不确定性及风险（Sarasvathy，2008）。

为了说明规划视角，萨阿斯瓦斯（2008）给出了厨师做饭的例子。理性地说，厨师首先选择他要准备的菜单；然后，厨师会找到他在准备食物时可以遵循的一个食谱；最后，购买好食谱上建议的食材，就可以做这顿饭了。这个过程“从选择菜单作为目标开始，以找到实现目标的有效方法为目的”（Sarasvathy，2008），图 5-6 说明了这个过程。

创业者创建一个新组织的方法有很多。许多研究文献建议创业者先回答以下问题：组织的目标、愿景、使命是什么？创业者将如何组织和管理这个组织？在考虑员工数量、组织程序、管理风格、组织结构的基础上，创业者如何在战略、营销、增长、国际化等方面实现组织“起飞”？这些答案可以嵌入商业计划，本书在第 9 章将予以讨论。

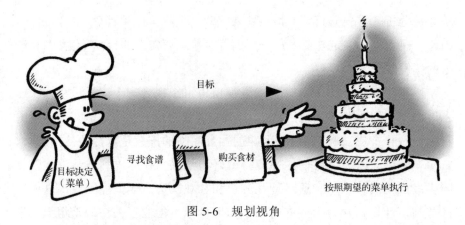

图 5-6　规划视角

资料来源：Inspired by Sarasvathy（2008）。

5.3.5　组织过程就是即兴创作

然而，创业者面对的环境多是不可预测的，他们对未来的信息很难掌握完整，所谓的对目标有明确的偏好或无限的资源似乎是规划视角所假定的。组织过程过于复杂和不清晰，它只有通过创业者的实际活动和努力去理解目标，获取和控制资源，以及建立一个组织来展现其真实本质。即便如此，组织过程的性质和方向将呈现出新的形式。组织的即兴创作视角体现了这些想法。

即兴创作视角强调创业者不能事先阐明组织的明确目标或实现其目标的计划。取而代之的是，创业者需要放弃控制，并以他当前拥有的有限资源为基础。创业者必须着眼于当前的形势和机会，并在组织过程中寻找新的方向，以将这个机会转变为一个新的独立组织或现有组织内的组织单元。这种视角基于这样的观点：一鸟在手胜过双鸟在林（Sarasvathy，2008）。换句话说，在组织的时候，要利用你所拥有的，而不是从最终目标开始。创业者的出发点应该建立在确定的基础之上，而不是建立在他可能永远无法实现的比尔·盖茨那样的巨大梦想之上。

萨阿斯瓦斯（2008）使用"效果"（effectuation）一词来捕捉即兴创作视角组织方法背后的逻辑。根据效果思维，组织过程的特点是创业者会问自己"我能用我拥有的资源取得什么样的效果"，以及"我在这里做什么"。鉴于在规划视角中，创业者面临的挑战是选择最优战略，然而在进入即兴创作场景时，创业者面临的挑战是通过探索可能的组合和修改可用的手段来创建组织。它需要一种开放的组织方式，在此方式下，创业者需要其他人参与，因为通过与他人的互动，他能够获得新的资源，这有助于创建更大、更有价值的组织。在很大程度上，其他人的参与产生了一个充满活力的组织，因为创业者必须在任何时候都能灵活地、创造性地、实验性地运用与他人互动产生的不同投入。组织可能会以无法预先预测的几种不同的结果而走向结束。

　　萨阿斯瓦斯（2008）再次将组织与准备饭菜联系起来，以阐明效果视角。通过在厨房的橱柜里寻找出自己能得到的原材料、配料和工具，厨师开始即兴创作过程。然后，厨师根据找到的食材设计可能的食物。这是一个即兴创作为特征的过程，厨师必须有自己的感觉或方式，并尝试不同的食材组合。事实上，通常是在准备饭菜时就进行饭菜开发，厨师"在厨房里，根据现有食材设计出可能的，有时是意料之外的，甚至是完全原创的饭菜"（Sarasvathy，2008）。因此，这一过程可能会产生截然不同的饭菜，而这是你事先无法预料的。这涉及查看橱柜、尝试使用可用资源以及创建菜单等许多小步骤。这个过程的结果只能在回顾时才能看到，即当你回首过去时，反思实际发生了什么。图 5-7 说明了这个过程。

图 5-7　即兴创作视角

资料来源：Inspired by Sarasvathy（2008）。

　　萨阿斯瓦斯（2008）从即兴创作视角阐述了组织过程是如何演变的。即兴创作虽然通常与随机过程相联系，但正如图 5-8 所示，我们仍然可以识别出即兴创作的特征。萨阿斯瓦斯（2008）认为，创业者在进入组织过程时通常有三种可用资源，即洞察"我是谁""我知道什么"和"我认识谁"，创业者从这些资源中评估出自己可以采取哪些可能的行动，而创业者通常只有通过与他人进行互动才能意识到这些行动。有时，这些互动会导致其他人与新兴组织建立联系，例如投资者、顾问、合作伙伴、客户等。参与创业过程的许多新行动者也意味着新的手段，也就是说，资源和目标也成为创业过程的一部分，能为创业者的活动开辟新的潜在途径。

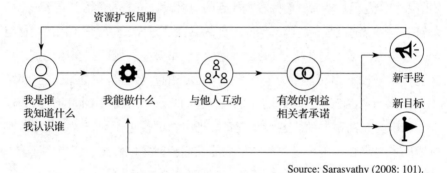

Source: Sarasvathy (2008: 101).

图 5-8　即兴创作视角的澄清

资料来源：Sarasvathy（2008: 101）。

5.3.6　组织过程：规划还是即兴创作

　　本章的悖论是，组织过程是按照规划的过程进行，还是更符合即兴创作。表 5-1 总结了这个悖论的核心。

　　从规划视角来看，目标是事先确定的，创业者的关键问题是："我能做些什么来实现预期的目标？"创业者通过理性决策、分析、控制、通用方法和规划，可以使组织朝着预期的目标发展，其过程可预测性很高。因为假设环境是相当稳定透明的，创业者的偏好是明确的，并且给定了目标。

　　即兴创作视角的侧重点是资源是有限的，所以创业者的出发点必须基于这个问题："我能用我所拥有的资源实现什么？"他可以创建什么样的组织？创业者通过在组织过程中保持开放，专注于"此时此地"，感受自己的行动方式，与其他参与者互动，并基于拥有的可用资源和额外的资源，他成立了一个组织，这些资源是随着创业者与他人的接触而逐渐添加到组织中的。其组织过程的可预测性很低，因为是可用的资源、众多参与者、许多小步骤和社会互动等共同塑造了这个组织。

表 5-1　悖论：规划或即兴创作

	规　划	即兴创作
出发点	目标是给定的	手段是给定的
关键问题	"为了达到预期效果，我能做什么？"	"我能用这些手段做什么？"
创业者的角色	理性的缔造者	即兴创作者和社交代理人
关键活动	分析，规划	小步骤，互动
输出的可预测性	高	低

　　萨阿斯瓦斯关于即兴创作的思想在本章中占主导地位，更重要的是，她认为规划和即兴创作并不是"非此即彼"的，她认为在任何组织中都可以识别出规划和即兴创作的元素。但是，萨阿斯瓦斯（2001）认为即兴创作过程更加频繁和有用，有助于理解不确定性、风险和不可预测的状况，而这些状况往往是创业情境的特征。

5.4　理论视角下的机会组织

　　回到本章的开头，假设你遇到了克劳斯·迈耶，并知晓了他的组织过程故事。我们将首先从规划视角来解释这个故事，然后将重点转移到即兴创作视角。

5.4.1　规划视角

　　基于规划视角来解释克劳斯故事面临很多方面的困难，因为这个故事更符合即兴创作视角。然而，仔细观察，规划和预测也出现在了这个故事中。

首先，克劳斯有一个长期使命和目标，他正是在这个框架内进行即兴创作的。然后，他不参与有些业务类型和领域，因为它们与使命不一致。这表明克劳斯在组织上是部分理性的，这在某种程度上是由以下问题决定的："我能做些什么来达到预期的效果？"例如，在创建诺玛餐厅中，克劳斯确定了一位合适的商业伙伴，他拥有高级烹饪知识和美食行业的经验，这达到了他最初设定的目标，从而他们一起创造并实现了该目标。

这个故事也提出了这样一个问题，即克劳斯是否可能（至少部分地）扮演"传教士"的形象和独特个性，也就是说，他超越了世俗的算计和目标导向的行为。事实上，曾有一段时间，他选择在商学院学习，专攻创业和发展业务，他在那里学习过关于理性模型、经济管理等方面的很多知识。这种教育给了他商业化的头脑，并提供了分析工具，他可以有选择地创建新的组织。当然，他表示"我从未制订过计划"，但从某种意义上，可以理解为他在创业前没有撰写过实际的商业计划书。他显然是从战略上进行了思考，并充分考虑了自己所采取的步骤。

最后值得注意的是，克劳斯在某个时点选择使用专业的董事会，董事会支持他建立一个结构化和专业化的组织："董事会为我提供了一家组织良好的公司，该公司具有与我们想做的事情相对应的正确技能。"他可能意识到，传统的、理性的组织领导并不是他的强项，为了弥补这一点，他建立了一个董事会，以控制自己即兴创作的欲望。这一决定也表明了克劳斯在组织活动时是理性思考和规划的。

5.4.2　即兴创作视角

虽然故事中有规划的元素，但我们还是不能忽视它主要是以即兴创作视角来讲述的。克劳斯的创业方法是即兴创作导向的，在许多时候，他都远离规划，或者至少尽量减少做这方面的事情。

即兴创作视角可以通过一件事来证明，即克劳斯从一开始就没有明确的意图去进行组织活动。相反，他的出发点是他最初创办学生餐饮生意时就拥有的手段。他试图"以最简单的方式开始"。通过这种方式，他一步一步地创建了一家注重质量的食品公司。因此，我们讨论的是没有预先设定目标或策略的组织过程。该过程基于许多小的行动和互动，创造了没有人能预测的结果，同时也产生了一些从未被追求过的结果。正如克劳斯所说，他从未想过要成立一家大公司，但他最终还是拥有了一家。克劳斯意识到组织的不可预测性，例如，正如他谈到北欧美食时说的那样，"我无法解释新的北欧运动将如何结束，我们将在 10~20 年后知道这一点"。

克劳斯的故事清楚地表明，他具有一种社交和互动的个性，以及明白如何通过让他人参与进来，如何与他们亲近，让他们感受到与组织活动之间的联系，不断创造新事物。正如他所说的那样："与你所爱的人一起赢得一场小小的胜利，好过达成一个遥远的目标。"克劳斯似乎是一位可以通过与他人互动来帮助组织发展并调动资源的专家。但克劳斯也意识到，他有必要让其他利益相关者也参与进来，这在他组织的那些各国部长、首席执行官都参与研讨会的故事中有所体现。

然而，最能说明即兴创作视角的是克劳斯知道如何将创业组织过程与烹饪进行比较。他围绕食物进行思考，并在烹饪时利用了他可用的资源。可以说，他是按照萨阿斯瓦斯（2008）的创业理论中的即兴创作过程生活的，专注于可用的手段。

最后，有人可能会问："克劳斯为什么不先建立诺玛餐厅？这才是真正实现他的人生使命的机会。"这可以从即兴创作的视角来解释。起初，克劳斯几乎没有必要的技能和资源来创办诺玛餐厅。在当时所处的环境中，克劳斯没有获得作为创业者的合法性、足够的经验以及烹饪技能，最重要的是，他还没有遇到那些能为创造机会做出贡献的人。因此，在准备好完成他的使命之前，他必须采取许多小步骤。

5.5　机会组织真的如此吗

想想你在本章中学到的内容，试着完成下面的一些练习。这将有助于你更好地理解创业的组织过程。

1. 集中注意力

回想一下你所经历的需要选择学习课程的过程。画一幅过程图，并思考是规划视角、即兴创作视角，还是两者的组合能更好地解释这一过程。

2. 电梯演讲

从创业者角度，分别找出规划视角和即兴创作视角的两到三个优缺点。接下来写一份电梯演讲稿（见第 1 章），分别从即兴创作视角和规划视角向听众推销。

3. "既此又彼"练习

萨阿斯瓦斯（2008）认为，即兴创作和规划的元素都可以在创业组织过程中找到。试选择一个案例（可以是本书中介绍的一个案例），并分别从这两种视角对案例进行分析，这两种视角都能被识别出来吗？

参考文献

Aldrich, H.E. (1999) *Organizations Evolving*, London: Sage.

Allen, K.R. (2006) *Launching New Ventures: An Entrepreneurial Approach*, Boston, MA: Houghton Mifflin Company.

Berger, P.L. and Kellner, H. (1981) *Sociology Reinterpreted: An Essay on Methods and Vocation*, New York: Doubleday Anchor.

Bhave, M.P. (1994) 'A process model of new venture creation', *Journal of Business Venturing*, 9, 223–242.

Bosma, N., Acs, Z., Autio, E., Conduras, A. & Levie, J. (2008) *Global Entrepreneurship Monitor 2008 Executive Report*, London: Global Entrepreneurship Monitor Association.

Brush, C.G. & Manolova, T.S. (2004) 'Start-up problems', in Gartner, W.B., Shaver, K.G., Carter, N.M. & Reynolds, P.D. (eds), *Handbook of Entrepreneurial Dynamics – The Process of Business Creation*, Thousand Oaks, CA: Sage, 273–285.

Fayolle, A. (2003) 'Research and researchers at the heart of entrepreneurial situations', in Steyaert, C. & Hjorth, D. (eds) *New Movements in Entrepreneurship*, Cheltenham, UK and Northampton, MA, USA: Edward Elgar Publishing, 35–50.

Gartner, W.B. (1985) 'A conceptual framework for describing the phenomenon of new venture creation', *Academy of Management Review*, 10(4), 696–706.

Gartner, W.B., Bird, B.J. & Starr, J.A. (1992) 'Acting as if. Differentiating entrepreneurial from organizational behavior', *Entrepreneurship Theory and Practice*, 16(3), 13–31.

Hatch, M.J. (1997) *Organization Theory*, Oxford: Oxford University Press.

Headd, B. (2003) 'Redefining business success: Distinguishing between closure and failure', *Small Business Economics*, 21(1), 51–61.

Jones, G.R. (2007) *Organizational Theory, Design, and Change*, Upper Saddle River, NJ: Prentice Hall.

Katz, J. & Gartner, W.B. (1988) 'Properties of emerging organizations', *Academy of Management Review*, 13(3), 429–441.

Kelley, D., Bosma, N. & Amoros, J.E. (2011) *Global Entrepreneurship Monitor, 2010 Global Report*, GERA (www.gemconsortium.org, last accessed 20 December 2016).

Levie, J., Don, G. & Leleux, B. (2011) 'The new venture mortality myth', in Hindle, K. & Klyver, K. (eds), *Handbook of Research on New Venture Creation*, Cheltenham, UK and Northampton, MA, USA: Edward Elgar Publishing, 194–215.

March, J.G. & Simon, H.A. (1958) *Organizations*, New York/London/Sydney: John Wiley and Sons.

McKelvey, B. (1980) *Organizational Systematics*, Berkeley, CA: University of California Press.

Morgan, G. (1997) *Images of Organization*, 2nd edn, Thousand Oaks, CA/London/New Delhi: Sage Publications.

Sarasvathy, S.D. (2001) 'Causation and effectuation: Toward a theoretical shift from economic inevitability to entrepreneurial contingency', *Academy of Management Review*, 26(2), 243–263.

Sarasvathy, S.D. (2008) *Effectuation: Elements of Entrepreneurial Expertise*, Cheltenham, UK and Northampton, MA, USA: Edward Elgar Publishing.

Shane, S. (2003) *A General Theory of Entrepreneurship: The Individual–Opportunity Nexus*, Cheltenham, UK and Northampton, MA, USA: Edward Elgar Publishing.

Weick, K.E. (1995) *Sensemaking in Organizations*, Thousand Oaks, CA: Sage Publications.

Wickham, P.A. (2004) *Strategic Entrepreneurship*, Boston, MA: Pearson Education.

第 6 章　新生创业

正如你可能已经感觉到的那样，有许多不同的方式可以用来理解创业，并且每一种理解方式都有其存在的目的，没有任何迹象表明某一种理解比其他理解更正确。创业通常被理解为成立新企业。这种理解与新生创业或新生创业者密切相关。虽然对创业的关注是新企业的实际发生，但新生创业关注的是创业前的过程。因此，新生创业是指个人从最初有创业意图到创办一家新企业的过程中发生的所有商讨和活动，换句话说，就是新企业创立之前的一切。

从最初创意产生到实现创业，人们都有过哪些考虑？他们为什么敢去尝试？是什么在驱动他们？他们需要什么资源，可以获得这些资源吗？他们对如何经营企业有足够的了解吗？他们是如何开始的？是否有可以明确地遵循的公式、命令或清单？这些都是新生创业和本章要讨论的问题。

6.1　乌干达肥皂公司的初创故事

在通过各种理论和模型来理解新生创业之前，我们先介绍一下关于乌干达肥皂公司创办的有趣故事，这是一个实力雄厚的初创公司，其背后强大的集体和社区起着至关重要的作用。

创业故事 ///////////////////////////////////

ADAM：社区创业

作者：本森·霍尼格

珀尔有一个重要的决定要做，但她觉得做这个决定太难了。詹姆斯站在她面前，他坚持认为他们的农村合作社区要想取得成功，唯一的途径是购买一辆摩托车来运输他们的肥皂产品，但是珀尔根本不知道需要对哪些费用做出估计，汽油和石油的成本是多少，备用零件有哪些，如果摩托车坏了会怎么样。

他们的肥皂制作合作社 ADAM，创立于 18 个月前，他们的一位前村民山姆完成了大学学业，从坎帕拉回来时，已经在成功地经营着自己的旅游和咨询公司。村庄 Baakijjulula 位于乌干达米提亚纳地区，距离首都坎帕拉大约需要一个半小时的车程，但它在许多方面似乎与坎帕拉相差了一个世纪：仅有一条土路通向村庄，村里没有自来水，几乎所有的房子都没有电。大多数村民靠基本的自给农业和少量的家禽饲养来维持生计，他们面临的最大挑战之一就是支付社区儿童的学费、校服和其他基本教育所需要的小额费用。这里艾滋病病毒猖獗，许多祖母独自抚养孙子孙女。因为附近没有工厂或服务企业，村民们几乎没有工作或进入劳动力市场的机会。在这里，易货经济是一种常态，村民用他们所拥有的东西，比如奇怪的鸡肉，来交换如助产或使用简单机械等特殊服务。

珀尔讲述了这样一个故事：山姆在经历了近 10 年的"城市生活"之后回村拜访，并带来了一位年轻的"穆祖古（muzungu）"（即斯瓦西里语的白人）——一位名叫琼的美国女大学生。他们一起召集了整个村庄开社区会议。山姆知道这个社区有多么贫穷，他是逃离这里并到坎帕拉接受真正教育的少数幸运儿之一。实际上，村里其他大多数男孩都是文盲，当他们不帮忙做家务时，只是在路上"闲逛"。山姆和琼要求大家互相分享他们认为 Baakijulula 存在哪些问题，会议开了一整晚，村民们抱怨良多。当然，大多数时候都是男人在说话——就像他们经常做的那样，他们控制着会议。最近的诊所要坐很长时间的公共汽车才能到达，没有自来水，没有电，没有学费，雨季屋顶漏水，没有工作机会，贫穷……抱怨的清单一直在增加。

山姆和琼在听了所有的问题后，提出了一个建议：他们让村民们把下个月花的每一分钱及去向都写在一张纸上。他们表示将在一个月后回来参加下一次社区会议。

当山姆和琼再次来访时，村民们已经准备好了，每个人都交了表格，琼将数字加了起来，农业项目和学费在清单上分别排名第一和第二，紧接着的项目让所有人都感到意外——每个人预算中排名第三的支出项目居然是肥皂。就在那时，山姆和琼有了一个好主意，如果在村子里开一家制皂制造厂怎么样？可以把肥皂卖给村里的邻居，因为和山姆和琼一样，肥皂也是村民们的必需品。这有可能吗？

在接下来的一个月里，琼留在了这个村庄，帮助村民们组织他们所谓的"合作社"。这是一项复杂的工作，村民们必须筹备一个领导机构，制定一套规则，筹集小额投资资金，必须做的事情似乎无穷无尽。当村民们和琼一起进行组织的时候，山姆去大学寻找制作肥皂的办法。一个月后，他和来自坎帕拉的肥皂制造专家托马斯一起回来了。此时琼已经将村民们组织成为一个全面运转的合作社，有了领导层，并有了一套关于如何赚钱和分享利润的明确规则。30个人加入了村民的合作社，村民将这个合作社称为"ADAM"。

村民们开始向托马斯学习制造肥皂，这不是一件容易的事。许多人不信任托马斯，不断地质疑具体的配方和技术。村民们花了一个多月专门学习如何制作浓缩液体肥皂，当村民们完成后，他们非常骄傲！村民们制造出了非常有吸引力的黄色和绿色的液体肥皂，并把它们装在塑料容器里。客座教授本森·霍尼格博士在加拿大为村民的肥皂设计了标志和标签。村民们开始向所有邻居销售产品，这是村民第一次创造自己的就业机会。

当然，并不是所有事情都进展顺利，运输就是一个严重的问题。村民必须依靠当地的"马塔图斯"（即共用的农村出租车）进出坎帕拉来获取制造肥皂的原材料，其中一个最重要的原材料是棕榈油（必须直接从刚果进口），需要派人乘坐两天的乡村巴士前往边境，带着加仑罐去购买。村民们总是担心采购者很难越过边界，获取关键的原料。更糟糕的是，似乎所有的工作都是由女性完成的，而所有的决定都是由男性做出的，所有的钱也是他们拿走的。最近发生的两件事动摇了合作社的根基。第一件事是，负责从坎帕拉采购原材料的一名男子声称所有的营运资金都被一个中间人从他那里"偷走"了。村民们无法证实发生了什么，但这件事几乎使合作社破产。第二件事是，一名已婚男子与一名在合作社中工作的年轻未婚女子鬼混被发现。因为这个罪行，他被"赶出了村子"，再也不能在村里露面了。事情一件接着一件，当合作社几乎资不抵债时，女性同胞聚在一起并大声质问："够了！！！为什么我们要做所有的工作，而男人却拿走了所有的钱？"无论如何，这最终会浪费合作社所赚的钱，也无益于合作社管理。在琼的帮助下，女性同胞聚在一起，接管了合作社的财务和管理控制权。因为珀尔上了两年的中学，就担任了会计和合作社的日常事务经理。经过精心控制，珀尔她们第一次开始为会员制定规则，并分配合作社利润。

掌管 ADAM 的女性同胞，一家肥皂制造合作社

资料来源：Benson Honig。

现在，送货员詹姆斯就站在珀尔面前，要求为合作社购买一辆摩托车，这将花费至少 1 500 美元——大约是合作社五个月的总收入！詹姆斯认为当合作社把产品搭上公共汽车运往其他小镇时，既损失了金钱，也浪费了时间。詹姆斯向合作社保证，摩托车将为合作社弥补失去的时间和金

钱，不必每周派一个人乘公共汽车去坎帕拉购买原材料。但是，还有许多问题没有得到解答，摩托车的保险和维修要花多少钱？如果摩托车出了事故或者被偷了怎么办？谁来处理？当珀尔思考所有这些问题时，合作社只有 850 美元的现金存款，还有 600 美元投资在产品上。珀尔也知道由于物资短缺，合作社损失了很多时间。合作社在等待物资供应的时候曾把工厂关闭了两天。合作社的运输成本，包括销售成本和配料成本，几乎占总成本的 20%。现在要求购买一辆摩托车，珀尔完全不知道该怎么做这个决定。

6.2　乌干达肥皂公司的初创故事引发的思考

ADAM 的故事提醒你思考，在创办企业的过程中，新生创业者遇到的问题和挑战是什么？你对这个故事是怎么理解的？以下问题和练习可能会对你有所帮助：

- ADAM 的创意是从哪里来的？你如何从发现视角和创造视角来解释机会的出现？
- 故事中的创业者是谁？珀尔、山姆、琼和本森分别扮演了什么角色？你认为谁最重要？
- 珀尔说"必须做的事情似乎无穷无尽"。这包括哪些活动？如何组织这些活动？商业计划书在多大程度上有助于组织工作？
- 若你遇到珀尔的处境，应该怎么做？该不该买那辆摩托车？在做决定时应该考虑什么？

6.3　新生创业是基于必要性还是基于机会

个人选择创业可能有许多不同的理由和原因。有些人想要一种不同的、更有趣的职业生涯，有些人想要更多的家庭时间，有些人想要赚钱，有些人只是想尝试一些新事物，有些人是因为被解雇了，还有些人可能没有别的选择。当然，往往多种原因的组合最能解释为什么有些人会选择创业，但这本质上也是关于视角的问题。我们可以从两种视角来解释创业的动机。

第一种视角关注的是人们被诱人的商业机会、工作条件和环境所吸引，他们选择改变职业道路，并以创业者或自主创业的身份来证明自己。这样，人们就被吸引到了一条有吸引力的职业道路上，在这种视角下，选择自治是明确的战略选择。第二种视角侧重于因为个人没有可行的其他选择而被迫改变职业生涯——这里我们谈论的是一种生存策略。例如，当某人失业，找不到工作，却迫切希望获得一份收入来支付房租和养家糊口。从这种视角开始创业的决定不那么具有战略性，更多的是迫于环境而做出的必要选择。因此，本章向你介绍这个悖论：

> 新生创业是基于必要性还是基于机会？

6.3.1 创业、自主创业和新生创业

有多种理论和模型试图以不同方式来解释为什么有些人选择创业，而另一些人选择其他的职业道路。在与职业研究有关的文献中，学者广泛关注不同的职业类型，而不仅仅是将自主创业作为一种职业选择。总的来说，有两种主要的解释模型，一种可以被称为"个人－工作匹配"模型，它认为人们最终会找到一种职业，人们的愿望、抱负和能力与这种给定的职业提供和要求之间是合适、契合的（Holland，1997）。在这里，我们讨论的是一种理性视角，这一视角说明了个人会通过不断调整个人兴趣和职业特征来优化自己的整个职业生涯。这个理论是规范性的，因为它试图解释个人应该如何优化他们的职业选择。

相反，第二种视角是描述性的，它关注职业决策是如何做出的，尤其是影响这些决策的因素（Sauermann，2005）。因此，这里的重点是影响个人职业决策的各种因素，以及他们如何处理输入以便最终做出决策。这是一种行为视角，并不侧重于为如何做出此类决策提供指导——就像"个人－工作匹配"视角那样。

在近些年的创业文献中，行为视角占据主导地位。我们试图将影响新生创业选择的不同类型因素进行分组如图 6-1 所示。

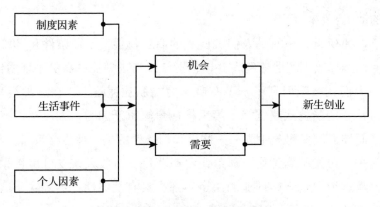

图 6-1 新生创业的影响因素

　　影响新生创业选择的因素主要有三种类型：制度因素（或环境因素）、生活事件和个人因素。这些因素将会单独或共同地影响新生创业，包括是否决定创办新企业以及最终结果。这种影响的产生要么通过基于机会的动机，要么通过基于必要性的动机，或者两者结合。当这些因素通过基于机会的动机产生影响时，往往是通过对"感知的行为控制""主观规范"和"对行为态度"的影响来产生，正如我们在前面第 2 章中提到的那样。接下来，我们将回顾影响新生创业的三类因素，即制度因素、生活事件和个人因素。

6.3.2 影响新生创业的制度因素

　　有多种环境因素会影响个人创办企业的意愿，以及他们是否能成功创业（Bruton 等，2010）。这些环境因素也被称为制度，制度是社会创造的结构，它会令个人对所经历的事情进行解释和意义建构，进而影响其随后的选择和行为。制度主要分为两大类，一类是正式的制度，如司法部和各部委的规范、法律和指令运作；另一类是非正式的制度，比如文化、社会规范、规则等。

　　制度有助于为新生创业构建框架，从而吸引更多人选择个体自主创业。例如，一个国家可以通过减轻与公司运营有关的行政负担、实行各种税收优惠、保障私人财产的安全，建立可信的金融体系，以期从总体上建立一个对自主创业有吸引力的社会，从而影响个人创业的倾向。然而，非正式制度也至关重要。例如，应赋予自主创业者很高地位的文化特征。此外，多项研究表明，文化和宗教对于吸引人们进行创业也非常重要。例如，具有高度个人主义的文化往往与高倾向的创业行为有关。

不同制度对每个人不一定会产生相同的影响。每个人对制度都有自己的反应。有些人对文化影响的反应比其他人更敏感，有些人甚至会与其他人做出完全相反的反应。然而，各种制度都有一种规范群体行为的趋势：这一过程被称为同构（DiMaggio 和 Powell，1983），例如，相较于鄙视腐败的国家，在腐败被普遍接受的国家中，腐败情况更为严重。

6.3.3　影响新生创业的个人因素

除了制度因素外，还有一些个人因素也很重要。在前面几章中，我们已经讨论了影响创业者行为的财务、人力和社会资源的重要性。然而，还有许多其他个人因素。

性别是最重要的因素之一，也是许多研究的主题。研究表明，女性与男性创业的可能性是相同的，但原因和结果各不相同（Klyver 等，2013）。当然，关于男性与女性创业之间差异的讨论，必须与关于劳动力市场性别平等的讨论密切联系起来。

有研究表明，女性比男性更常创业，因为她们有动力去实现家庭与工作的平衡。与传统的以利润为导向不同，女性往往不以增长为导向。研究还表明，在获得资金方面女性常受到歧视，但是这个研究结论不具普遍性，而且在这一点上还存在激烈的争论。也有迹象表明，女性由于缺乏有效的社交关系网络而处于不利地位，造成这种情况的原因之一是与生育孩子有关的职业生涯中断。

有些关于性别平等的研究自身充满矛盾。在工业化国家中，存在着不同程度的平等。在平等程度最高的工业化国家，我们发现男女之间的创业率差异最大，这是因为福利主要是为雇员提供的，与促进平等的行动有关，而不是为自主创业提供的。因此，如果女性选择自主创业，而不是选择享有平等福利的职业，她们就会遇到特定的障碍。

还有一些心理特征往往与创业者有关。他们非常自信、外向、乐观、敢于冒险。他们对工作生活的偏好通常与自我实现、自治和对自由的渴望有关，而他们对高金钱回报的渴望则比人们通常认为的要小得多。这些问题已经在第 2 章讨论过了。

尚未讨论的一个个人因素是机会成本。当个人拥有良好的教育、良好的社交网络、丰富的经验，简言之，当个人拥有较高的人力和社会资本时，这个人就更有可能成功创业。他们可以利用获得的资源和知识，来确保自己用创意开始创业，并以创造竞争优势的方式来发展它，从而确保初创企业的生存和利润。在这一点上已经基本达成共识。然而，当你用这些解释来理解为什么有些人创办公司而其他人却没有创建公司时，就会出现一个问题，因为社交网络和经验也可以用来为一名员工获得高品质的工作。不同的资源会影响不同的职业机会。因此，我们谈到机会成本。创业的机会成本与一个人拒绝其他选择（如获得工作），以及拒绝该工作或其他选择而损失的价值有关。

关于新生创业研究的文献侧重于个人因素，这可能是因为创业研究在某种程度上一直注重个人崇拜，并将创业者视为英雄。然而，许多公司并不是由个人创办的，而是由一群人，即由团队创办的。一项针对美国初创企业的研究结果显示，52% 的企业是由团队而非个人创办的，其中，绝大多数（74%）是两个人组成的团队，但也有多于两个人的团队。在某些情况下，团队人数甚至会超过五个（Ruef 等，2003）。团队构成将取决于各种机制，包括：

（1）同质性，人们在诸如性别、年龄、民族背景等"归属特征"方面是相同的；

（2）功能，人们拥有不同的技能、知识、经验以及个人特质；

（3）网络，人们彼此认识；

（4）地区，人们居住在同一地域。

团队构成对未来的成功至关重要。一方面，创业者必须组建具有某种多样性的团队，使成员之间能够相互补充和加强，这种多样性既与成员的个性特征有关，也与成员带来的知识和经验有关。另一方面，在公司应该如何运作的问题上也必须充分达成一致，以避免团队的精力过多地用于解决内部分歧和冲突,这是一种实现起来并不容易但必不可少的平衡。人们常说,风险投资者在进行投资时,更关注团队构成,而不是商业理念。也有强有力的证据表明,团队的各种构成对团队的生存和绩效都很重要,但也取决于具体情况,包括行业、创新程度和公司生命周期等。

6.3.4　影响新生创业的生活事件

除了前面提到的制度因素和个人因素,还有一些与特定事件或生活有关的因素影响着人们是否选择创业,以及创业是否会成功。关于这一点,存在两种解释,一种解释涉及从童年到成年再到老年的生活模式,这是生命周期解释。与生命周期解释不同的是,另一种解释侧重于是否影响创业决策的单个事件,我们可以称之为事件解释。下面将说明这两种解释。

1. 生命周期解释

在人生中的某些时期,有些人比其他人更有可能投身创业。生命周期理论试图解释这些差异,其重点在于理解个人生活中的不同转变。这些转变遵循着相对明确的模式,其中上一个转变会影响下一个转变。主要的转变包括从学生到毕业、从单身到结婚、从夫妻到为人父母、从结婚到离婚、从学生到雇员、从雇员到退休(见图 6-2)。在这一章中,我们特别感兴趣的是,这些不同的转变是如何影响自主创业的决定的。

图 6-2　生命周期和新生创业

这种模式有两种关键机制，并且随着时间推移不断对创业起作用。第一种机制是资源积累，随着人们年龄的增长而获得知识、经验和网络，这种资源积累增加了创业的倾向。第二种机制是风险意愿，即通常假定风险意愿会随着年龄的增长而降低。年轻人往往没有那么多的责任，而且通常只对自己负责，但随着年岁渐长，他们会为他人承担更多的责任，这将降低他们的风险意愿。当你即将退休时，失去的往往比获得的多，这也会降低风险意愿。这两种相互矛盾的机制已经被经验所证实，随着年龄的增长人们创办企业的可能性会增加，在 30 岁左右达到顶峰，然后逐渐降低，直到退休年龄。

在一些国家中，这些生命周期效应发生了移位。在过去的十年里，越来越多的老年人，甚至是退休的人，开始创办企业。这意味着这条曲线变平了，创办企业在这些人的晚年生活中变得更加普遍。这个概念被称为资深创业。造成这一趋势的原因有很多，其中通常包括养老金减少和老年人继续工作的意愿增强。

2. 事件解释

在整个生命中还会发生许多特别的事情。我们都知道，无论是在我们自己的生活中，还是在别人的生活中，总有一些情况或事件对生活起着至关重要的影响，我们常常会因为一个事件而使生活发生转折。

我们的生活可以分为工作领域、社交／家庭领域以及隐私。这些领域彼此之间是密切相关的，在一个领域发生的事情会影响到在另一个领域发生的事情。因此，人们也可以找到一种解释为什么有些人会在与这两个社会领域相关的不同生活状态下创业。

在创业研究方面，人们关注的是各种各样的此类事件，例如离婚或孩子离开了家。这些事件会影响人们的职业选择，因为它们释放了一些资源，改变了风险意愿，创造了必要性，或者说使人们产生了尝试新事物的欲望。例如，有很多例子表明，突然被解雇会让人们努力实现成为创业者的旧梦想。如果他们没有被解雇，他们肯定不会有开始创业的动力，解雇提供了必要的动力。然而，我们也看到了相反的情况，有些自主创业的人得到了一份有吸引力的工作，为了成为一名雇员而关闭了企业。这里的关注不是生活阶段，而是事件本身。

6.3.5　混合型创业和自由职业者

虽然我们把雇员和创业者说成是两个相互排斥的选择，但实际上，两者同时存在的情况也是非常普遍的，这就是所谓的"混合创业"，即人们同时从事就业和自主创业。降低风险和机会成本往往是一些人选择混合创业的原因。人们经常将小生意逐渐发展成大生意，这是一个很小，但具有目的性的过程。这些人可能已经有了一份工作，而创业公司却正是在他们全职工作时被建立起来。当他们能够更好地确定创业公司能否成功，或者无法同时处理这两项任务时，他们就会离职，因此，他们降低了所涉及的风险。当然，也有一些人一直都是混合型创业者。例如，有人经营一家企业的目的纯粹是为了娱乐。我们也见过一些人在业余时间进口葡萄酒，或者开办微型酿酒厂的例子。

此外，有些人发现自己处于灰色地带，自由职业者形式上是自主创业，但实际上是通过与特定公司签订了合同，以某种形式被雇用的。一个例子是优步（Uber）：出租车司机发现自己处于自主创业与雇佣关系之间的灰色地带。近年来，工业化国家发生的劳动力市场状况和技术的剧变表明，未来越来越多的人将成为混合型创业者，或者加入正式合同意义上的更宽松的雇佣关系中。

6.3.6　创业启动过程

那么，创业者是如何从创业的创意和意图走向成功的呢？有不同的方法来描述这一过程，创业研究文献将重点放在创业阶段，而不是在创业之后的阶段。

这些不同的方法几乎都可以在企业生命周期模型和过程模型中找到。下面我们将分别描述它们。

在前面的章节中，我们讨论了描述个人生命阶段的生命周期模型。在企业生命周期模型中，我们使用有机体类比来解释这些模型。比德

（2000）将这种类比描述为："生命周期方法假设，就像人类经历从婴儿期到成年期的生理和心理发展的类似阶段一样。相应地，企业也以可预测的方式发展，并在成长过程中遇到类似的问题。"

这些模型基于许多假设，首先，一个公司会经历几个可识别的阶段，这些阶段的顺序是预先确定的、可预测的，随着时间的推移，公司会从原始阶段发展到更高级的阶段（Levie和Lichtenstein，2010）。

每个阶段都有创业者必须面对且必须解决的一些特殊挑战。一个阶段中的挑战解决方案与下一个阶段的挑战相关。最著名的企业生命周期模型是由葛瑞纳（Greiner，1972）提出的，他区分了五个阶段及其分别具有的相关挑战：

阶段1：通过创造力实现增长；挑战：领导危机。

阶段2：通过指导实现增长；挑战：自治危机。

阶段3：通过授权实现增长；挑战：控制危机。

阶段4：通过协调实现增长；挑战：官僚作风危机。

阶段5：通过合作实现增长；挑战：未知。

这些模型在直觉上很好理解，因而具有较高的表面效度。因此，它们也是人们经常使用的模型。然而，它们也受到了相当多的批评。不同的作者提出了不同的阶段以及不同的阶段数量，这一事实与阶段是预先确定、可预测的想法形成了鲜明对比。模型是不可能凭经验事先验证的。

作为回应，其他更好的过程模型也陆续被开发出来。在公司的发展过程中，这些模型没有预先确定的、可预测的模式。相反，模型开发过程更多地被看作涉及机会的创造、发现、评估，以及组织的一个迭代过程，其中反馈过程、适应和复杂性发挥了更大的作用。这些模型的例子包括效应模型（effectuation model）、利维和利希滕斯坦（2010）的动态模型（dynamic state model），以及谢恩（2003）的创业过程模型（model of the entrepreneurial process）。

为了将公司形成过程，即在公司成立之前或之后的早期阶段中的特征概念化，卡茨和加特纳（1988）确定了四类属性：意图、资源、边界和交换。对于每类属性，我们都可以匹配到各种各样的活动中。例如，意图与创业者为企业做广告或参与创业者网络有关，资源与创业者通过银行、天使投资人或风险投资家来获得资金有关，边界与注册纳税和获得其他批准之类的活动有关，最后，交换与获取电话、电子邮件、地址等有关。

后来的实证研究表明，不同的创业者以非常不同的顺序和速度执行着这些不同的孕育活动。很难找到一个系统和模式来描述创业者执行各种活动的顺序，许多学者认为这完全是个人的行为。这也导致了对前面描述的企业生命周期模型的批评。尽管如此，有一项研究在某种程度上已经能够创造出一种有希望的活动模式，但仍然需要通过未来其他的研究加以验证。在澳大利亚的一项研究中，高登（2012）发现了经验证据，表明探索相关的活动在早期启动阶段占主导地位，而后续逐渐被以利用为主的活动所取代。

对与创业启动有关的总时间段的研究也表明，创业启动过程的时间长度各有不同。有些反应迅速，仅持续了一年，而有些则持续了数年。令人惊讶的是，这一现象在最初研究创业启动过程中就已经被发现（Carter 等，1996）。虽然有些人开始了，有些人放弃了，但有相当大比例的人仍在努力。他们在第一次接触创业并表示正在创业的一年半之后，约有 1/3 的人表示他们仍然要创业。创业者们并没有放弃，但也没有开始，许多人仍然属于"正在创业的人"，也许是因为这一类人虽然没有取得太大的进步，但仍然保持着他们的梦想。

6.3.7　新生创业的必要性视角

有不同的视角可以解释为什么有些人选择创业而另一些人不选择创业。在早些年，创业研究区分了推动因素和拉动因素。因此，阿米特和穆勒（1995）区分了这两个因素：

> "推动型"创业者是指由于与自己的创业特质无关的原因
> 而对自己的职位不满意，开始创业的人。"拉动型"创业者是

指那些被新企业创意所吸引，并因商业创意的吸引力及其个人
影响而发起创业活动的人。

从那以后，这一区别经常被必要性动机与机会型动机之间的区别所
取代，这主要是由《全球创业观察》项目提议的，该项目多年来一直试
图衡量初创企业是受到拉动力（机会）还是推动力（必要）的影响。

在一个国家中，被拉动或推动创业的个体比例存在很大差异。这毫
不奇怪，例如，与欧洲、北美等地的人相比，在非洲，被推动创业的人
更多。当然，世界各地也有很大的差异。该项目对这一点的衡量，就是
试图对其进行客观地分类和测量。

显然，这种衡量忽略了这样一个事实——世界各地之间对必要性的
感知是大相径庭的。对有些人来说，必要性指的是基本需要，如食物，
而对另一些人来说，必要性指的是其他更复杂的需要，如自我实现。此
外，必要性常常与经济必要性联系在一起，而道德、宗教或文化必要性
则尚未得到讨论。GEM 将必要性和机会视为不同类型的动机，并将其视
为相对客观的东西，这或许是有问题的。然而，这种区别也可以看作不
同的视角，因此产生了一种悖论，这取决于旁观者的眼光。

大多数初创企业既包含机会，也包含必要性因素，因此这些概念也
可以被视为一种视角，而不是动机的类型。

从必要性视角看，创业不是一种自由选择，而是一种必要选择，在
某种程度上是由环境或环境中的事件决定的。必要性可以有不同的程度，
从生存问题到改善相对生活条件的需要。必要性视角通常指由于裁员、
离婚等原因而导致的不可持续的经济状况。解雇本身并不一定会立即推
动人们创业，但是长期失业可能会。随着以失业救济或公共服务形式获
得援助的可能性消失，以及储蓄的耗尽，人们采取行动解决现状的压力
越来越大，其中一种可能的行动就是冒险去做，成为一名创业者。

从这个视角看，个人是被不受自己控制的外部环境强迫而自主创业
的。它不一定是最后的选择，却是少数几个没有吸引力的选择之一。

6.3.8　新生创业的机会视角

第二种视角，即机会视角，它与必要性视角持不同的观点，认为创业在其他一些有吸引力的选择中，是一种积极而有意识的选择。在这里，个人被吸引到创业之中是因为创业有吸引力，并且是为了利用商业机会。

人们积极选择成为创业者可能有几个原因，最常被讨论的是以下几个（Carter 等，2003）：独立、物质激励、社会认可及社会地位、个人价值观或规范的实现、自我实现。

与一般假设相反，物质和经济动机很少作为人们选择创业的主要驱动力，主要驱动力是对独立和自我实现的渴望。研究还表明，平均而言，如果考虑到创业者的能力、技能和知识，他们的收入并不比作为雇员时高。另外，创业者之间的收入差距更大，我们可以看到比平均水平更富有的创业者，但这类创业者数量寥寥无几。大多数创业者的收入都低于他们作为雇员时的收入。

综合考虑所有因素，我们可以说，从机会视角来看，创业是那些真正拥有许多其他选择的人的一种有意识的选择，他们被能测试自己或自己创意的机会所吸引。

6.3.9　新生创业：基于必要性还是基于机会

在这一章中，我们讨论了一个悖论，即新生创业是建立在机会上还是必要性上。表 6-1 总结了这两种视角的差异。

表 6-1　悖论：必要性或者机会

	必 要 性	机 会
行动基础	由环境决定	深思熟虑，战略选择
原动力	推动	拉动
动机	生存和更好的生活条件	发掘可能性（自我实现）
职业可能性	唯一的选择（最后）	数个中的一个
潜力	低	高

从必要性视角出发，创办企业是由环境决定的，而不是经过深思熟虑的战略选择的结果。为了生存或提高相对生活水平，人们被迫创业，我们可以把它说成是迫于生存的最后选择。当然，可以从绝对和相对两

个方面来看"燃烧平台"（burning platform），发展中国家和工业化国家中的人们对它的理解可能存在很大差异，就像各国对贫困的理解也不相同。通常，但并非总是这样——出于必要性而创建的公司增长潜力较小，因为用于发展商业模式和公司的资源较少。

相反，根据机会视角，创办企业被视为对个人行动自由的乐观看法，这是一种深思熟虑的战略选择。人们在一定程度上试图通过职业选择来优化自己的人生价值。他们被自己想要利用的、吸引人的选择所驱动，这吸引了他们创业。他们为实现梦想而奋斗，这个选择只是所有可能性中的一个。例如，他们可以选择私营或公共机构的雇员，那也是一个很好的机会。机会型初创企业往往会有更大的可能性建立具有增长潜力的公司，因为创业机会往往是独特的。

6.4   理论视角下的新生创业

6.4.1   必要性视角

在本章开篇的案例中，必要性视角可能是最直观的视角。Baakijjulula村庄的人很穷，没有电或自来水，几乎没有任何工作机会，人们的健康也很差。他们"靠基本的自给农业和少量的家禽饲养维持生计"。因此，我们可以从必要性视角来看 ADAM 的诞生：社区成员被迫从事创业以求生存并创造更好的生活条件，这是必要的，人们没有多少其他选择。然而，本例的特殊之处在于创办企业异常困难，因为可用于创办企业的资源非常少，甚至几乎没有可用的资源。因此从这个角度看，创办企业并不是提高生活水平的简单、自然的方法，否则村民们可能已经创办了几家企业。不难想象，如果能提高生活水平，许多人会希望更早创办企业，但村民们却陷入了目前的困境。

该案例研究中有趣的一点是，社区成员无法单独调动必要的财务和知识资源来启动肥皂工厂，但是有可能将有限的资源集中到合作社之中。正是集体的努力使之成为可能，虽然实际上，这一行动是由在村里长大的山姆提供的外部观点发起的。因此，创业的推动力可能与本章前面描述的有所不同，因为这不是个人感受到的压力，而是一种集体的压力感。

业务的创意创造和发展也是一个集体的过程。村民们无法单独发现这个创意，这需要一个集体进程，而且至少要由山姆、琼和本森进行外部干预。

6.4.2 机会视角

这个案例也可以从机会视角来解释。一句古老的谚语说"需要是发明之母"。从机会视角来看这个案例，我们可以看到，正是这个村庄居民所经历的问题本身为他们提供了在这个地区和农村环境中进行商业开发的机会。大公司常常忽视农村穷人的需要。在"金字塔底部"，销售量通常较小，尽管利润率可能会略高一些，但仍可能被忽视。而来自当地的解决方案往往代表着一个重要的机会，同时，农村贫困者往往有足够的知识可以利用。在这个案例中，通过研究村民们的消费习惯，就能确定一个好的制造机会。村民们使用了当地劳动力、一些本地采购的原料、可循环利用的包装，利用了村民们在当地的专业知识和资源。与往常一样，"诀窍"是识别尚未被其他所有人发现的机会。就肥皂制造项目来说，生产这种产品所必需的大量知识，是他们之前无法获得的。此外，这个合作项目需要大量的劳动力，不仅要生产肥皂，还要获得原料，还要开发和销售产品。供应链中的每个要素都为利用和开发持续竞争优势提供了更多的机会，而持续竞争优势是任何一个持续发展中的企业最重要的组成部分。

6.5 新生创业真的如此吗

现在想想你在本章中读到和学到的东西。试着思考，为什么有些人选择创业而另一些人不选择创业？选择创业的人在尝试创业时经历了哪些活动和过程？请试着完成以下的练习。

1. 联系当地的商业机构

许多国家和地区的本土商业机构都会提供许多咨询服务，并向那些正在考虑创业的人开放，甚至可能是免费的建议或课程。请找到离你最近的商业机构，并通过互联网或直接进行联系，调查它们能向你提供什么服务。接下来，考虑你是否要参加它所提供的某项活动或利用其他机会。

2. 分析你所在的国家或周围的国家

访问全球创业研究协会网站（http://www.gemconsortium.org/data/key-indicators, last accessed 28 December 2016），尝试生成一些不同的表格和图，以了解你正在分析的国家的新生创业情况。也许你可以试着把它与其他国家进行比较。基于此，写一个小博客，把它上传到你正在使用的社交媒体上，并与下面的反馈与评论进行互动。

3. 你的生活

思考你过去和未来的生活。当然，你不知道未来会怎样，但是也许你对未来几十年内将会发生的事情抱有希望。思考一下，把它们记录在时间轴上。然后试着判断什么时候你认为自己最有可能开始创办企业。此外，不仅要考虑什么时候最有可能，还要考虑什么时候最明智。未来的生活会经历很多意想不到的曲折，所以请试着保存这份备忘录，以备多年以后查看。

参考文献

Amit, R. & Muller, E. (1995) '"Push" and "pull" entrepreneurship', *Journal of Small Business and Entrepreneurship*, 12(4), 64–80.

Bhidé, A. (2000) *The Origin and Evolution of New Businesses*, New York: Oxford University Press.

Bruton, G.D., Ahlstrom, D. & Li, H. (2010) 'Institutional theory and entrepreneurship: Where are we now and where do we need to move in the future?', *Entrepreneurship Theory & Practice*, 34(3), 421–440.

Carter, N.M., Gartner, W.B. & Reynolds, P.D. (1996) 'Exploring start-up event sequences', *Journal of Business Venturing*, 11(3), 151–166.

Carter, N.M., Gartner, W.B., Shaver, K.G. & Gatewood, E.J. (2003) 'The career reasons of nascent entrepreneurs', *Journal of Business Venturing*, 18(1), 13–39.

DiMaggio, P.J. & Powell, W.W. (1983) 'The iron cage revisited: Institutional isomorphism and collective rationality in organizational fields', *American Sociological Review*, 48(2), 147–160.

Gordon, S.R. (2012) 'Dimensions of the venture creation process: Amount, dynamics, and sequences of action in nascent entrepreneurship', PhD thesis, Queensland University of

Technology.

Greiner, L.E. (1972) 'Evolution and revolution as organizations grow', *Harvard Business Review*, 50(4), 37–46.

Holland, J.L. (1997) *Making Vocational Choices: A Theory of Vocational Personalities and Work Environments*, 3rd edn, Odessa, FL: Psychological Assessment Resources.

Katz, J. & Gartner, W.B. (1988) 'Properties of emerging organizations', *Academy of Management Review*, 13(3), 429–441.

Klyver, K., Nielsen, S. & Evald, M.R. (2013) 'Women's self-employment: An act of institutional (dis)integration? A multilevel, cross-country study', *Journal of Business Venturing*, 28(4), 474–488.

Levie, J.D. & Lichtenstein, B.B. (2010) 'A terminal assessment of stages theory: Introducing a dynamic states approach to entrepreneurship', *Entrepreneurship Theory and Practice*, 34(2), 317–350.

Ruef, M., Aldrich, H.E. & Carter, N.M. (2003) 'The structure of founding teams: Homophily, strong ties, and isolation among U.S. entrepreneurs', *American Sociological Review*, 68(2), 195–222.

Sauermann, H. (2005) 'Vocational choice: A decision-making perspective', *Journal of Vocational Behavior*, 66(2), 273–303.

Shane, S. (2003) *A General Theory of Entrepreneurship. The Individual–Opportunity Nexus*, Cheltenham, UK and Northampton, MA, USA: Edward Elgar Publishing.

第三部分

创业行动

第 7 章　资　　源

　　为了实施创业过程，创业者有必要获得各种资源（Alvarez 和 Busenitz，2001）。创业者需要资金、知识、材料、精力、热情、动力、员工、朋友和家人帮助等。实施创业过程需要的资源实际上可能是无穷尽的，但必要的资源及其整合则取决于具体情况。我们将对这些不同的资源如何分类进行详细的分析。

　　许多人认为，获取资源是区分传统管理行为与创业行为的主要因素之一。由于管理人员处于已建立的业务运作环境中，通常可以获得必要的资源，因此他们会试图优化这些资源以高效率使用。相反，创业者往往没有或者只有很少的资源，然而他们并不受制于这些资源，他们有能力利用机会而不管他们能否获得资源。正如史蒂文森和贾里洛所指出的，"创业是个体在不考虑他目前所控制资源的情况下而寻求机会的过程"（Stevenson 和 Jarillo，1990）。因此，尽管创业者现在可能缺乏必要的资源，但他们还是会采取行动。因此，当管理者利用他们所拥有的资源去行动时，创业者却不顾他们所拥有的资源去行动。在本章中，我们将向你介绍创业者对资源的识别和使用。

7.1　Logopaint 公司的创业故事

我们以创业与资源的故事开始这一章。这是关于 Logopaint 公司的故事⊖，它成立于 1997 年。该公司 2007 年的营业额接近 260 万美元。2011 年，Logopaint 大约有 25 名员工，并在全球多个地方设有销售办事处。

创业故事 //

3D 地毯的创意

Logopaint 公司的主要业务是优化体育广告和赞助。他们甚至在其网站上宣称："公司的总体目标一直是优化体育广告和赞助。"他们希望成为其细分市场中的佼佼者，并且正试图通过增加产品价值、交付、体验和专业性来实现这一目标。他们试图通过自始至终对自己的产品负责来使自己与众不同，"让客户与我们合作变得简单高效，我们对自己的产品负责，并确保交付前、交付中和交付后的产品质量，以使客户体验到我们始终如一的产品质量"。

该组织主要为体育运动提供两种不同的产品：3D 地毯和 3D 屏障板。目前，全球 50 多个国家和 500 多家足球俱乐部都使用它的产品，俱乐部包括拜仁慕尼黑、尤文图斯和巴塞罗那，企业客户包括可口可乐、丰田等。这些产品被广泛应用于不同的体育赛事，例如足球、手球、排球、赛车、篮球和冰球等。最独特的产品要数这些产品中的第一名：3D 地毯（图 7-1 给出了一个例子，它们位于足球场球门旁边，在球门线的后面展开）。通过使用专门开发的计算机软件，从摄像机的角度看，地毯上的文字似乎是站立的，然而真实情况并非如此。为配合各种体育赛事，公司给客户提供了更有效的品牌和广告服务。

　　⊖　Logopaint 公司现已更名为 AMAYSE。

图 7-1　Logopaint 公司的 3D 地毯

关于 3D 地毯的创意是如何产生的，有几个不同的故事版本，但在首次推出 3D 地毯的几年后，早已没有人知道哪个故事是真实的，它很可能是多个故事版本的组合。其中一个故事版本是这么说的：这个创意是偶然产生的，当时创业团队的一位成员站在梯子的顶端，注意到从不同的角度看地毯上的字体，特别是在高处，看起来都不一样，"这仿佛就像那些文字有时候会站起来"，这是当时的认识。

这个惊喜让研究小组从不同角度，更加系统地观察了地毯上的文字（即平行于地面的文字）。这个初创团队中有几位成员，具有从事高水平的计算机科学和数学工作的教育和经验背景，这些知识对开发至关重要。他们最终开发出一个公式，可以从不同的角度计算出不同字体的外观。他们的创意是试图将这个公式用于简化体育运动的广告、品牌和赞助。通过在体育场的不同地方铺上地毯，例如，在足球场的球门后面（见图 7-1），他们可以计算出相对于体育场中的摄像机，应该如何设计文字，以便在电视上观看时，这些文字从观众的角度看是垂直的。

就当时足球场所允许的条件而言，这个机会具有相当显著的优势。例如，为了球员的安全，会有一些规则规定标志牌、障碍板等离边线之间的距离。有了这些地毯，安全距离就不再是限制了，运动员可以跑过地毯。在大多数大型体育场馆的一排或两排隔板之外都有可能多出一排隔板。此外，也许最重要的是，新的一排隔板的位置是最好的，因为它正好位于球门线后面。他们知道这个潜力是巨大的，但是它有多大？如何确保没有其他竞争者迅速模仿他们的产品呢？这些都是团队在创业过程中乐此不疲地讨论的一些想法。

1. 申请专利：支持或反对的争论

即使是在这个创意的发展过程中，他们也意识到，避免竞争对手模仿的最安全的方法就是为这个创意申请专利。但是申请专利的成本无论在金钱上还是在时间上都是巨大的，而且当你申请专利时，你甚至不确定能否获得专利。你也不能在全球范围内只申请一项有效的专利，因为不同的国家和大洲都有自己的专利制度。因此，如果你想要一项能覆盖全球大部分地区的专利，那代价是相当昂贵的。

专利申请对于创业团队来说特别昂贵，因为他们发现有必要购买专业服务来帮助申请专利。在他们的家人或朋友圈子中，没有人有足够的知识或经验来申请专利。因此，他们联系了各种专门从事专利申请的律师、专家和专利代理人，这些费用非常昂贵。

他们在经济上面临两难的境地，一方面，他们相信这个创意专利的重要性，这有利于在世界上尽可能多的地方申请专利。另一方面，他们没有足够的资金在世界范围内甚至在几个国家中申请专利。因此，如果要进行广泛的专利申请，他们就需要筹集更多的资金。如果这一切都错了，这就构成了更大的风险。如果他们不能获得这个创意的专利，或者这个创意在市场上根本没有价值，那么所有的资金都将被浪费，创业者将遭受经济打击。与此同时，他们在申请专利时也面临着风险，因为他们要花很长时间才能准备好进入市场。在这段时间里，潜在竞争对手可能会赶上他们，或者找到其他有吸引力的技术解决方案。

2. 绝妙的折中之道

Logopaint 公司的创业团队选择了折中妥协，并在许多国家申请了专利，但也有例外，他们没有在中国、日本、葡萄牙等国家申请专利。他们选择国家的标准为：首先，这个国家要有一个著名的足球联盟；其次，这个国家有一套完整的专利制度体系。在这个过程中，他们遇到了许多不同的问题，尤其是在与一家拥有类似但不完全相同专利的南非公司的法律诉讼过程中，许多法律问题都通过许可协议得到了解决。2008 年，Logopaint 公司收购了这家南非公司，包括他们的专利权。

尽管 Logopaint 公司并非在所有国家都取得了专利，但它们在其经营的所有市场上都是市场领导者。在拥有专利的国家，它们拥有 100% 的市场份额，而在没有专利的市场中，它们拥有大约 80% 的市场份额。在 Logopaint 公司中，他们经常讨论这些专利的重要性。在这个问题上，Logopaints 公司商业发展总监认为："如果我们没有专利，我们就不会有今天的地位。专利让我们进入了市场。"

7.2 Logopaint 公司的创业故事引发的思考

关于资源，这个故事告诉了你什么？你如何理解？下面的练习可以帮助你理解这个故事：

- 假设你是会议的主题发言人。会议的主题是创业与资源。请从 Logopaint 公司的故事开始，向观众解释，哪些资源在这个故事里是重要的，资源在创业过程中发挥作用的方式是怎样的。
- 你的演讲引发了对故事中所涉及的如何对不同资源进行分类的有关讨论。你认为哪些分类是合理的？
- 当会议结束，你回到家中，仍忍不住继续思考会议上的讨论。你认为哪些资源对创业是至关重要的，列出这些资源的清单。
- 你遇到了一位已经独立创建组织的朋友。在讨论资源对创业者的重要性时，他声称对创业者成功至关重要的始终是创意。如果这个创意是好的，就很容易吸引到必要的资源。你对这个观点怎么看？

7.3 创业是资源利用还是资源探索

Logopaint 公司的故事很好地说明了创业者是如何不断地面临资源问题的，他们经常发现自己处于一种必须进行权衡的境地：是继续利用他们随时可用的资源更好，还是把他们的时间和有限的资源用于获取或开发新的、更多的资源以追求其潜力更好。换句话说，在创业过程中，创业者应该专注于利用现有的资源，还是探索新的资源？

平衡是在不确定的环境中进行的，即在通过探索新资源或利用现有资源可能获得的利润有所了解之前，必须先做出有关资源的决定（Shane，2003）。创业资源如何决策往往基于创业者对未来的预期。

通过利用现有资源，创业者专注于有效地执行他的现有资源，以评估和组织机会，其优势在于创业者可以控制他的资源，因此与资源利用相关的风险相对较低。然而，对现有资源的关注限制了发展潜力，因为现有资源对确定什么是可利用的资源设置了一个潜在的框架。反之，创业者也可以选择探索新的资源，其好处是新的资源和资源组合可以成为创造性发展机会的催化剂。本章讨论的是在利用现有资源与探索新资源之间的选择，从而得出悖论：

> 创业是资源利用还是资源探索？

7.3.1　从市场到资源

在详细阐述这个悖论之前，我们需要先定义一下所说的资源是什么，但首先要了解一点历史。关于资源及其重要性的理论，起源于 20 世纪 80 年代中期及 90 年代初取得突破的战略文献，尽管彭罗斯（1959）开创性著作《企业成长理论》在更早的时候就引入了这一讨论。战略研究文献的讨论集中在组织如何创造长期竞争优势。尽管争论有许多不同的论调，但它可被分为两种类型："由内而外论点"和"由外而内论点"。后一种论点认为，持续竞争优势的创造来自更好的市场定位、与竞争对手的差异化。前一种论点认为，持续的竞争优势是通过组织内部的独特资源组合而建立起来的。由外而内论点以市场为出发点，然后考察组织，而由内而外论点首先关注组织的内部资源，然后考察市场。因此，讨论的重点是持续竞争优势是通过组织外部的市场创造的，还是通过组织内部的资源和能力创造的。

然而，重要的是要记住，每个人都同意由外而内的定位和拥有独特的资源组合对于获得竞争优势是至关重要的。分歧在于，人们是应该选择长期专注于独特的资源组合，并通过市场定位在短期内进行调整，还是保证市场在长期内的决定性地位，以期在短期内必须获得必要的资源和能力。

在创业研究文献中讨论资源时，由内而外论点尤其令人振奋。我们接下来将这个论点与资源理论进行比较。

根据资源理论，创业者和现有组织获得持续竞争优势的最佳途径是控制有价值的资源。尽管资源理论最初是在考虑更大的现有组织情况下发展起来的（Wernerfelt，1984），但它对创业理论也产生了重大影响。与独立创业者相比，规模较大的成熟企业可能拥有更多的资源，但创业者直接拥有的资源可能不如他控制的（或有机会获得控制的）资源重要（Stevenson 和 Jarillo，1990）。因此，其他人是否拥有创业者所需的特定资源并不重要，只要创业者能够控制这些资源，并知道如何利用这些资源来寻求机会就足够了。尽管资源理论的参考对象常常是现有组织，但在接下来的讨论中我们将只关注创业者。

资源理论建立在两个基本假设的基础上。首先，假设一个行业中的各个参与者是异质的，因此，人们对战略资源的控制是不平等的（Barney，1991），他们无法获取和控制相同的资源。其次，假设资源不能在参与者之间进行完全地转移（Barney，1991）。这意味着资源不会轻易地从一位创业者转移到另一位创业者，因为资源的价值取决于其所有者以及所有者的利用能力。

基于这些假设，巴尼（1991）认为，创业者是通过获取、控制异质和不可转移的资源来获得持续的竞争优势。这一点将会在后面进行详细讨论。

1. 资源概念

在开始讨论与创造竞争优势相关的有价值资源特征之前，我们应该先讨论一下资源的真正含义。关于什么是资源有很多不同的定义，但在资源理论中，资源有一个宽泛的定义——沃纳菲尔特将资源定义为，"资源是指可以被视为某一特定公司的优势或劣势的任何东西。更正式地说，一家公司在特定时间的资源可以定义为与该公司半永久捆绑在一起的那些有形和无形的资产"（Wernerfelt，1984）。

类似地，资源可以被定义为任何有助于创业者实现目标的东西，在巴尼的定义中也有相似的观点："企业资源包括由企业控制的所有资产、能力、组织流程、企业属性、信息、知识等，帮助企业构想并实施能提高其效率和有效性的战略"（Barney，1991）。因此，资源概念涵盖了无限数量的资源，这些资源都隐含着一个事实，即可以帮助创业者通过组织过程来追求机会。

2. 有价值的资源

接下来的问题是：是什么使资源有价值。巴尼（1991）提出，为了创造可持续的企业竞争优势，资源应该是异质的、不可移动的。沃纳菲尔特认为有价值的资源将使竞争对手处于劣势，"一家公司想要的是创造这种局面，即让自己的资源地位直接或间接地使其他公司难以赶上"（Wernerfelt，1984），他在这里提出了至关重要的 "资源地位"（resource position）的概念。创业者的资源地位是由他们所控制的资源组合而形成的，对新资源的获得和控制自然会改变资源地位。然而，获得和控制似乎仅能巩固资源地位，并不足以确保某一种资源是具有吸引力的。有吸引力的资源能够帮助建立相对于竞争对手的资源地位的障碍，换句话说，就是将当前和未来的竞争对手拒之门外的障碍。关于这个问题，沃纳菲尔特提出：

> 资源的总体吸引力可以被理解为它支持资源地位障碍的能力，这是令企业对它感兴趣的必要条件，而不是充分的条件。如果每个企业都去寻找潜在的有吸引力的资源，而只有少数企业能在每一个资源中 "获胜"，那么除非它们选择好自己的竞争对手，否则它们一定会失败。因此，企业需要找到那些能够维持资源地位障碍的资源，但目前还没有企业拥有这种障碍，而且它们很有可能成为成功建立这种壁垒的少数企业之一。（Wernerfelt，1984）

巴尼（1991）提出了一些标准，可用来评估一种资源是否能造成这种障碍。他认为企业资源必须具有四个属性：它必须是有价值的，在某种意义上它利用了企业环境中的机会或消除了威胁；在企业当前和潜在的竞争中，它必须是稀缺的；它必须是不可模仿的；这种资源在战略上不能有等效的替代品，且这些替代品是有价值的，既不是稀缺的，也不是完全不可模仿的（Barney，1991）。

应用这些标准，我们可以建立表 7-1 中所示的资源评价模型，该表可用于比较一位创业者的资源地位及其竞争影响，虽然其主要功能是评估创业者的资源组合，但也可以用来评估单一资源的价值。

表 7-1　资源评价

资源地位的特征				竞争结果	
有价值	稀缺	不可模仿	不可替代	竞争	经济绩效
否	–	–	–	劣势	低于平均
是	否	–	–	竞争平等	正常
是	是	否	–	暂时优势	高于平均
是	是	是	否	暂时优势	高于平均
是	是	是	是	持续优势	最高

资料来源：Barney（1991）。

当创业者的资源地位没有价值时，该资源评价模型预测创业者将处于竞争劣势，由于业绩低于平均水平，最终将被迫关闭。当创业者的资源地位有价值但并不稀缺时，其能够实现平等竞争和正常的业绩。创业者也可以利用暂时竞争优势，在两种不同的方式下取得平均水平以上的业绩。一是当创业者的资源地位有价值和稀缺，但可以被模仿时；二是当创业者的资源地位有价值、稀缺、不可模仿，但可被替代时。而当创业者的资源地位是有价值、稀缺、不可模仿、不可替代时，会取得持续竞争优势和实现最高经济绩效的潜力。

7.3.2　资源的三种类型

我们已经讨论了资源理论、资源价值，以及通过资源地位创造障碍为创业者提供持续竞争优势。我们还定义了资源是什么。但到目前为止，我们一直在一个宽泛意义上讨论资源。现在我们将尝试对此进行补救，不再限制资源定义。我们将资源分为若干不同的类别。

我们可以用多种方法对资源进行分类。一种方法是将资源分为硬件和软件。硬件，如启动资金、机器、建筑物等；软件，如知识、社会关系、谣言、声誉等。资源有时还可以分为自然资源和无形资源。历史上的经济理论一直强调物质资本和劳动力，但近来，社会学家也指出了其他资源的重要性。受科尔曼（Coleman，1988）的启发，在这里，我们将资源分为三类：金融资源、人力资源和社会资源。

简单来说，金融资源是指创业者口袋里的钱，无论是借来的还是他们自己的。人力资源是指创业者或创业者团队所拥有的知识和技能。社会资源是创业者通过私人关系和熟人所享有的利益。

在讨论这三个分类时，应该提到的是，在各种文献中，资本经常作为资源的同义词出现和使用。因此，有人也称其为金融资本（金融资源）、人力资本（人力资源）和社会资本（社会资源）。这个术语遵循供给逻辑，即供给被理解为个人拥有或暂时控制的资源（Stevenson 和 Jarillo，1990）。金融资本是指由创业者支配的金融资源的供给，人力资本是指创业者所拥有的人力资源的供给，社会资本是指创业者可以通过其联系人获得的资源供给。在这本书中，我们使用的是资源概念，而不是资本概念。表 7-2 提供了关于金融资源、人力资源和社会资源的一些具体例子。

1. 金融资源

尽管有许多不同类型的金融资源，但就这本书的目标而言，我们主要讨论两种类型：股权和债务。股权是组织的所有者提供的金融资源，他们期望在决策和未来回报方面拥有发言权。股权可以来自所有者的现金或其他资产，也可以来自该组织的一部分利润。债务资本不是由组织所有者提供的资本，应是抵押贷款、银行贷款、供应商信贷等，债务资本通常分为短期债务和长期债务。

表 7-2 三类资源

	金融资源	人力资源	社会资源
解释	由所有者或外部参与者提供的资本	知识和经验等无形资源	创业者个人关系提供的资源
例子	股权资本（自有资金）	教育和培训 经验（商业、新创企业、管理经验……）	创业者榜样
	债务资本（借来的钱）	参与、动机和事业	大型网络 多样化网络 朋友支持圈

2. 人力资源

由于人力资源的例子不胜枚举（Becker，1993），因此我们只关心少数人。人力资源是个人内在所固有的。正规教育可以使个人更有能力识别机会并实施创业过程，而更集中的培训，例如，创业培训，则有望对创业过程做出积极贡献。经验似乎也起着重要的作用，尽管人们可以有多种类型的经验。当然，必要的经验取决于创业者必须面对的创业过程类型。通常，相关的工作经验、先前的创业和管理经验是成功实施创业过程所必不可少的经验类型。认知心理学家还发现一系列认知能力，这些能力似乎对创业过程产生积极影响，并且可以被视为人力资源，我们已经在第 2 章中指出了其中的几个能力。

3. 社会资源

社会资源与其他两类资源有所不同，它不是个人可以拥有的资源，不能像拥有金融和人力资源的那种方式拥有。社会资源是在人与人之间的互动中创造出来的（Coleman，1988）。它属于这些人之间的关系，而不属于个人。通过这种方式，社会资源可被视为是由创业者和内部创业者通过他们的个人关系获得的。第 8 章将阐述社会资源的例子以及如何提供这些资源。

4. 资源类别之间的差异和联系

划分以上三类资源的有趣之处不在于其本身的划分过程，而在于这三类资源之间的基本差异。有些资源在使用时会不断减少，而另一些资源则会随着使用的增加而增加。例如，金融资源在使用时会减少，因为钱只能用一次。然而，对于人力资源和社会资源来说，情况则略有不同。当创业者使用从教育中获得的知识时，也会产生新的知识，因为知识可以被再生产并得到加强。人们普遍认为，新知识是现有知识在新环境中发挥作用时产生的。例如，教育知识有助于创造新知识，通过使用教育资源，也会增加人力资源。社会资源也是如此，当个人与环境及其个人关系进行互动，以努力提供有价值的资源来实施创业过程时，就会产生新知识。从逻辑上讲，与经常和周围环境互动的个人相比，从不与任何人交谈、不认识任何人的个人很难获得其周围环境中的资源。因此，人们可以再次得出结论，增加对社会资源的使用可能有助于进一步发展这种资源。

最后，我们需要讨论这三类资源之间的关系。有趣的是，这三类资源都可以从一种类型转换为另一种类型（Bourdieu，1986）。社会资源通常可以激活其他两种资源（Burt，1992）。例如，可以利用个人网络（社会资本）招聘新的合格员工（人力资源）或获得金融资源。实际上，有几项研究表明，个人关系中的朋友和家人是创业者创业启动过程中的主要投资者。当然，这三种类型资源还可以通过其他许多方式进行交互，你可以通过使用金融资源来购买关于市场营销的咨询服务（人力资源），或者利用商业计划书（人力资源）来说服银行家提供更多的贷款（金融资源）。

5. 国际差异

不难想象，在全球范围内，个人可获得的平均资源供应量之间存在着巨大的差异。表 7-3 深入地分析了这些差异。以人均 GDP 作为衡量财富水平的指标，表 7-3 显示了 2010 年人均 GDP 从印度的 3 354 美元到美国的 46 653 美元的变化情况，因此，平均财富存在着显著的差异。衡量人力资本的方法是衡量一个国家的人口平均受教育程度，在此，该表再次显示了巨大的人力资本差异：美国的人口平均受教育年限是 12.4 年，而印度的只有 4.4 年。最后，我们可以用一个国家中被信任的人口比例来衡量社会资本。在这方面，瑞典排名最高，68% 的人认为可以信任大多数人，而巴西和加纳排名垫底，只有约 9% 的人认为可以信任大多数人。这些指标清楚地表明，金融、人力和社会资本在国际上存在巨大差异。此外，应注意的是，不同国家的这几项资本情况可能因政治、社会和历史结构而有所不同。

表 7-3　金融资本、人力资本和社会资本的国际差异

	美国	巴西	瑞典	中国	加纳	印度
2010人均GDP（美元，以 2008 年数据计算）	46 653	10 847	36 139	7 206	1 533	3 354
成年人平均受教育年限	12.4	7.2	11.6	7.5	7.1	4.4
认为可以信任大多数人的人所占比例	39.3%	9.4%	68.0%	52.3%	8.5%	23.3%

7.3.3　资源利用

现在回到资源利用与探索的悖论。如前所述，创业者在识别和利用资源方面面临着两难境地。创业者应评估他是否必须继续利用现有资源，还是必须利用其有限的资源来探索新资源。我们在这里讨论的悖论是：资源利用与资源探索。

马奇的研究认为，利用活动包括"效率、选择、实现、执行"（March，1991）。这意味着创业者通过理性、系统地考虑如何最有效地选择和部署这些资源，从而利用现有的资源地位，使它们最好地支持机会。

因此，识别和利用资源是为了加强已经确定的方向（Van de Ven，1999）。这突出了这样一个假设，即创业者事先对自己未来的发展方向有一个蓝图。换句话说，创业者对于资源的使用有明确的目标，其挑战在于如何最大限度、有效地利用现有资源以实现这一目标。此外，该视角假设创业者事先知道资源在创业过程中的价值。从一开始，创业者就可以指出他必须识别和使用哪些资源才能实现这个目标。

考虑到起点是对现有资源的优化，假设在创业过程中创业者对这些资源有使用、管理和控制权，那么其可以降低与该过程相关的复杂性和风险。另外，正如前面所提到的，不能期望创业者将机会转向全新的、

意想不到的方向，因为利用现有资源限制了这种机会及其实现。因此，从资源利用视角来看，创业过程是相对稳定和线性的。

由于利用视角在许多方面都排除了对全新的资源及资源组合的识别和应用，从而排除了利用机会的新途径，它属于一种短期做法。创业者关注的是如何根据当前的资源地位进行改进，不考虑如何才能跟上未来市场不断变化的进程。在未来市场中，产品、服务和过程会不断变得过时并被淘汰，因此，必须为探索新的事物腾出空间。

7.3.4　资源探索

通常情况下，创业者从创业过程一开始就无法控制实现机会所需的所有资源。"对大多数新企业来说，最优的组织资源不是被立即开发出来的，而是在数周、数月，甚至数年的时间里演变而来的"（Lichtenstein和 Brush，2001）。创业者会经历资源约束，而创业过程往往是动态的，其具有风险和复杂性，因此，创业者不能轻易地假定现有资源是充足的，他可以根据创业过程提前预测资源的价值。换句话说，资源不能被视为想当然存在的。出于这些原因，创业者必须从资源有限的前提出发，探索甚至创造新的资源。

马奇的研究认为，探索活动包括"搜寻、变异、冒险、实验、游戏、灵活性、发现、创新"（March，1991）。与利用视角不同，他认为探索活动关于扩展性、灵活性、实验性和表达性，其可能导致发现或创造新的机会，以及无数新的评估方法和组织方法。在这里，创业者不受限制，不专注于现有的资源地位及其优化。相反，通过与环境积极、主动和开放的互动，创业者试图创造资源，这可以引导他在创业过程中朝着令人兴奋的新方向前进。这是一种不断测试新边界的行为。

新的边界不断受到测试，自然也意味着创业过程风险更大、更不可预测。创业者根本无法预测他将如何结束。如前所述，不可预测的资源识别和利用使创业者难以控制创业过程，因为创业者必须在知道机会的实际价值之前获得资源，而资源的价值是在与环境的互动中创造出来的。这意味着价值实际上是创业者在创业过程中如何利用资源的结果。

探索视角揭示了资源识别和利用的动态途径以及前瞻性和长期性的观点。创业者总是不断地对意外资源持开放的态度，而这些资源可能会带来全新的机会或利用它们的方式。这样，创业者就能更好地适应不断变化的未来市场需求，也能在更长期的未来生存下来。

在第 5 章中，萨阿斯瓦斯（2008）提出的模型给出了如何将使用有限资源视为创业过程的起点，即"我是谁""我知道什么"和"我认识谁"。然而，在创业过程中，创业者正是通过与环境互动并进行探索，才获得了对资源的控制权，而这种控制是无法立即得到验证的。探索活动可以不断增加新的资源，并转化为机会和组织来支持创业过程。因此，萨阿斯瓦斯（2008）的理论主要可以被视为一个从探索视角对资源问题进行表述的例子，尽管该理论也有资源利用的要素。

贝克和尼尔森（2005）的资源拼凑（bricolage）方法中也有类似的逻辑。总的来说，拼凑概念指的是资源利用逻辑，因为从根本上讲它是关于"随机应变"。然而，拼凑概念也包含了资源探索的要素，因为创业者通过"将手头资源的组合应用于新的问题和机会"来探索和创造新的资源（Baker 和 Nelson，2005）。在这里，创业者无视环境和他自己的资源限制，有时会让已成功的组织实现进一步成长。

7.3.5　资源利用或探索

在上面，我们讨论了关于创业者与资源如何识别及利用相关的两种不同视角。讨论总结如表 7-4 所示。

利用视角认为，创业者应该有效利用现有的资源，而探索视角认为，创业者应根据他控制的有限资源来寻找新的资源。利用视角的重点是"提高当前状况的有效性"，这种视角注重稳定性和短期性。探索视角更多的是通过创业者与环境的互动，创造新的资源和资源组合，不断"前进"。因此，它着眼于更长期的目标，并代表了创业中更具活力的一种资源方法。

然而必须强调的是，在实践中，创业者可以同时从这两种视角中获益。正如马奇（1991）所指出的，关于利用和探索的讨论并不是"非此

即彼"的问题,而是平衡的问题。马奇认为"在探索与利用之间保持适
当的平衡是系统生存和繁荣的主要因素"(March,1991)。

表 7-4　悖论:利用还是探索

	利　用	探　索
资源	已有资源	新资源
创业者角色	有效使用现有的资源	找到并获得对新资源的控制
重点	提升效率	前进
可变性	稳定性	动态性
视角	短期	长期

7.4　理论视角下的创业资源

下面是从两种视角对本章开头 Logopaint 公司的故事所做的解释。
故事的解释与上述理论有关,并从每一种悖论视角进行解释。

7.4.1　利用视角

如果从利用视角看 Logopaint 公司的故事,那么重点将主要集中
在 Logopaint 公司如何试图优化使用其现有的资源。这个故事是关于金
融资源与专利申请之间的分歧,出现的第一个问题是专利代表的资源类
型。这是垄断的人力资源,还是"捆绑"金融资源的例子?我们的直观
印象会认为专利最接近我们所说的人力资源。专利始于知识,其形式为
正在开发的算法。尽管它后来才成为一项专利,但在一开始,这项专利
实际上只是暂时垄断 Logopaint 公司的创业者所固有的知识。从利用视
角来看,该专利代表了现有资源的结晶,这些资源从创业过程开始就归
Logopaint 公司创业者所有。

从利用视角看,借贷资本的目的似乎是通过申请专利来优化现有资
源,而不是开发新资源。申请专利的行为本身就是想优化已经拥有和擅
长的东西。Logopaint 公司关注改善现有的情况,没有任何迹象表明该公
司试图同时通过创造资源来创造新的机会,以便在未来市场上创造长期
的竞争优势,从而"继续前进"。

当从利用视角解读这个故事时，我们也可以说，尽管 Logopaint 公司获得了新的资本来帮助申请专利，但创业者仍然觉得自己只是在利用那些已拥有相当大控制权的资源。首先，只有当他们相信成功的可能性最大时，才会申请专利，他们并没有在其认为专利申请失败风险很大的市场上申请专利。因此，其所使用的金融资源受到了合理的控制。其次，他们谨慎地使用贷款，没有冒太大的风险，因为这些资本会通过各种贷款条件限制他们。因此，Logopaint 公司主要的行为是在优化他们控制的资源。他们只用他们能控制的资金申请专利，尽管其中有些钱是借来的。

7.4.2 探索视角

我们也可从探索视角对 Logopaint 公司的故事进行完全不同的解释。正如创业中经常出现的情况一样，Logopaint 公司在一开始无法控制实现其潜力所需的所有资源。换句话说，他们需要探索环境，以便获得更多的金融资源。在探索方面，该公司致力于提升对尽可能多的新资源的控制。不难想象，在某种程度上，当时的风险状况阻止了 Logopaint 公司借入某些类型的资本。尽管如此，这个故事仍然可以被解释为他们希望在尽可能多的市场中获得专利保护。

Logopaint 公司的局限性主要取决于他们获得设计和处理专利申请所需资金的能力。因此，当他们选择不在中国市场申请专利时，很大程度上是因为他们根本无法为申请提供资金。这并不是因为他们选择了限制自己，坚持他们已经控制的资源。因此，正是不同的市场、风险状况以及相关的潜在资本，限制了他们专利申请的数量。换句话说，Logopaint 公司的战略是获得尽可能多的专利，以借钱资助专利申请。通过获得专利，他们可以在更大的地理区域探索机会，从而打开更多新机会的大门。这使得他们能够在长期内发展并创造竞争优势。

正如探索视角所提到的那样，资源价值并不能总是预先预测的。无论如何，对于 Logopaint 公司所获得的专利是否创造了预期的价值这一问题，我们一直是有疑问的，因为该公司在那些没有获得产品专利的市场上也占有很大的市场份额。

7.5　创业资源真的如此吗

基于上述的思想和讨论，你已经准备好开始进行自己的测试，以了解资源及它们是如何成为创业过程的一部分的。下面给出了测试的建议。

1. 采访一位创业者

列出访谈问题清单，目的是抓住关于资源在创业中所起作用的一些核心辩论。联系一位创业者，并采访他，以测试本章提出的理论。

2. 资源利用

你能想出哪些创新的点子来利用你现有的资源？列出你现有资源的清单，将其形成一份关于金融、人力和社会三类资源的概览。现在，试着将这些资源组合起来并提出创新的商业创意，以促进创业过程。

3. 给朋友建议

你的一位朋友是训练有素的电工，一直对设计充满激情，他告诉你他正在寻找机会，打算设计一款高档昂贵的照明设备。你认为他有能力将电子、灯光和设计组合起来，并使之与众不同。他向你征求金融建议：他已经存了 5 万美元，并还愿意为此付出更多些，但是单靠 5 万美元是不够的。他该怎么办？他有什么选择？什么是需要重点考虑的？

参考文献

Alvarez, S.A. & Busenitz, L.W. (2001) 'The entrepreneurship of resource-based theory', *Journal of Management*, 27, 755–775.

Baker, T. & Nelson, R.E. (2005) 'Creating something from nothing: Resource construction through entrepreneurial bricolage', *Administrative Science Quarterly*, 50, 329–366.

Barney, J.B. (1991) 'Firm resources and sustained competitive advantage', *Journal of Management*, 17(1), 99–120.

Becker, G.S. (1993) *Human Capital: A Theoretical and Empirical Analysis, with Special Reference to Education*, Chicago, IL: University of Chicago Press.

Bourdieu, P. (1986) 'The forms of capital', in Richardson, J.G. (ed.), *Handbook of Theory and Research for the Sociology of Education*, New York: Greenwood, 241–258.

Burt, R.S. (1992) *Structural Holes – The Social Structure of Competition*, London: Harvard University Press.

Coleman, J.S. (1988) 'Social capital in the creation of human capital', *American Journal of Sociology*, 94, 95–120.

Lichtenstein, B.M.B. & Brush, C.G. (2001) 'How do "resource bundles" develop and change in new ventures? A dynamic model and longitudinal exploration', *Entrepreneurship Theory and Practice*, 25(3), 37–59.

March, J.G. (1991) 'Exploration and exploitation in organisational learning', *Organization Science*, 2, 71–87.

Penrose, E.T. (1959) *The Theory of the Growth of the Firm*, New York: John Wiley.

Priem, R.L. & Butler, J.E. (2001) 'Is the resource-based "view" a useful perspective for strategic management research?', *Academy of Management Review*, 26(1), 22–40.

Sarasvathy, S.D. (2008) *Effectuation: Elements of Entrepreneurial Expertise*, Cheltenham, UK and Northampton, MA, USA: Edward Elgar Publishing.

Shane, S. (2003) *A General Theory of Entrepreneurship: The Individual–Opportunity Nexus*, Cheltenham, UK and Northampton, MA, USA: Edward Elgar Publishing.

Stevenson, H.H. & Jarillo, J.C. (1990) 'A paradigm of entrepreneurship: Entrepreneurial management', *Strategic Management Journal*, 11, 17–27.

Van de Ven, A.H., Polley, D., Garud, R. & Venkataraman, S. (1999) *The Innovation Journey*, Oxford: Oxford University Press.

Wernerfelt, B. (1984) 'A resource-based view of the firm', *Strategic Management Journal*, 5, 171–180.

第8章 网　　络

　　没有网络的创业者就像没有钓鱼竿的垂钓者。为了获得成功，创业过程需要的不仅仅是创业者的参与，还涉及许多不同的人，他们可能是与企业密切相关的人，包括客户、供应商、投资者和审计员等，也可能包括在创业成功中看似没起多大作用，但同样重要的一些人。我们应当考虑从有经验的朋友和家庭成员那里获得免费帮助和建议的重要性，以及情感支持和拥有合适的"家庭支持"的重要性。

　　因此，创业者所处的社会环境，包括其拥有的网络，都影响着他们本身。创业决策不是在真空中做出的，而是在社会环境中做出的。奥德里奇和齐默在一篇开创性文章中指出，"相比之下，我们采取的方法侧重于将创业嵌入社会环境之中，通过人们在社交网络中的地位来引导和促进创业，或约束和抑制创业"（Aldrich 和 Zimmer，1986）。

8.1　迈克和卡戈舞蹈团

　　音乐产业里充满了创业、网络和职业改变。我们现在给大家介绍一位创业者的故事，他出于对嘻哈音乐的热爱，与他人合作进行了一系列的创业活动。

创业故事 //

一位嘻哈创业者

故事的主人翁是一位创业者兼音乐家迈克·西蒙森。在丹麦音乐市场上经过多年奋斗，他从一名地下嘻哈歌手成长为一位成功的舞蹈音乐家。他和受人尊敬的著名 DJ（唱片节目主持人）、制片人罗尼和科恩，一起创办了卡戈舞蹈团。在这里要再强调一遍，接下来故事的主角是迈克，而不是卡戈舞蹈团。

迈克，一个普通男孩，来自丹麦的一座小镇。他十几岁的时候就对嘻哈音乐及与之相关的地下文化很感兴趣。当时，嘻哈音乐是欧洲的一种地下文化，绝大多数欧洲青少年都尚未接触。经过相当长的一段时间，也就是到了 20 世纪 80 年代末，像野兽男孩和 Run-DMC 这样的嘻哈乐队才开始在欧洲音乐排行榜上占有一席之地。嘻哈音乐在整个欧洲的浪潮是由《街头舞士》和《霹雳舞》两部电影引发的。

在嘻哈音乐取得商业突破之前，有一小群年轻的欧洲人深受美国嘻哈文化影响，他们在当地制作嘻哈音乐、打碟，并在夜间涂鸦。他们中的很多人都为此痴迷，生活中也少不了嘻哈元素的存在。在很大程度上，我们谈论的这种地下文化，参与其中的人很少，但那些参与的人彼此之间都相互认识。许多早期的嘻哈歌手后来成为欧洲各地迪斯科舞厅和夜总会的DJ。随着时间的推移，更准确地说，伴随野兽男孩和 Run-DMC 等商业成功的脚步，嘻哈文化发展得越来越壮大。

1. 走上正轨

随着年龄的增长，迈克清晰地意识到自己想要在"音乐界"有所建树。他在年轻时尝试过许多不同的事情，但一切都可以追溯到自己对嘻哈文化的激情和奉献。在 22 岁那年，他和一位好朋友兼嘻哈 DJ 同事共同创办了他们自己的工作室。一直以来，迈克都想拥有属于自己的工作室，这个梦想终于实现了，同时他们也梦想着出一张嘻哈音乐专辑。理想很丰满，现实却很骨感，那几年是十分艰难的。他们通过各种临时工作，如制作广播广告、各种 DJ 工作等，来为工作室的正常运转筹集资金。

在某个时候，他们意识到自己为梦想所做的努力都打了水漂，事业发展进入了瓶颈期，也没有上升的势头，所以他们决定关闭工作室，各奔东西。他们想要新的冒险和探索其他突破的机会，正是在这个时期，迈克改变了自己当初的梦想。从他早期对一名嘻哈歌手的自我认知来看，他给自己确定了更全面的目标：成为一名艺术家和说唱歌手。这也就意味着他对其他音乐风格和音乐产业的商业化内容将更加包容。而迈克的梦想，就是将过去经历和嘻哈文化融入所创作的音乐，成为一名成功的音乐家。

2. 创造机会

就在迈克和搭档关闭工作室的几个月前，他联系了之前玩嘻哈音乐时认识的两位熟人，罗尼和科恩。罗尼和科恩是当时非常受人尊敬的 DJ，也是在丹麦音乐市场上取得了巨大商业成功的制作人。尽管迈克和他们很多年没有相互联系了，但是他们早期嘻哈时代的辉煌仍在迈克脑海中挥之不去，他们也都记得迈克。

当时迈克和其搭档创作了一首歌，歌名叫《天堂里发生了什么》。迈克希望罗尼和科恩能为这首歌录制一段混音，这也算是一个不小的突破了。如果能请到这些名人为这首歌曲录制混音，他们想要有所突破就会变得更加容易，但最终这个想法没能实现，所以他们决定关闭工作室，并放弃了这首歌。

相反，罗尼和科恩让迈克为他们即将录制的歌曲表演说唱。天才们的偶然相遇往往会碰撞出创造性的火花：他们创作出一首名叫《号角》的歌曲，它与 20 世纪 90 年代的舞曲风格一致。之后，他们决定给卡戈舞蹈团打电话。因为罗尼和科恩在丹麦很有名望，所以获得斯堪的纳维亚唱片公司的出版资格相对容易。尽管如此，唱片公司规定，如果他们想继续发行卡戈舞蹈团的唱片，他们的下一首单曲，即《满载力量》必须得大卖，进入"舞曲排行榜"的前五名。

3. 新策略

面对唱片公司提出的要求，迈克和其团队成员改变了策略。毕竟他们都是 DJ，拥有相对庞大的同行网络。他们也深知很多唱片公司做决定时都会把舞曲榜单作为一个风向标。舞曲榜单每周都会列出全国各地 DJ 认为的最成功的热门舞曲，所以是 DJ 们决定了舞曲榜单中的内容，包括他们所有的半秘密和非商业版本。因此，不同于其他类型的榜单，舞曲榜单反映的是商业销量最高的单曲。当然，这些销量可能是舞曲榜单每周列表的结果。不同 DJ 的投票是根据每首歌曲播放时舞池里的人数多少来加权的。这意味着在主要场馆演出的 DJ 们有着巨大的权力来决定哪些歌曲会被投票。

卡戈舞蹈团的三名音乐人刻录了大约 20 张新曲《满载力量》的光盘，并把光盘送给了最有影响力的 DJ 同行，鼓励他们为歌曲投票以进入舞曲榜单。接下来的一周，他们的单曲进入到前十名，第二周进入了前两名。这首单曲后来获得了格莱美奖提名。

随着单曲《满载力量》进入了舞曲榜单，卡戈舞蹈团获得了整张专辑的唱片合约，这张名为《电影》的专辑卖出了 2 500 张。

4. 蕴藏新机会

然而，迈克和卡戈并没有对此感到满足，他们认为自己还没有充分利用音乐素材。与其他新兴团体相比，最让他们恼火的是，唱片公司在预算上没有优先考虑他们。尽管在专辑发布之后，团队又在一些俱乐部进行了巡演，但是商业上的成功并不令人满意。

当时，正赶上唱片公司的董事被替换。新董事有一次偶然听到小女儿哼唱一首歌时，这是专辑《电影》里最出名的一首歌。于是这位新董事就问他的女儿这是谁唱的歌，女儿告诉他这是卡戈舞蹈团的歌。据迈克说，就是这首歌让新董事决定调整唱片公司策略，把很多机会预先留给了卡戈舞蹈团。除此之外，唱片公司给卡戈舞蹈团提供了更多的预算。与此同时，唱片公司重新发行了第一张专辑，并换了新的封面，封面上是一名女性。除了将新专辑的名字更改为《电影狂欢》之外，其他一切都和以前一样。此外，更大的广告预算意味着新专辑将选择国家最大的电视台进行宣传推广。

这张新专辑首次发布时在丹麦最畅销唱片排行榜上排名第 13 位，第二周上升到第 6 位，第三周排在第 7 位。总而言之，这张专辑在最畅销专辑的前 20 名中占据了 6 周的时间，并在一个月内就成为白金唱片（售出 25 000 张唱片）。

卡戈舞蹈团

5. 新篇章

几年后，卡戈舞蹈团解散了。后来的迈克曾做过不同的工作，包括当平面设计师的学徒、经营自己的小广告公司等，并只在周末期间享受 DJ 工作。有时他也做专职 DJ，没有其他收入。在做 DJ 工作时，一个很偶然的机会，他认识了阿巴，这个年轻人对舞蹈音乐感兴趣，并具有音乐才能。他们组建了一个叫阿巴西蒙森的乐队，在丹麦的混音歌曲市场上取得了巨大成功。过了几年，他们在国内取得了巨大成功后，又解散了乐队，各自单飞。而阿巴仍然活跃在舞蹈和家庭音乐领域，迈克偶尔通过做做 DJ 工作与这个行业保持联系。阿巴似乎是音乐界冉冉升起的一颗新星，作为一名制作人，他已经获得过三次"最佳混音"提名，并因参与热门影片《查克·诺里斯》的制作而获得金唱片奖和白金唱片奖，后生可畏，令人期待。

8.2　迈克和卡戈舞蹈团引发的思考

根据对迈克和卡戈舞蹈团故事的初步了解，你认为网络的重要性体现在哪里？你对这个故事的解释是什么？下面的练习有助于你找到答案。

- 网络在故事中发挥作用了吗？列出故事中所表达的网络和网络构建的含义，并讨论这些含义。
- 迈克是如何创建自己网络的？他是如何利用他的网络的？他使用网络有没有一定的模式？
- 迈克的网络是什么样子的？他的网络包括很多人还是只有几个人？他的网络中的人是相似的还是不同的？还有哪些其他要素可以有效描述迈克的网络？
- 假设你已决定自行创业，并希望从你的网络中获得最大收益。在尝试构建网络和创建完美的关系网时，你会考虑什么？你的网络中应该包含谁？你将如何与他们取得联系呢？
- 若你遇见了一位成功创业的好友，在讨论网络构建对于创业者的重要性时，她声称自己非常注重利用关系网，并且精于算计，这也帮助她取得了成功。你如何看待这个观点？

8.3 创业网络是理性工具的还是社会嵌入的

我们刚刚介绍的故事与本章主题，即创业和网络构建理论，有着很多联系。这个理论关注网络如何影响创业者的决策和行为。然而，在这个问题上的任何共识都仅限于此，因为人们对网络的重要性以及创业者应该如何建立网络的方式存在着相当大的分歧。就这些分歧而言，我们可以从两个根本不同的视角来看待网络的重要性以及如何建立网络。这两种视角反映在这个悖论中：是理性的还是嵌入的？第一种视角讨论了创业者能否把网络视为用于精打细算的理性工具，以便能够成功地发现或创造、评估和利用机会，这种视角侧重于如何根据创业者需要的资源来改变和优化网络。第二种视角认为网络是创业者过去经历所带来的结果。也就是说，网络是生活所赋予的，是人们深深嵌入其中的东西。因此，个体几乎不可能有效地管理和使用网络。换句话说，网络里包含了创业者无法随意改变的很多不可控条件。本章主要讨论的悖论为：网络究竟是一种理性工具，还是创业者自身也嵌入其中的一组不可控条件？简而言之，这个悖论就是：

> 创业网络是理性工具的还是社会嵌入的?

8.3.1 创业与网络理论

创业与网络理论是在传统社会网络理论的基础之上发展起来的。传统社会网络理论最初是在社会学基础上发展起来的,后来扩展到了包括组织和创业理论在内的几个社会科学学科。社会网络理论的核心论点是网络影响个人行为。林(2001)提出了网络影响个人行为的四种主要方式,即网络有助于:

(1)为人们提供可以应对他们所面临环境的信息。

(2)影响网络中的其他人。可以说,网络关系影响着人们所做的决定和行动。

(3)在网络结构中为人们创造社会合法性。通过网络中的其他人为自己担保,人们可以有效地获取资源。

(4)发展和增强个人身份。通过与希望维持其身份的其他人互动,个人可以增强自己的身份。

创业与网络理论主要侧重于网络可以提供的资源。黄和安东奇(2003)指出:

> 人际关系和组织间关系被视为一种媒介,行动者通过这个媒介可以接触到其他参与者所持有的各种资源。网络除了在获取资本方面的作用,大多数研究都集中在创业者获取无形资源的途径上……网络对创业过程最大的好处是它们能够提供信息和建议。(Hoang 和 Antonĉiĉ, 2003)

通过社交网络可以调动的资源通常被称为社会资本,社会资本是指创业者通过利用个人关系和熟人所享有的手段和资源。

尽管社会网络理论有着悠久的历史,但人们对创业中网络构建的兴趣还是比较新的。相关贡献者可以追溯到伯利（1985）、奥德里奇和齐默（1986），以及约翰尼斯森（1988）。这些学者的研究贡献可以看成是对以心理学传统为特征的此类研究的强烈反击，在心理学传统中，创业者被视为个人，并忽视他们所处的环境。相反，正如之前所提及的，创业与网络理论认为创业网络是一种媒介，创业者通过它可以获取不同的资源。这样，在创业与网络理论中，个人及其所处的环境就可以同时发挥作用。事实上，网络的作用不仅与新组织的建立有关，而且在组织的整个生命周期中都是有效的（Hoang 和 Antonĉiĉ，2003）。

8.3.2 异质性论点

然而，在解决悖论之前，我们必须对悖论双方所代表的不同类型的网络论点加以仔细辨别。因为尽管人们一致认为网络对创业者起着至关重要的作用，但对于究竟什么是优质高效的网络还存在分歧。非相似性（或异质性）的论点表明，个人之间具有差异和弱关系的创业者网络是最有效的网络。这应该与一致性（或同质性）的论点联系起来看，该论点认为由一致（同质的）和强关联性的个人组成的社交网络是最有效的，这一论点在下一节介绍同质性时会予以介绍。

异质性论点的基础是网络中不同个体在态度、价值观、工作、经历、技能等方面各不相同，这种网络是创业者创业过程中获取有价值市场信息的最佳渠道。通过利用网络中人们之间的这些差异，创业者作为信息的中心和桥梁，可以增加发现、创造、评估、利用新机会的可能性。

这种论点主要发生在两个不同的层次：

一是关系层次，主要关注个体创业者与其联系人之间的关系。在图 8-1 中，创业者与其同事之间的虚线框表示关系层次。

二是网络层次，相比之下，它包括了创业者在其整个网络中拥有的所有联系人。在图 8-1 中，创业者整体网络的周围方框显示了网络层次。总的来说，图 8-1 阐释了异质性论点。

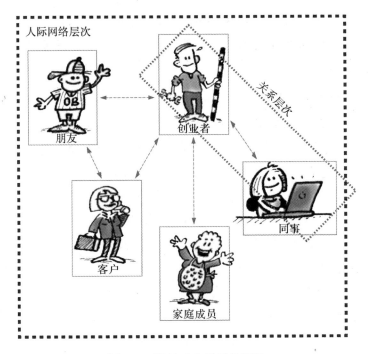

图 8-1　弱关系和异质性网络

1. 关系层次

在关系层次上，异质性论点深受格兰诺维特于 1973 年发表的关于弱关系强度开创性文章的强烈启发，即便人们不能确切地说它来自于此。格兰诺维特将关系强度定义为，"关系强度是时间总量、情感强度、亲密程度（相互信任程度）和互惠性服务的结合（可能是线性结合），这些定义了关系的特征"（Granovetter，1973）。因此，创业者与其联系人之间的情感依恋、信任和互惠越少，这种关系就越弱。在图 8-1 中，创业者与其联系人（朋友、客户、家庭成员或者同事）之间的虚线箭头表示弱关系。

格兰诺维特认为，这种关系强度会影响创业者从其联系人那里获得信息的性质和价值。他认为一个人更倾向于从弱关系中获得有价值的信息，因为这些弱关系通常出现在其他社交网络之中，而非创业者自身之间的网络，因此他们可以借此拥有不同的信息。因而他认为与那些拥有较多强关系、较少弱关系的创业者相比，那些拥有较多弱关系、较少强关系的创业者能够更好地接触到有价值的信息，并且更有能力传播关于他们选择的信息。

2. 人际网络层次

伯特（1992）支持格兰诺维特关于弱关系的论点，他认为强关系的典型缺点是个体之间彼此紧密相关，因此拥有相同的信息。以此来看，拥有很多强关系并不重要，因为通过利用现有的网络，你已经获取了其他联系人掌握的信息。一个人可以从一个密切相关的联系人那里获取信息，当然也一定能从网络中关系密切的其他联系人那里获取信息。例如，如果你想在咨询领域创业，那么在咨询行业拥有两个富有经验的叔叔是没有必要的，这不会带来更多益处，原因就在于两个叔叔各自提出的建议不太可能有明显的差异。一般来说，与其中一个叔叔保持联系，并获得他的建议往往就足够了。

与此同时，伯特（1992）提出了网络层次的异质性论点，在这个层次上，创业者的整体网络，即创业者的所有联系人，都是被关注的焦点。在这方面，伯特谈到了整体网络中结构洞的重要性，以及创业者作为整体网络中的不同部分之间桥梁的机会。当创业者网络中的一些个体互不联系，即彼此不认识时，网络中的结构洞就会出现。相互不认识的人越多，创业者网络中的结构洞就越多。当有些人彼此不认识时，网络中就会有人成为关键人物，在整个网络的不同部分之间架起网桥。他们可以获得伯特所称的非冗余信息，即网络中其他联系人没有掌握的信息，这对于发现或创造、评估和组织机会至关重要。图 8-1 显示了创业者的家庭成员、客户、朋友和同事之间存在结构洞的网络。

8.3.3 同质性论点

同质性论点与异质性论点几乎相反，同质性论点认为密集的网络是最好的，在这种网络中，有非常多相互认识的人，且创业者和这些人之间的关系也很紧密。在这种论点中，弱关系以及由许多网桥组成的异质网络反而没有任何作用。为什么会这样呢？

异质性论点与同质性论点之间分歧的出发点在于认为什么类型的资源是重要的。前者更加侧重于信息，特别是与发现或创造、评估和组织能力相关的市场化信息，而后者则更加关注资源，比如情感支持、敏感的市场行情和获取金融资源的途径。因此，从这个角度来看，双方只有在互相信任、共度大量时间、情感上彼此依恋，以及双方存在互惠关系的情况下，才能够交换所需要的不同类型资源，这也是格兰诺维特对强关系的定义。同质性论点深受科尔曼（1988）关于社会资本与人力资本之间关系研究的启发。与异质性论点的论证过程类似，同质性论点也可以在关系层次和人际网络层次上得到相应的解释（见图 8-2）。

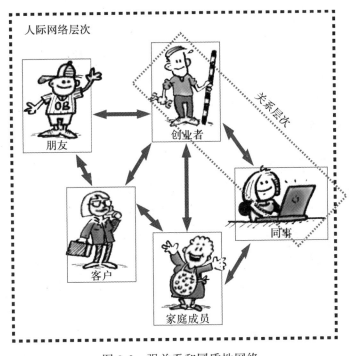

图 8-2　强关系和同质性网络

1. 关系层次

在关系层次上，同质性论点认为创业者需要与其有牢固和密切关系的联系人。在这种强关系中，彼此之间通常建立起互信和相互承诺，从而在混乱而复杂的创业过程中增加了创业者获得必要的情感支持的可能性。那些与创业者关系不密切的人可能不会把时间和精力花在情感支持上，这同样适用于对资源敏感的市场信息。对于有些信息，例如关于市场的信息，人们只与他们信任的人分享。此外，非常敏感的市场信息，例如冲突信息或一些组织的研究工作进展情况，对创业者成功发现或创造、评估和组织机会可能至关重要。

关于金融资本的可获得性，也可以使用同质性论点进行解释。拜格雷夫等学者（2003）调查了 29 个国家的创业者与其私人投资者之间的关系，他们发现，40% 的创业投资者是关系亲密的家庭成员，另外 8% 则是其他家族成员。在接受私人投资的创业者中，只有 8% 的人从陌生人那里获得资金，这些结果刚发表时引起了人们极大的兴趣。人们关注的焦点开始从早期侧重风险资本的可用性上发生转移。风险资本可以被描述为专业风险资本，因为太多创业者发现这种资本几乎是无法获得的。图 8-3 中创业者与其联系人（朋友、客户、家庭成员或者同事）之间的粗箭头表示一种强关系。

2. 人际网络层次

在人际网络层次上也存在同质性论点。奥德里奇和齐默在 1986 年发表的一篇文章中指出，创业者嵌入在关系密切的网络之中，彼此互相认识，更有可能在相互信任的基础上提高集体行动的能力。当个体与一个关系密切的网络紧密联系在一起时，他们作为整体并有共同目标的可能性就会增加，这种集体行动对于创业过程的实施至关重要。

相对于彼此都不怎么认识的网络，处于关系密切网络中的人们在态度、价值观、工作、经历、技能等方面更为一致。因此，可以想象创业者的联系人对某一特定爱好有着相同的热情，这意味着他们在个人层次上彼此了解。从网络的个人维度和共同利益来看，在关系密切的网络中提供情感支持和交换敏感的市场信息的可能性也比在不那么密切的网络中更大。在图 8-2 中，整个社交网络周围的方框表示了网络层次。

8.3.4　有效网络是情境依赖的

我们已经讨论了两种相反的论点，即异质性论点和同质性论点。这两种论点讨论了创业者在创业过程中艰苦奋斗时，一个有效的网络应该是什么样的。

这两种论点似乎都能站得住脚：它们都有道理。从经验上看，这两种论点似乎都是正确的。各种各样的研究都以各自的方式支持异质性和同质性的论点。针对这些对立论点所提供的解释，不仅从个人角度看是有道理的，而且得到了经验的支持，这是因为社交网络是动态的（Larson和 Starr，1993）。创业者在整个创业过程中会遇到各种各样的挑战，而每一项挑战都需要获得不同的资源。有些资源是通过结构洞较多、弱关系的多样化社交网络获得的，而另一些资源则是通过彼此之间存在强关系的密切网络获得的。

因此，有效的网络取决于创业者所处的情境。创业者面临的挑战决定了资源需求的种类，从而决定了创业者需要瞄准哪个网络。林（2001）综合了异质性和同质性论点，他认为"为了保留或维持资源（即表现行为），更密切的网络可能具有相对优势，另外，搜索和获得目前尚未拥有的资源（如工具性行为），例如寻找工作或跳槽，主动接触他人或扩展网络中的网桥应该会更有用"（Lin，2001）。

有几种不同的生命周期模型试图描述随着创业过程的推进，创业者的网络是如何演变的。在创业者寻找机会的早期阶段，他需要非冗余的市场信息来创造或发现新机会。因此，创业者感兴趣的是一个由许多不同的人组成的、具有许多结构洞的，以及能令他与联系人之间具有弱关系的网络（Klyver 和 Hindle，2007）。当创业者发现机会并即将开始组织时，完全不同类型的资源就显得尤为重要。在这一阶段，创业者需要咨询和支持，以帮助做出关于新企业创办的最终决定。创业者也可能需要注资。因此，当务之急就是利用一个由许多强关系组成的更紧密网络，其中包括许多家庭成员（Evald 等，2006）。

随着组织开办，企业不断向前发展，网络中的一些个体的重要性会被替代。在这个阶段，创业者必须在市场中站稳脚跟，他需要重新获得市场信息。因此，网络将再次切换到由许多不同类型的人组成的、具有结构洞的，以及与新联系人之间关系更弱的网络（Evald 等，2006）。

因此，我们可以看到，在整个创业过程中网络发生了变化，而这些变化可以归因于创业者所面临的问题，以及创业者由此所需要找寻的资源（见图 8-3）。

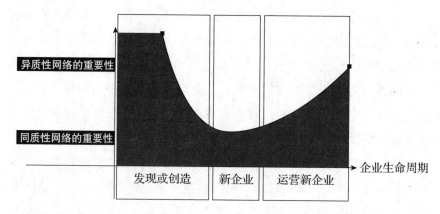

图 8-3   跨组织生命周期的异质性和同质性网络

资料来源：Klyver & Hindle（2007：26）。

然而，网络的效能不仅取决于企业的生命周期，还依赖于许多其他因素，如行业、性别、文化等。克莱弗等学者（2008）讨论了网络是否应该被理解为仅仅是普遍的、通用的，而不考虑情境如何，或者还是应该在与情境的密切互动中来理解网络。他们研究发现，在20多个不同的欧洲国家中，网络为创业者发挥着不同的作用。围绕霍华德·奥德里奇研究所展开的一系列探索也试图找出创业者在应用其网络的方式之间的异同。多德和帕特拉（2002）对这些研究进行了总结，他们指出："总之，这一系列相关研究（虽然在方法上不完全相同）的结果表明，存在一定的同质性，能够表明一定程度上的普遍创业行为，以及存在一些异质性，能够突出文化差异的重要性"（Dodd 和 Patra，2002）。

研究还表明，不仅网络的结构很重要，创业者参加网络行为的能力和动机也很重要（Baron 和 Markman，2003）。创业者与他人互动时具有不同程度的社交技能和舒适度，这会影响他们从社交网络中获得的收益。因此，具有相似社交网络的创业者有可能会获得不同的网络收益，这取决于他们各自的社交技能以及与网络中其他人互动的动机。

因此，我们得出结论：尽管在所有环境和文化中，网络对创业者都很重要，但在如何利用网络和如何运作网络方面仍存在着至关重要的差异。

8.3.5　作为理性工具的网络

到目前为止，我们已经讨论了两种不同类型的网络，即异质性网络和同质性网络。每种网络都有其优点，这取决于在创业过程中创业者遇到的各种挑战。但我们还没有涉及的是，创业者是否以理性和精心策划的方式利用他们的网络，或者说，网络是否更类似于某种控制和限制创业者机会的东西。这是一个悖论——关于网络是一种理性工具，还是说，是创业者自己嵌入了他们的网络（无论好坏）。

从理性视角来看，创业者被认为是目标导向的行动者，他在网络中的角色选择是根据预期谁将为创业过程的实施贡献最好和最重要的资源而决定的。这是一个旨在决定谁值得参与其中的简单、理性、精心策划的过程。因此，创业者在网络中的角色是"支持者"，他们每个人都会将资源（如理事会、资金）或更多的无形资源（如合法性）带入创业过程。

从理性视角来看，创业者与相关人员之间的关系往往是具体的（即支持性的）、情感中立的、准契约的、短期的。相关人员都是经过精心挑选的，一旦他们不再以最好的方式支持这个创业过程，他们也会被剔除。

研究人员、政治家、顾问和创业者普遍认可网络的理性视角。如今，社交活动已成为十分平常的事情，社交已经成为许多其他事件的自然组成部分。越来越多的发言人和顾问都认识到建立网络的重要性。例如，斯蒂芬妮·斯皮斯曼（2011）除了是一名教练，她还总结了成功建立商业网络的十个流行秘诀。她的建议在很大程度上反映了一种理性的人际交往方式，尽管不是所有的建议都那么合理。就假设而言，最合理的建议如下：

（1）问问自己参与社交网络会议的目标是什么，这样就可以选择那些能帮助你获得想要东西的小组。

（2）清楚地了解你在做什么、为什么做、为谁做，以及是什么使你做的方式与众不同，或者不同于其他人做同样的事情。为了获得引荐，你必须清晰地向别人表达自己要做的事情。

（3）能够清晰地表达出你在寻找什么，以及猜测别人可能如何来帮助你。谈话中对方可能经常会问："我能为你做些什么？"但你通常不知道该如何回答。

斯皮斯曼的建议反映了以最有效的方式利用网络潜力的意图，同时假定网络是可以通过规划和精心组织加以控制的。

基思·法拉奇是全球最有名的网络构建咨询师和顾问之一。他的座右铭是"生意如同做人，关系助推成长"。在他看来，成功取决于自己，但这只能通过他人的帮助才能实现。在《别独自用餐》这本畅销书中，他概述了为取得成功，应如何经营自己的网络（Ferrazzi，2005）。其中最著名的三条建议是：

（1）多为对方着想：不是简单地得到你想要的。应该在得到你想要的东西的同时，确保对你重要的人也得到了他们想要的。

（2）与他人保持联系：始终与你的社交圈中的人保持联系，而不仅仅是在你有需要的时候。

（3）别独自用餐：无论你是在公司工作还是参加社会活动，活跃在大众视线都很重要，当"隐形"人比失败的经历更加糟糕。

法拉奇对于网络的理解是对社交网络的理性方法的又一例证，也是将网络视为可调工具的一个例子。

8.3.6 嵌入网络

正如我们已经提到的，还有一种不同的视角，即嵌入视角。在社会嵌入性和人类行为的社会化方面，嵌入视角要更进一步。理性视角承认社会环境的影响，但仍然相信人们可以管理自己，并决定社会环境是什么样子的。嵌入视角并不认同这种观点，它在社会嵌入性和社会化方面走得更远，更加怀疑人们和创业者在选择适合自己的网络时，是否有理性和算计能力。

理性视角侧重于创业者的机会选择，而嵌入视角则侧重于认为网络是一种从过去延续下来的东西。网络与过去的经历分不开，它们受你曾经的生活以及你遇见并与之交往过的人的影响。根据这种视角，创业者不可能在主动选择一个与他所面临的问题相关的网络后，不产生任何后果。网络不是你可以选择或不选的东西，而是来自过去的经历。例如，对于很多创业者来说，在创业过程中，他们需要与配偶讨论，并让配偶参加关键决策的制定，其中许多决定也会对未来的家庭生活产生决定性的影响，包括日常开销、休闲以及工作时间等。我们不能孤立地考虑并做出这些创业决策。因此，不论配偶是否支持创业过程，他们都会参与进来，并在许多情况下产生决定性的影响。

从嵌入视角来看，网络被视为人的一生中需要不断构建和维护的东西，并且它不能被识别、孤立于特定的挑战，如成立组织。社交网络是个体通过其所进行的活动而整体构建的。同样地，社交网络也是一个人过去活动的结果。一个人的网络是其过去生活所带来的结果，因此有些人拥有庞大且多样化的网络，而有些人的网络却比较狭窄、密切且同质：不是因为他们自己主动选择了这种网络，而是因为他们所过的生活导致了这种结果。

理性视角和嵌入视角对于关系的本质持有不同的观点。前者认为关系是具体的（即相互支持）、情感中立的、准契约性质的和短期的，后者则认为关系是更广泛的（即支持的和阻碍的）、情感的、互信的、相互约束的和长期性的。

对于网络在创业过程中的积极影响，嵌入视角多少持怀疑态度。尽管事实并非如此，但它依然强调了网络也可能成为创业者在整个创业过程中取得进展的障碍。奥德里奇和齐默在他们著名的论文中也指出，"社会行为的嵌入本质是指因其社会情境而受到约束或促进行为的方式"（Aldrich 和 Zimmer，1986）。

秉持嵌入视角的结果就是，你无法将网络视为一种孤立用于特定活动的工具。但是，网络是一种嵌入的东西，它带来的某种结构能决定、限制你必须建立网络的机会。网络成为控制我们而非我们控制的东西。因此我们可以说，无论是好是坏，创业者都嵌入在他们的网络之中。

8.3.7 网络：理性还是嵌入

我们已经讨论了关于创业网络本质的两种不同视角，如表 8-1 所示。

表 8-1 悖论：理性还是嵌入

	理性视角	嵌入视角
创业者角度	目标导向，理性参与者	社会嵌入的参与者
网络角度	理性工具	不可控的条件
关系角度	具体的、情感中立的、准契约性质的和短期的	广泛的、情感的、互信的、相互约束的和长期的
重点	有效的网络	网络的便利性和制约性
社会情境的重要性	低	高

理性视角将创业者描述为专注且理性的行动者，他们认为网络是一种工具。创业者与其网络中的联系人之间的关系是具体的、情感中立的、准契约性质的和短期的。这一视角下的研究力求确定对创业者最有效的网络是什么。与嵌入视角相比，理性视角不特别关注社会情境。其主要缺陷是没有把创业者放在社会情境中考虑。相比之下，创业者被认为对自己的行为和决策拥有比实际情况更大的权力。

理性视角可能因社会化程度不够而遭受批判，而嵌入视角却因相反的原因而受到抨击，即过度社会化。换句话说，嵌入视角并没有充分考虑到创业者自身的主观能动性，而过多地关注社会环境如何影响创业者制定决策。因此，也可以说嵌入视角过于强调了社会环境的重要性。

过度社会化意味着嵌入视角将创业者视为嵌入在社会中的人，在他的网络中，他必须处理不可控的情况。创业者与社交网络中的联系人之间的关系是广泛的、情感的、互信的、相互约束的和长期的。根据嵌入式视角，研究的作用是用来澄清网络如何促进和限制创业者。

8.4　理论视角下的创业网络

下面是对本章开头的故事的两种不同解释。我们将理论与实际结合，并关注此前提到的悖论：理性还是嵌入？

8.4.1　理性视角

如果你选用理性视角来解释迈克的故事，那么应该将焦点放在迈克如何有意识地、理性地、有计划地利用他的网络，并努力成为一名成功的音乐家。这就涉及很多方面了。首先，迈克和他在音乐工作室的同事选择了彼此作为合作伙伴，希望得到一些好处。最初大家可能只是为了降低风险或进一步分担经济成本，但是很快，另一个优势逐渐突显出来，他们各自身怀绝技，并因此共同提供了更好的产品。他们坚信，借助彼此的力量会让他在音乐上大放光彩。因此，他们都有一些明显的优势和动机，可以联合起来。他们互相选择，但随着时间的推移，最终没有达到各自想要的目标，他们开始怀疑团队和伙伴关系是否适合自己。经过慎重考虑，他们还是决定单飞，各自追逐梦想。我们可以说，在这里，他们是有意识地决定"放弃"彼此。

体现了理性网络方法的另一个情况是，迈克最初选择罗尼和科恩两位制片人为他的歌曲《天堂里发生了什么》录制混音，而罗尼和科恩希望迈克在他们的歌曲《号角》中进行说唱表演，他们可能已经讨论过哪些联系人可能对这段说唱起到最好的帮助。最终，他们筛选了说唱歌手的市场，并联系了那些他们认为最能满足他们需要的人。

然而，我们看到最理性行为的情况是，作为一个群体，卡戈舞蹈团利用他们的网络来确保创纪录的交易。当时，卡戈舞蹈团一心想发行专辑，但只有当他们的第二首单曲获得巨大成功时，他们才能得到唱片合同的保证。因此，他们有意改变了策略，以一种精心策划的、明智的方式，利用他们的网络来合法化和推广他们的歌曲，紧接着，依靠他们的丹麦 DJ 网络，成功地将单曲《满载力量》打入"舞曲排行榜"之中。这一切让唱片公司认可了他们舞蹈团的价值，使他们得到了一张发行完整专辑的合同。在这里，我们讨论的是一种有决定性作用的网络方法，即利用网络来实现创业者心中的目标。

8.4.2　嵌入视角

当然，我们也可以换一种完全不同的角度来理解迈克的故事，即嵌入视角：将网络视为不可控条件。在某些情况下，迈克或许是有计划地利用其网络来促进自己的利益，但总的来说，他使用的网络是其过去生活的结果。也就是说，他在创业过程中所利用到的联系人，基本上都是他在早期玩嘻哈音乐时所认识的。在当时，迈克或许有意或者无意与这些人建立了联系。也正因为此，这些联系人在许多年后的生活中被证明是有决定性作用的。共同的过去，以及由此建立起来的信心，意味着这些人在以后的生活中对彼此都有一种柔软的感情。也正因为此，他们希望互相帮助，不是为了得到什么回报，也不是因为他们欠了对方什么，而是为了庆祝这段关系和过去。

迈克已经很多年没有见过他早期玩嘻哈音乐时的那些人了。他们因对嘻哈音乐和地下文化的热爱而相互结识。那时，大家都没有认真地想过若以后出专辑谁能帮得上忙的问题。就算有人会这么想，他也不可能预测到将来谁会变得有权有势。因此，人们可以说，原来有利于迈克音乐事业的网络是在完全不同的议程下创建的，并且有着完全不同的意图。

也许人们不能笃定地说迈克的网络限制了他的职业生涯，正如本章故事中所展现的那样。但也许人们可以说，迈克的过去生活，以及由此产生的网络，为他成为一名舞蹈音乐家而设定了限制和可能性。我们不禁会问，如果迈克没有玩嘻哈音乐的经历，而仅仅有着同样的天赋，是否也会取得同样的成功？

8.5　创业网络真的如此吗

基于上面的观点和论述，想必你已经准备好理解创业网络，以及它是如何影响创业过程的。以下是帮助你理解的一些建议：

1. 采访一位创业者

采访之前先列好访谈问题清单，着眼点在于讨论网络是如何运作的。然后联系一位创业者并进行采访，对本章中提出的创业网络理论进行验证。在此基础上，表达你对这个悖论的看法：网络是理性的还是嵌入的？

2. 电影《社交网络》

这是一部关于 Facebook 创业过程的电影。观看这部电影后，请你回答：这部电影中所描绘的网络视角是什么？它是否与理性视角或嵌入视角一致？如果没有社交网络，这个故事会怎样发展呢？

3. 基思·法拉奇（Keith Ferrazzi）

访问网站 http://www.keithferrazzi.com，研究法拉奇提出的构建网络的各种建议，并从嵌入视角评估类似的建议。你认为法拉奇的建议怎么样？它是否有意义？它会促进创业业绩吗？

4. 描述你自己的网络

你的网络是什么样的？它是小的还是大的？是异质的还是同质的？你的童年、青少年、成年阶段之间有联系吗？联系紧密吗？你网络中的联系人彼此都认识吗？为什么你认为你的网络是这样的？

参考文献

Aldrich, H.E. & Zimmer, C. (1986) 'Entrepreneurship through social networks', in Sexton, D.L. & Smilor, R.W. (eds), *The Art and Science of Entrepreneurship*, New York: Ballinger, 3–23.

Baron, R.A. & Markman, G.D. (2003) 'Beyond social capital: The role of entrepreneurs' social competence in their financial success', *Journal of Business Venturing*, 18(1), 41–60.

Birley, S. (1985) 'The role of networks in the entrepreneurial process', *Journal of Business Venturing*, 1, 107–117.

Burt, R.S. (1992) *Structural Holes – The Social Structure of Competition*, London: Harvard University Press.

Bygrave, W.D., Hay, M. & Reynolds, P.D. (2003) 'Executive forum: A study of informal investing in 29 nations composing the Global Entrepreneurship Monitor', *Venture Capital*, 5, 101–116.

Coleman, J.S. (1988) 'Social capital in the creation of human capital', *American Journal of Sociology*, 94, 95–120.

Dodd, S.D. and Patra, E. (2002) 'National differences in entrepreneurial networking',

Entrepreneurship and Regional Development, 14(2), 117–134.

Evald, M.R., Klyver, K. & Svendsen, S.G. (2006) 'The changing importance of the strength of ties throughout the entrepreneurial process', *Journal of Enterprising Culture*, 14, 1–26.

Ferrazzi, K. and Raz, T. (2005) *Never Eat Alone: And Other Secrets to Success, One Relationship at a Time*, New York: Currency Doubleday.

Granovetter, M.S. (1973) 'The strength of weak ties', *American Journal of Sociology*, 78, 1360–1380.

Hoang, H. & Antončič, B. (2003) 'Network-based research in entrepreneurship – A critical review', *Journal of Business Venturing*, 18, 165–187.

Johannisson, B. (1988) 'Business formation – A network approach', *Scandinavian Journal of Management*, 4, 83–99.

Klyver, K. & Hindle, K. (2007) 'The role of social networks at different stages of business formation', *Small Enterprise Research*, 15, 22–38.

Larson, A. & Starr, J.A. (1993) 'A network model of organisation formation', *Entrepreneurship Theory & Practice*, 17, 5–15.

Lin, N. (2001) *Social Capital – A Theory of Social Structure and Action*, New York: Cambridge University Press.

Speisman, S. (2011) '10 tips for successful business networking', available at www.businessknow how.com/tips/networking.htm (last accessed 20 December 2016).

第 9 章　商业计划书

许多创业者需要一份商业计划书，并且他们中很多人也制定了一份。然而，也有一些创业者在没有实际需要的情况下准备了商业计划书，却没有积极地利用它。商业计划书已成为许多教科书和创业课程的重点，并受到了创业者的高度重视。然而，有很多迹象表明，商业计划书的作用和意义要比它看起来复杂得多。

商业计划书在创业过程的规划中扮演了重要的角色，无论是对内部的创业者本身，还是对外部的第三方，如投资者等。然而，商业计划书还扮演着其他更具象征意义的重要角色，并提供了与环境相关的合法性。与此同时，有些人认为商业计划书实际上可能会阻碍创业者的创造力。接下来，本章将介绍这些主题。

9.1　Mobitrix 公司的商业计划书

下面是托马斯·库尼和安妮塔·范·吉尔斯撰写的关于迈克尔的创业案例。迈克尔在 2010 年创办了一家医疗软件企业 Mobitrix。这个案例展示了迈克尔在创业过程中是如何运用他的商业计划书的。

Mobitrix：一家医疗软件行业的初创公司

作者：托马斯·库尼　安妮塔·范·吉尔斯

2011 年 5 月，一个风和日丽的周日下午，迈克尔坐在自家的花园里，他的想法偶尔会偏离他的业务所面临的挑战以及未来几周必须做出的重大决定。9 个月前，他曾为 Mobitrix 撰写了一份商业计划书，但从目前的商业形势来看，已与当初的商业计划书大相径庭。于是，他忍不住想知道应该如何继续他的商业创意和计划！

在开创 Mobitrix 公司之前，迈克尔已经在医疗领域的不同软件公司工作了 10 多年。作为一名产品经理，他主要负责了解公司客户需求，并为满足这些需求开发出合适的软件技术解决方案。这意味着他和软件创业者一样，必须常常富于想象，才能应对每项工作带来的独特挑战。除此之外，迈克尔还在监督医院环境中不同项目的实施情况，正是在医学实验室开展这些项目的时候，他发现了产品开发的几个机会。

其中一个机会来自对患者安全的关注。医护人员有责任向患者提供正确的治疗药物，特别是输血方面。但如果医护人员能够通过软件解决方案获得正确和最新的信息，那么许多错误都是可以避免的。迈克尔是一位"苹果产品控"，而且通常是史蒂夫·乔布斯最新产品的先行使用者，因此他一直考虑如何利用 iPhone、iPod 和 iPad 为医疗保健业务创造移动解决方案而增加价值。他向老板提出了自己的创意，但是老板不明白这些机会如何适合公司目前的软件产品组合。迈克尔对公司的活动和计划缺乏创新越来越感到沮丧，直到有一天晚上，他在酒店房间里醒来，这时许多不同的可能性和创意喷涌而出，于是他写下了自己商业计划书的第一页。

Mobitrix 公司成立于 2010 年 9 月，是仅包含迈克尔一个人的商业公司。作为一名拥有生物医学技术硕士学位的医学实验室技术专家，迈克尔很快意识到自己的商业经验非常有限。由于他与马斯特里赫特大学商业与经济学院的创业老师有着密切联系，他评估了与学生合作制订商业计划书的可能性。巴特是一名医学工程专业的毕业生，正在攻读国际业务创业和小企业管理硕士学位，他很高兴有机会将自己的医学和商业专长结合起来，因此他支持迈克尔研究和撰写商业计划书。对于迈克尔来说，商业计划书的制订帮助他将自己的想法细化，并评估市场进入选择的可行性，而摆在他面前的许多市场都有可能进入。他首先必须确定一种商业模式：是将产品交付给医疗设备公司、医疗软件公司还是医院？他认为软件的编程需要外包，因此必须建立供应商的选择标准。迈克尔和巴特广泛地讨论了财务预测，对盈亏平衡点进行了初步预测，并决定当时不需要引进外部投资，因为软件开发所需的资金可以由迈克尔的自有资金支付。最后，他们确定了第一个重要目标，即在 2010 年 11 月杜塞尔多夫举行的医疗展览会（The Medica Exhibition，世界上最大的医疗技术展览会）上展示 Mobitrix 的第一个产品概念。

在最初几个月的活动中，出现了许多意想不到的问题，需要迈克尔立刻予以关注。例如，在计划第一个软件开发时，迈克尔意外地发现了一个为 iPhone 和 iPod Touch 开发的扫描附件，它可以完美地满足解决患者安全问题的应用程序（App）开发所需的硬件要求。迈克尔认为，在血袋、药品和每个患者佩戴的医院腕带上贴上条形码，然后用移动设备扫描这些条形码，几乎肯定会减少医疗事故。在仔细编写了软件规范和功能设计之后，迈克尔将第一个软件开发项目外包给了斯里兰卡的一家公司。尽管合作进展顺利，但软件开发时间远远超出了计划的时间。

最终，迈克尔和巴特在医疗展览会之前完成了他们的第一个应用程序。虽然这个应用程序的最终用户是医院人员，但是迈克尔和巴特认为最好的策略是将他们的产品销售给医疗设备制造商和软件公司。从他们的目标客户群和最终用户来看，展会上的最初反应都非常好。Mobitrix 公司接待的访客来自非常多样化的公司，有时甚至包括一些巨头公司，包括飞利浦医疗、通用医疗、叠拓、松下等，其间迈克尔和巴特通常被问到一些被高度关注的问题。随后对他们在展览会上的互动分析表明：潜在客户中包括 43% 的 C 级职位客户，即首席执行官（CEO）、首席技术官（CTO）、首席财务官（CFO），其中 70% 表示他们对已开发的应用程序有兴趣。迈克尔收集了那些表现出极大兴趣的参观者的 100 多张名片，并从需要跟进的医疗和软件公司中获得了至少 5 条重要线索。而且，不久之后，他们开发的第一个应用程序被苹果公司的应用商店接受了。虽然这个应用程序的售价仅为 3.99 欧元，但对于用户来说，这是一个用来测试他能否管理整个过程的试点项目。与此同时，一款在床边实现注册登记的新软件应用程序项目也正在印度被开发，该项目将使用他们开发的第一个应用程序。

通过一部 iPhone 提供医疗服务

在医疗展览会之后的几个月里，迈克尔联系了在展览会上感兴趣的所有人，并召开了几次有趣的会议。例如，第一个联系的是一家生产智能血液制冷机的意大利技术公司的负责人。由于他们公司的产品涵盖了从实验室到医院的几乎所有场景，唯独缺少额外的床边登记，因此，Mobitrix 公司的软件似乎是一个完美的选择。第二个充满合作前景的接触是与一家开发血液细胞成像解决方案的瑞典公司。第三个联系的是医院的 ICT 经理，当他看了应用程序演示后，对条形码识别的质量和速度感到惊讶。这些潜在客户对应用程序中改进的条形码识别功能很感兴趣。尽管进行了一些讨论，但迈克尔与这些意向客户还是没有达成任何合作协议。几家公司表示，它们倾向于到 2011 年夏季再对其移动解决方案进行投资。对软件公司而言，其主要的问题是将该应用程序与现有系统进行集成。

虽然迈克尔意识到创业是一个有许多起起落落的坎坷过程，但由于缺乏后续项目，这确实已使他对自己的整体业务创意的可行性感到怀疑。然而，迈克尔确信这一机会已得到了医务人员的认可，他也坚持自己提出的创意。他并没有将自己的产品定位于医疗设备或软件公司，而是开始预约医院的医生，来演示他的移动解决方案。这些访问让他再次相信了该产品的潜力，因为医生对他的创意的可行性非常感兴趣，甚至对其他需要开发的应用程序也提出了建议。随后迈克尔说服了比利时一家医院的医生团队，让他们相信了他的产品的附加价值，该团队决定与他一起开展试点项目。迈克尔意识到这是一个重要的突破，因为这个项目可以说是第一个示范项目，将增加他在其他客户中的信誉。然而在实施这个项目之前，他必须能够说服医院 IT 人员和管理团队相信该项目可以为医院的流程增加价值。因此，他需要为 IT 人员和管理团队精心准备一份报告，因为他们可能会使用不同于医生团队的决策标准。

还有其他让迈克尔反思他最近几个月采取的行动的问题。试点医院的医疗团队表示他们无法与只有一个人的公司做生意，因为担心创业者生病或发生事故时无法保证服务。出于这样的原因，迈克尔一直在考虑找一家大公司进行合作。他是否应该更新他的商业计划书，以便寻找这些合作伙伴？在他最初的商业计划书中，第一笔销售预计将在 2010 年 12 月实现，而逾期 5 个月之后，这家企业实际上仍然处于预售状态。此外，在商业计划书中，原本计划要进行更多的软件开发，但由于前两个项目的开发时间较长，这一计划被推迟了。迈克尔期望从第一个试点项目开始，这也可能是寻找一些外部融资的理想时机。为了实现这个目的，他确实需要更改他的商业计划书。然而，他想知道该如何撰写一份商业计划书，该计划书一方面是敏锐的、目标导向的，对潜在的合作伙伴有说服力；另一方面，又有足够的灵活性来吸收意外并利用新的机会。

9.2 Mobitrix 公司的商业计划书引发的思考

Mobitrix 公司和其商业计划书的故事告诉了你什么？你如何解释这个故事中的曲折？下面的练习可以帮助你解释这个故事：

- 在 Mobitrix 初创期间，迈克尔如何使用商业计划书？商业计划书的用途是什么？你认为他把书面商业计划放在首位了吗？

- 他是否有一份正式的商业计划书，或者更多的只是一些不必要写下来的松散的创意和想法？你认为将商业计划写下来并具体化，而不仅仅是停留在创意和想法层面上，这一点很重要吗？

- 若你已决定创建自己的公司，有人建议你在创业之前写一份商业计划书。这样的计划书应包括什么？应该持续多久？应该如何制定？

- 若你见到了学校的一位老朋友。她刚刚毕业，获得了国际商务硕士学位。她现在正在考虑创办自己的公司，她和合作伙伴将为那些想要向中国出口产品的小企业提供咨询。你的这位老朋友和合作伙伴在校学习期间花了很多时间和精力去研究中国。她们自行去中国旅行了多次，还在中国实习了一个学期，并且就出口产品到中国这一主题撰写了论文。她们自认为非常了解这个主题，并且也有必要的资源以便于其创建自己的公司。因此，她们认为撰写商业计划书纯粹是浪费时间。对此你怎么看？

9.3 商业计划书是管理工具还是抑制创造力

Mobitrix 公司的故事与本章的主题——商业计划书密切相关。这个故事在很多方面讨论了商业计划书，以及创业者如何描述和传达他对新机会的产生、评估、组织的认识和计划（包括事前和事后）。故事以结构化形式描述了创业者的洞察和计划，涉及了第 3 章的机会出现、第 4 章的机会评估和第 5 章的机会组织。

商业计划书的定义有很多。美国小企业管理局（US Small Business Administration）在其网站上将商业计划书定义为："商业计划书能准确地定义你的业务，确定你的目标，可以说是你公司的简历。它的基本构成包括资产负债表、损益表和现金流量分析。它可以帮助你正确分配资源，处理不可预见的复杂情况，并做出正确的决策。"

那些宣扬商业计划书重要性的人通常是规划视角的支持者，而不是即兴视角的支持者（如第 5 章所述）。他们认为组织过程可以被控制，并将商业计划书视为重要的管理工具，以尽可能轻松地实施创业过程。相反，也有一些人对商业计划书持怀疑态度，即认为它抑制了创造力。他们认为，通过商业计划书的结构，创业者被迫进入一种特定的思维定式，而他们原本至关重要的创造力就会被削弱。因此，本章的悖论为：

> 商业计划书是管理工具还是抑制创造力？

9.4　商业计划书：情境、内容和过程

在进一步讨论这个悖论之前，我们将关注与商业计划书相关的其他基本因素。商业计划书通常视为一种规划。然而，"计划"是"规划过程"（即"规划"）的内容或输出。规划在一定的限制条件下（即"情境"）进行。图 9-1 阐明了这种区分（De Wit 和 Meyer，1998）。

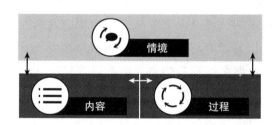

图 9-1　计划的情境、内容和过程

资料来源：Inspired by De Wit & Meyer（1998）。

如图 9-1 所示，这三个维度是相互连接、相互影响的。因此可以设想，某些行业对商业计划书和规划过程的要求比其他行业要高。例如，霍尼格和卡尔森（2004）发现，与其他产业的创业者相比，制造产业的创业者更有可能制订商业计划书。他们解释说，出现这种现象是因为制造型产业有规划方法。因此，新创业者更愿意制订计划并效仿传统，以获得进入市场的合法性，并获得其他参与者和利益相关者的理解。

人们还可以设想，商业计划书的必要性和意义根据实际创意的不确定程度及其发生的情境而变化。这种必要性可能仅限于非常简单和传统的小型企业，例如，不确定性相对较低的商店和手艺品企业。同样，规划方法在诸如 Skype 和谷歌等极具创新性的商业创意方面，也可能只有有限的意义和价值（Sarasvathy，2008）。

人们还可以想象，与创业者可以亲自为其初创企业提供资金的情况相比，对高水平风险投资（情境）的需求，会对商业计划书的内容提出不同要求。在这种情境下，将需要更多关于财务事项的详细信息。或者，也可以设想，具有不同背景（情境）的人对商业计划书有不同的需求。例如，在有些人所接受的教育中，是规划发挥了主要作用（例如，工程师、商业经济学家或生产规划师）；而在另一些人所接受的教育中，则是更具创造性的过程占据了主导地位（如设计师或音乐教师）。在规划和撰写特定商业计划书结构中的内容时，不同的人可能会有不同的需求。有许多不同的情境可能会同时影响商业计划书的要求以及规划过程的进行。

然而，过程与内容是相互影响的。例如，一种特定的行事方式会导致内容本身受到限制。如果创业者从一开始就决定忽视顾问的建议，让不同的关键利益相关者参与规划过程，包括参加者、当地社区、财务顾问、家庭成员等，那么很容易想象，他们对项目的一些批评意见将会完全被忽略，并且不会出现在最终的书面计划内容里。

如果创业者将预先定义的目录作为他的商业计划起点，这也将影响这个过程，因为使用目录作为起点本身就可以导致一个结构化的分析方法（过程）。

9.4.1   书面文件或思考过程

人们经常讨论一个问题，作为书面文件的商业计划书与思考和规划过程本身哪个更重要。谢恩试图以这种方式来解决这个问题，"创业者以思考或书面形式为组织过程制订商业计划书……然后，规划会导致组织活动"（Shane，2003）。

将商业计划作为书面文件的理由是，创业者要清楚地了解有关产品供应的决策，包括应参与哪些市场，以及组织的竞争优势是什么。此外，商业计划书作为书面文件，在与外部第三方沟通中也发挥着作用，例如，与银行、投资者、客户或供应商等沟通。另外，商业计划书在内部沟通和反思方面也起到了作用，它可用于与新员工沟通，即作为期望行为社会化和组织目标沟通的基础。但是，在其他方面，商业计划书也有助于维护和增强创业者的动机。贝克等学者（1993）列举了书面商业计划优于非正式、不成文的创业思考过程的三个主要原因：

（1）它能确保批判性思维。

（2）它可以用于内部和外部沟通。

（3）它可以对公司发展进行内部控制。

他们发现对大多数小企业而言，书面商业计划的第三个原因是最重要的。

然而，也有人认为写下商业计划的行为往往是不必要的，重要的是要有正确的思考过程。正是这个思考过程为组织建立目标以及如何实现这些目标提供了清晰的思路。也正是这个思考过程提供了动力，而不是书面商业计划在起作用。如今，市场条件、技术可行性、监管以及与组织环境相关的许多其他因素变化如此之快，以至于书面商业计划几乎在完成之前就已过时。因此，不断地反思才是至关重要的。

还有一种反对书面商业计划的论点，这种论点在组织的初创期特别适用。因为准备利用机会的创业者往往缺乏时间和资源，对他们而言，关键是通过组织尽快实现机会，从而启动现金流，即组织可以开始赚钱并支付员工工资。这个过程花费的时间越长，创业者承担的财务风险就越大，创业所需的资金也就越多。因此，他们更加忙于组织的建立和全面运营，而不是坐在那里制订长期的战略计划。大卫·麦迪埃是初创公司和随后的成长公司的联合创始人，该公司在哥本哈根和纽约都设有办事处，大卫此前曾表示：

支持撰写商业计划书的人认为有一份好的商业计划书永远

不会是有害的。但实际上，书面的商业计划会有一些负面作用。商业计划书的最大问题是花在它上面的所有时间，可能是100小时或更长时间，这就占据了数周的工作……最糟糕的不是花在写毫无价值的商业计划书上的时间和精力，而是这些时间和精力本可以更明智地花在一些任务上。那些任务可以增加初创企业生存、增长的机会，以及从银行、投资者获得融资的能力。

因此，到底是书面商业计划还是思考过程对于完成创业过程起着决定性作用还存在着激烈的争论，这是一场双方都有合理论据的辩论，因为并非所有的创业者都撰写了商业计划书。在舒曼等学者（1985）对500家公司的研究中发现，49%的公司在创业过程中撰写了商业计划。而德尔玛和谢恩（2003）的结论是，他们研究的瑞典公司中40%有书面商业计划。

这些研究表明制订商业计划很普遍，但实际上它所占的百分比可能更大，因为商业计划的定义是不清晰的。通常，人们倾向于考虑包括详细产品描述、预算和市场分析的完整的商业计划书，通常是一份10～20页的文档。然而，可能还有更简洁的文档，通常被称为概念陈述。它主要用来简洁地描述未来客户的可能需求，以及与新产品或服务相关的价值主张（Barringer 和 Ireland，2008）。此外，创业者的 PPT 演示文稿或其他视觉材料，也可以作为书面形式，对创业者的业务发展产生类似的效果。因此，商业计划书可能具有不同的形式，这些形式可能与风险发展的不同阶段有关，或者与不同的利益相关群体有关。

9.4.2　规划

在开始讨论商业计划书的内容及其相关悖论之前，我们将简要讨论作为过程的规划与作为输出结果的商业计划书之间的密切关系问题。因此，本节与第5章中关于组织机会的讨论有相似之处。

在规划过程中，需要注意一些与商业计划制订相关的关键因素，这些关键因素对于确保商业计划书按预期工作是至关重要的，库拉特科和霍杰茨（2004）将它们合并为以下四个主要因素：

（1）目标必须切合实际；

（2）该计划必须有承诺和奉献的含义；

（3）该计划必须包含一些里程碑；

（4）该计划必须灵活。

首先，设定的目标既要符合外部利益相关者（包括潜在投资者或贷款人等）的现实要求，也要符合内部的自身动机。如果这些目标不切实际且未经充分考虑，那么它将很难吸引投资者或贷款人。其次，当人们认为目标不切实际且无法实现时，就很难保持完成创业过程的动力。再次，该商业计划必须包含一些里程碑，并描述达成这些里程碑必须完成的各种不同活动，以及这些活动是如何相互关联的，这样就可以检查创业者是否与计划的时间同步，从而使其走上正轨。最后，该计划的灵活性至关重要，尽管这可能与商业计划书中的里程碑有点冲突。创业过程的实施是相对复杂、困难和不可预测的，因此在这一过程中，为变革创造空间可能很重要。

克服复杂性和不可预测性的一种方法是利用商业模式画布，特别是在"规划"过程的第一步。许多人视该方法为编写更加完整的、能反映商业计划的辅助工具。该方法也通常被认为是一个能够支持创意实现的商业模式工具。

自 2010 年亚历山大·奥斯特瓦德和伊夫·皮尼厄出版《商业模式新生代》一书以来，商业模式画布已被许多人视为他们编写商业计划书的方法基础。商业模式画布重点放在如何赚钱上，能帮助现有企业和创业者更好地理解是什么让他们的企业与众不同。这对投资者或高层管理人员来说尤其有意义，这使他们可以更好地评估所投资的新业务领域，以及创业者是否能够产生实际收入。没有什么比围绕商业模式画布建立的业务更好的了，因此对它的理解以及在现实中将正确的部分组合在一起的能力，与产品本身或已设计的解决方案同样重要。人们普遍认为，"不了解商业模式创新，就如同不投资于训练设施、教练和重要的赛事，而仅大量投资于体育人才的培养一样，具有巨大的风险。"

商业模式画布的特点是该方法包含了许多相互影响的构成要素，这些构成要素又可大致分为两个主要部分。第一个主要部分关注客户和销售，第二个主要部分关注解决方案和客户价值。这两者结合起来，决定了创业者是否有机会可以利用和组织，以及如何实现机会。

商业模式画布中与客户和销售相关的要素是：

（1）价值主张：公司为满足客户需求而提供的产品和服务。其中的关键问题是"你卖什么"。

（2）客户细分：为了建立有效的商业模式，公司必须确定谁是客户，重点是"谁将购买产品和服务"。

（3）收入来源：可能的收入来源。企业需要考虑的核心问题是"如何赚钱"。在关注可能的收入来源之后，要讨论产品或服务背后的定价模型，这就引出了关于如何确定产品或服务价格的补充问题。

（4）渠道：指接触到客户所需的分销和沟通渠道。这里的重要问题是"客户将如何找到产品或服务"。

（5）客户关系：企业必须讨论和阐明其与客户的关系。

商业模式画布中与业务相关的要素包括：

（6）关键活动：为客户创造价值而开展的最重要的关键活动。重要的是公司能够明确地回答"公司做什么"。

（7）关键资源：为客户创造价值所必需的资源。关键问题通常是"公司由什么资源组成"。

（8）合作伙伴：公司将与哪些合作伙伴和供应商建立联系。这里的问题是，"公司应该与谁合作，才能够实现预期客户价值的活动"。

（9）成本结构：涉及哪些成本，核心问题是"业务的成本结构是什么"。

这9个要素共同构成了一种商业模式，并将成为每一项好业务的基本构成要素。良好的商业模式如何实现，取决于各个要素是如何组合在一起的。商业模式画布的优势在于它创建了一种概述，揭示了不同的构成要素如何相互影响，以及它们彼此依赖的原因。它为创业者及其团队提供了一种共同的参考框架，以便能够获得对业务内容的共同理解。实现共同语言和共同理解，不仅对内部交流至关重要，而且对外部交流也至关重要。

9.4.3　商业计划书的内容

关于商业计划书应包含什么内容，有太多的建议。这些建议通常以商业计划书目录的形式提出。尽管人们对商业计划书的内容有许多建议，但唯一可信而普遍的建议是，商业计划书必须适应机会、情境和目标受众。当然，商业计划书中对不同类型的机会的最佳描述也会有所不同。与机会有关的情境也对应该如何组合商业计划书的内容有重大影响。例如，有些人可能会认为，有出口和增长野心的创业者，其业务结构必须不同于只想在当地建立自己公司的创业者。而不同的目标受众，例如银行家、投资者、客户、供应商、会计师等，更是会对商业计划书中的信息有不同的要求。

表 9-1 列举了有关商业计划书内容构成的三个例子。

表 9-1　商业计划书内容构成的三个例子

库拉特科和霍杰茨 （2004）	斯奇里 （1987）	商业计划期刊 （Business Plan Journal）
执行摘要	执行摘要	执行摘要
业务描述	背景和目的	公司分析
营销	目标	产业分析
运营	市场分析	客户分析
管理	开发和生产	竞争分析
财务	营销	营销计划
重大风险	财务计划	运营计划
收获策略	组织和管理	管理团队
里程碑进度	产权	财务计划
	重大风险和问题	附录
	总结和结论	

这三份不同商业计划书的建议应该被视为是解决同一问题的三个单独的建议。除非我们考虑商业计划书的情境和目标群体，否则将无法评价这三份建议孰优孰劣。此外，这三份建议之间有一些重叠，所有这些建议都有关于管理、财务和市场条件。

如你所见，对于商业计划书的内容应该是什么，人们有不同的观点。在制订一份特定的商业计划书时，最重要的是思考在特定情况下，什么类型的信息是至关重要的。下面是可能有助于制订商业计划的一些建议，它们是由库拉特科和霍杰茨（2004）提出的。商业计划书应该：

（1）不要太长；

（2）具有未来导向；

（3）避免夸大其词；

（4）澄清关键风险因素；

（5）确定目标群体；

（6）专业而正式（用第三人称）；

（7）能引起读者的注意和兴趣。

9.4.4　商业计划书作为管理工具

现在我们来讨论本章的悖论，即看似相反的两种视角。一种视角认为商业计划书是一种管理工具，另一种视角则认为商业计划书是对创造力的抑制。我们首先讨论作为管理工具的商业计划书。

将商业计划书视为管理工具的观点是迄今为止最常见的，它遵循一种理性逻辑，即认为商业计划书是管理和规划一个组织未来的手段。威克姆（2004）将商业计划书描述为一种旨在发掘机会的创业工具，德尔玛和谢恩也这么认为：

> 商业计划书有助于企业创始人进行商业开发活动，因为规划有助于实现许多人类行为领域的目标……具体而言，我们认为规划有助于企业创始人更快地做出决策，而不是通过反复试错学习，并且能够更高效地将抽象目标转化为具体的运营活动。（Delmar 和 Shane，2003）

根据德尔玛和谢恩（2003）的研究，使用商业计划书有三大优势：首先，商业计划书和规划过程可以在（财务）资源被占用之前识别缺失的信息，从而帮助人们更快地做出决策。

其次，商业计划书是一种关于管理资源供给与需求的工具，有助于避免出现资源供需瓶颈。

最后，商业计划书是一种保证行动启动的手段，目的是在时间范围内实现既定目标。

斯奇里（1987）也认为商业计划书是一种管理工具：

> 什么是商业计划书？从本质上讲，它是一种工具：可评估组织及其环境的当前和未来状态；在此评估基础上，确定短期和长期目标；可制定适当的行动指南以实现这些目标。这显然是勤奋的市场研究和合理的财务预测的结果。（Schilit，1987）

当人们认为商业计划书是一种管理工具时，他们同时认为未来是可以预测的。马奇（1997）提到了在规划之前必须具备的一些前提条件，从完全理性的意义上，这些前提条件为：

（1）有关于备选方案的知识；

（2）有关于结果的知识；

（3）有一致的偏好顺序；

（4）有决策规则。

将商业计划书视为一种管理工具的前提是假设创业者能够熟悉各种未来选择。例如，他们能够想象市场的发展方式，以及能够认识到实现这些选择的结果。如果市场能根据不同的选择发展，那么这对创业者来说意味着什么？随着时间的推移，创业者对这些备选方案保持一致的偏好，从而做出了理性的选择。虽然有些人对这些假设持批评的态度，但将商业计划书视为管理工具的支持者往往相信：尽管这些假设只在一定程度上有效，但商业计划书对创业过程中的创业者所进行的引导仍是有意义的。至少它没有让创业者优柔寡断地游荡，不知不觉地经历这一过程。

将商业计划书作为管理工具的支持者并不一定坚信上述假设，他们更倾向于系统管理，而不是做出随意的行为。他们中的许多人对马奇（1997）提出前提条件的做法持批评态度。这些支持者承认有限理性（Simon，1947），因为创业者无法充分收集和处理信息，也无法完全理性地预测、控制他们的未来。创业者试图理性行事，但他们的行为仍然受到理性限制，一部分原因是他们无法掌握已有的全部信息，另一部分原因是他们无法充分理性地分析和处理这些信息。商业计划书的支持者也认识到他们不可能完全确定各种方案的结果。他们还认识到，随着时间的推移，创业者的偏好并不会保持不变，创业者在特定时间想要的东西，在以后很容易改变。

将商业计划书视为管理工具的支持者在他们的信念及基本假设上显然认为，他们意识到人们只能以有限理性行事，也认识到了规划的重要性，以及商业计划书在管理过程中的重要性。

9.4.5 商业计划书会抑制创造力

有实证研究表明，规划对创业者的绩效没有积极的影响。霍尼格和卡尔森认为，"我们发现，与没有写商业计划的人相比，那些撰写商业计划的人不太可能坚持初期的行动"（Honig 和 Karlsson，2004）。这些研究引发了对人类行为的讨论。我们可以将商业计划书中的规划方法和愿景视为管理工具逻辑，也可以称为结果逻辑（March 和 Olsen，1989）。这种逻辑基于企业家的偏好及未来最有利可图的选择来进行预测和优先排序。然而，有迹象表明其他逻辑也可以发挥作用。

一些创业者有可能利用以前的经验开展创业过程。不难想象，从许多方面来看，经验中产生的知识是无形的，且难以描述。尽管如此，它仍然对创业者具有重要价值。一些实证研究表明，与首次创业者相比，有创业经验的创业者更有可能取得成功。经验逻辑的有效性可能会与结果逻辑的益处相匹配。

人们还可能意识到，有些创业者只是简单地模仿其他创业者的做法，以希望这种行为再次被证明是有效的。或者说他们这样做是因为他们的环境期望他们这么做。霍尼格和卡尔森专门撰写了关于环境期望的文章，环境几乎迫使创业者采取规划方法：

> 新组织似乎并不是为了提高绩效来制订商业计划，只是为了遵守制度化的规则并模仿他人的行为……总之，我们建议新组织进行计划，是因为他们要对计划的预期做出反应（Honig 和 Karlsson，2004）。

商业计划书作为管理工具，有它本身的好处。然而，世界上有很多其他事，可以提供与商业计划书所能提供的好处截然不同的好处，而我们仍然没有讨论其中最大的好处。我们已经考虑了撰写商业计划书的一些原因和驱动创业者的逻辑，并对商业计划书保持了一定程度的乐观。即使商业计划书被看作是个人为了满足环境的需求而撰写的，它仍在创业过程中扮演着重要的角色。

然而，有些人认为商业计划书对创业者的创造力有抑制作用。他们认为，当创业者开始制订商业计划书时，他会陷入一种结构化、逻辑性的思维方式之中，而这种思维方式会破坏创造力。战略思维在规划过程中起着重要的作用，这比保持结果性和合理性逻辑需要更高程度的创造性。

成功的规划要求创业者跳出固有思维模式，打破市场上现有的主导范式。这需要创造力和横向思维（De Bono，1992），而创造力和结构并不是同时存在的。因此，如果你开始使用商业计划书，创造性就会被破坏，而商业计划书有意地构建了这个过程。著名画家毕加索曾指出："每一个创造行为首先都是一种破坏行为。"这句话说明了打破现有主导范式来创造新机会，而不是填补现有的一些结构的重要性，这才是规划的根本所在。克尔凯郭尔的另一句名言也说明了创造力对现有事物突破的重要性，"跟随别人的脚步，永远不会走在前面"。

反对将商业计划书视为管理工具的那些人，恰恰是因为他们将创造力置于创业过程的结果逻辑之上。这不是因为他们忽视并且不注重逻辑和理性，他们只是认为创造力更重要。他们将创业视为一种艺术，在这种艺术中，机会在更大程度上是由创造性和直觉过程产生的结果，而不是逻辑和理性过程的结果。日本最著名的战略思想家之一——大前研一认为：

> 正如你已经猜测到的那样，我的见解是，成功的商业策略不是源于严谨的分析，而是源于一种特定的心态。在我所说的战略家的头脑中，洞察力和随之而来的成就驱动力，往往等同于使命感，推动了一个创造性和直觉的思维过程，而不是理性的思维过程。（Ohmae，1982）

9.4.6 商业计划书：管理工具还是抑制创造力

我们已经讨论了商业计划书的情境、内容和过程，此外我们还讨论了对创业者产生作用的商业计划书悖论，即商业计划书究竟是一种管理工具，还是对创造力的一种抑制，讨论摘要如表 9-2 所示。

表 9-2　悖论：管理工具还是抑制创造力

	管理工具	抑制创造力
什么是商业计划	规划工具	抑制创造力
逻辑	结果逻辑	其他逻辑（经验逻辑、模仿逻辑）
业务发展的重要性	理性高于创造性	创造性高于理性
重点	一致性	打破常规
隐喻	科学	艺术

第一种视角，即将商业计划书作为一种管理工具，认为商业计划书是规划创业过程的一种手段。它遵循了结果逻辑，认为业务发展的重要性高于创造性。这种视角的重点是所进行分析的一致性，因此提出的建议和规划都被认为具有科学性。

第二种视角认为商业计划书抑制了创造力，因此也抑制了创业者完成创业过程的能力。这种视角认为，规划通常基于其他逻辑，并且创业者可能有其他原因来编写商业计划书，而不是简单地遵循传统的结果逻辑。在这种视角下，创造力优先于逻辑。这是一种"打破常规"的思考。因此，规划被认为是一门艺术而不是一门科学，在实施创业过程中，商业计划书被视为是一种障碍而不是帮助。

9.5　理论视角下的商业计划书

下面是从不同视角对本章开头的 Mobitrix 公司的故事所做的两种不同解读。这两种解读已将上述理论与这个故事联系起来。

9.5.1　管理工具视角

Mobitrix 公司的案例可以很容易地从管理工具视角进行解读，其中商业计划书被认为是管理、规划商业机会评估和组织过程的一种手段。虽然迈克尔承认许多事情并没有像他预期的那样发展，但根据管理工具视角，人们可以很容易地想象，如果没有规划和日程安排，整个事情会变得更糟。

首先，在管理工具视角中，没有任何论点接受一个业务不可以灵活变通——就像迈克尔在案例结束时最终意识到的那样。各种不可预见的事件都可能会改变商业计划书的前提，紧接着便需要创业者对该计划进行调整。从管理工具视角来看，根据商业机会的发展对商业计划书进行持续的调整是很常见的。

通过这种方式，该案例研究很好地说明了过程与商业计划书是如何相互影响的。此外，案例研究还展示了不同的受众、目的以及情境是如何要求商业计划书中的不同内容的。当迈克尔考虑更新商业计划书以吸引潜在的新合作伙伴时，以上内容就得到了清楚地说明。

其次，尽管真实的商业情境并不是按照商业计划书来发展的，这不可以作为反对应试图控制那些可以被控制的事件的论点。商业计划书与现实不一致的原因可能是规划不周密或计划行动执行不到位。如果没有这个商业计划书，情况可能会变得更糟。毕竟，该商业计划书为迈克尔在努力开展可持续的业务方面设定了一些里程碑，它确保了具有一致性和针对性的行为。

9.5.2　抑制创造力视角

与管理工具视角截然不同，在抑制创造力视角中，商业计划书与商业机会的发展并不一致。在这里，我们将这个事实看作一个标志，即商业计划书缺乏预测未来的能力，也无法为创业者的目标和行动提供必要的投入。

迈克尔在创业初期制订的商业计划书针对的是 9 个月前的情况，与现实情况完全脱节。一路走来，发生了许多迈克尔没有预料到的、意想不到的事情，包括要为 iPhone 和 iPod Touch 开发扫描配件，以及在斯里兰卡的开发时间比预期的要长。

根据抑制创造力视角，这些意外事件意味着要用大量时间和资源预测一个不可预测的未来，而这些时间和资源本可以更有效地用于开发产品或联系不同类型的利益相关者，包括投资者、供应商和潜在客户。人们也可以很容易地想象，这份商业计划书给了迈克尔一幅现实和未来的图景，而这幅图景后来变得越来越清晰，即使事实证明商业计划书中描述的图景并不真实。

迈克尔对商业计划书在预测未来时的不足而感到的沮丧貌似远胜过取得积极进展时的乐趣。在杜塞尔多夫举办的医疗展览会上，潜在客户对 Mobitrix 公司后续行动缺乏兴趣表示失望。这清楚地表明，当商业计划书不成立时，精力会被引导到一个消极的方向上。但或许这些精力可以被更有创造性地利用，从而以新的、不同的方式思考该如何发展业务。

案例研究中还有几种情况表明，各种意外事件对商业机会的变化至关重要。对不可预见事件的创造性反应有助于商业机会的开发。创业者不能依靠过于长期的计划。

9.6　商业计划书真的如此吗

基于上述观点和讨论，你可以尝试去理解商业计划书对创业过程的影响。下面是一些对你有帮助的建议和练习。

1. 采访创业者

试创建一个包含两个主要部分的采访指南。第一部分着重于创业者在使用商业计划书时可能获得的总体利益。第二部分包含创业者在使用商业计划书时可能面临的缺点和问题。联系一位创业者并进行采访，以测试本章中关于商业计划书的理论。在此基础上，就这个悖论提出你的观点：商业计划书到底是管理工具还是会抑制创造力？

2. 采访银行家或投资者

你认识银行家或其他每天都在处理投资新商机的人吗？如果认识，请就他们如何评估一份商业计划书进行采访，看他们想要什么样的信息，以及他们想要如何设计商业计划书。

3. 媒体的看法

到图书馆找一个数据库，并搜索"商业计划书"一词。你可以选择短时间或长时间，或选择是否在文章标题中包含术语"商业计划书"，来选择扩大或缩小搜索范围。阅读并分析文章，并根据他们对商业计划书的看法对文章进行归类。根据你的分析，得出你所在国家的学术圈关于商业计划书的总体看法，它倾向于将商业计划书视为管理工具还是抑制创造力的手段？

4. 为商业计划书创建大纲

你有一个小创意要实现吗？如果有，请搜寻你的社交网络，看看你是否认识一个正在考虑建立一个属于自己的组织的人。接下来，尝试更详细地概述这个机会的商业计划书应该包含什么，以及应该向谁提出。在完成商业计划书大纲后，你可以继续思考，并撰写一份完整的商业计划书。

参考文献

Baker, W.H., Addams, H.L. & Davis, B. (1993) 'Business planning in successful small firms', *Long Range Planning*, 26(6), 82–88.

Barringer, B.R. & Ireland, R.D. (2008) *Entrepreneurship: Successfully Launching New Ventures*, Boston, MA: Pearson/Prentice Hall.

Business Plan Journal, www.businessplanjournal.com (last accessed 20 December 2016).

De Bono, E. (1992) *Using the Power of Lateral Thinking to Create New Ideas*, London: Harper Collins.

De Wit, B. & Meyer, R. (1998) *Strategy – Process, Content, Context*, London: Thomson.

Delmar, F. & Shane, S. (2003) 'Does business planning facilitate the development of new ventures?', *Strategic Management Journal*, 24, 1165–1185.

Honig, B. & Karlsson, T. (2004) 'Institutional forces and the written business plan', *Journal of Management*, 30, 29–48.

Kuratko, D.F. & Hodgetts, R.M. (2004) *Entrepreneurship – Theory, Process, Practice*, Mason, OH: Thomson.

Madié, D. (2007) 'Farvel til forretningsplanen! Start af virksomhed kræver handling', *Iværksætteren*, 7, 34–36.

March, J.G. (1997) 'Understanding how decisions happen in Organizations', in Shapira, Z. (ed.), *Organizational Decision Making*, Cambridge: Cambridge University Press, 9–32.

March, J.G. & Olsen, J.P. (1989) *Rediscovering Institutions: The Organizational Basis of Politics*, New York: Free Press/Macmillan.

Maurya, A. (2012) Running Lean, 2nd edn, Sebastopol, CA: O'Reilly Media, Inc.

Ohmae, K. (1982) *The Mind of the Strategist: The Art of Japanese Business*, New York: McGraw-Hill.

Osterwalder, A. & Pigneur, Y. (2010) *Business Model Generation – A Handbook for Visionaries, Game Changers and Challengers*, Hoboken, NJ: John Wiley and Sons, Inc.

Sarasvathy, S.D. (2008) *Effectuation: Elements of Entrepreneurial Expertise*, Cheltenham, UK and Northampton, MA, USA: Edward Elgar Publishing.

Schilit, W.K. (1987) 'How to write a winning business plan', *Business Horizon*, September–October, 13–22.

Shane, S. (2003) *A General Theory of Entrepreneurship: The Individual–Opportunity Nexus*, Cheltenham, UK and Northampton, MA, USA: Edward Elgar Publishing.

Shuman, J.C., Shaw, J.J. & Sussmann, G. (1985) 'Strategic planning in smaller rapid growth companies', *Long Range Planning*, 18(6), 48–53.

Simon, H.A. (1947) *Administrative Behavior*, New York: The Free Press.

Wickham, P.A. (2004) *Strategic Entrepreneurship*, London: Prentice Hall.

第 10 章　设计思维

设计思维是启动和发展创业过程的独特创意方法，有人认为它激发了新的思维方式，并提供了令人兴奋的方法与过程，这些方法和过程是操纵和创造复杂事件和陌生事物的跳板。对所有创业者来说，使用这种方法不一定都是有意义的，但我们仍值得去了解它的潜力。设计与创业者相关有两个特别的原因。首先，它让创业者能够用新的方式解决复杂的创业问题，其次，创业者获得了使用设计方法和流程的通道，从而能够发现或创造原本不会出现的创业机会。

请牢记，在本章中我们主要把设计思维当作解决问题的一种方式。在解决问题的过程中，设计思考者具有同理心、协作性、视觉性、创造性，他们乐于尝试新事物，并在利用现有知识的同时探索新知识。众所周知，设计师能将纷繁复杂、充满两难困境的问题转化为机会，本章的核心就是，创业者如何像设计师在设计过程中解决问题那样解决创业问题。

10.1 设计合作社

踢出舒适区
作者：伯吉特·诺里克

"Designandelen"（"design co-op"，设计合作社）是设计驱动的区域性创新平台，它诞生于2010年的危机中。当时市场运作并不理想，这家致力于创业、创新和增长的公共企业，做了一项应对经济危机的举措，该举措在当时被认为是极其重要且颇具挑战性的。在这个平台运行的三年里，众多不同的行业和公司都经历了基于设计的各种创新过程。下面有其中的两个例子。第一个例子涉及一家儿童礼品和珠宝的供应商，它开发了广受欢迎的知名品牌，在这家企业与设计合作社会面之前，它的最终用户对该企业是不了解的。第二个例子涉及一位创业者，他开发了一种专利设备，这种设备几乎可以移动任何类型的床，对医院来说特别有用。还有许多其他例子也支持着设计合作社的核心要旨之一，即设计是面向每一个人的。

设计合作社的目的是建立双边设计市场，富有创意的设计创业者可以为有需求的大型公共部门和私营部门组织提供设计服务。在设计过程中，参与者之间的思维碰撞产生了协同作用，能进一步增加大型组织对设计及设计思维的使用，从而帮助他们创新和成长。与此同时，小型设计创业公司本身也能得到强化并变得更加专业，后者主要是通过帮助他们组建跨学科团队来实现的。这样一来，创业者就可以形成非正式的设计联盟，为渴求设计的大型组织提供更广泛的设计项目。所以这个组织的名称为"设计合作社"，其灵感来自于合作运动原则，该原则让小企业在市场上不断做大、做强。

1. 一本正经的电子表格

与设计合作社接触的小型设计创业者有不同的专业背景，比如，在时装和纺织品、工业设计、珠宝和金属设计、工艺品设计、平面设计、外观设计以及活动和表演设计行业，有很多人从事不定期的兼职或自由工作。当然，他们业务起步的过程与创业过程是非常不同的，但这两个过程之间有相互交叉的趋势，专业背景使他们热爱创业过程中的早期创造性阶段。在这个阶段，新的创意、服务和概念不断被创造出来，并且他们也倾向于不断地追求新的创意。但是，对创意进行组织、定义和聚焦，使它们成为市场机会，并将它们转化为增长机会和新业务，这些似乎并不是设计创业者的主要兴趣和动机。设计合作社的存在正是为了帮助这些创业者简化这些烦琐的商业开发过程。

设计创业者在建立商业经济思维方面也遇到了很大的困难。商业经济思维更侧重于市场和客户，然而对他们来说，一切都与个人创造力的发展有关。一方面，设计师认为成为创业者会对他们的身份、价值观和梦想造成威胁；另一方面，他们明白，要想通过设计实现营生的梦想，并将设计理念转换为具体的现实，他们需要做出改变，需要对自己的价值观和能力进行重新定义。

他们中的许多人将创立企业描述为一种暴力的做法。对他们来说，创立并发展自己的事业就是从安全而熟悉的地方（即设计师的工作室）转移到新的、充满潜在危险的地方（即创业）——"我真的需要有人在背后踢我一脚""我得被强行赶出工作室"。设计创业者知道他们现在只在各自的创意领域发光发热，也知道现在正是与其他参与者及市场合作的最佳时机，尽管这并不容易。同时，创业也会导致设计师身份的分裂，这种分裂基于一套注重创新和创造力的价值观。设计创业者将设计过程描述为与未知合作，"作为设计师，就是要设计出那些尚未存在的东西"。另一位设计师形容他做设计是为了创造新颖的"养眼花瓶"。我们可以用想象力、好奇心、游戏、诗歌、思想等词汇来描述一名设计师。设计师也谈到了"融入工作"的重要性，一位设计师说，在她之前的职业中，她感觉到"缺少了某样东西，那就是创造的力量"。

设计创业者们经常要在设计者身份与商业身份之间做出抉择，他们的理智和情感一直在为做正确的决定而争斗。商业方面通常不像设计那样具有吸引力，因为"从本质上来说，我能够忘掉那些不应该令我烦恼的事"。"预算、现金流、商业计划书等，这些通常都不是非常有趣，但如果我现在就考虑这些内容，以后的问题将会更少"。总的来说，许多设计创业者觉得自己被禁锢在商业经济思维所代表的框框和刻板印象之中，失去了自由——"卖家？真是见鬼！卖家都是不值得信任的，他们过于聪明，但对美学和设计价值却一无所知"，他们是"只会拍马屁的二手车推销员"，会计和金融代表被称为"铁杆商业人士"和"一本正经的电子表格"。设计创业者们总说"我害怕被束缚"。然而，通过设计合作社组织的课程，许多设计创业者逐渐认识到需要了解金融系统的基本规则，如增值税、减税等。

2. 没有权宜之计

如果将注意力转移到设计合作社与那些更大、更成熟组织的合作上，我们能从多方面看到一些完全不同的挑战和机会。设计合作社在这些合作中更多关注开放现有组织的结构和惯例，因此有足够的空间让设计过程和方法论发挥作用。许多不同类型的公共组织和私营组织都与设计合作社有联系，如中小企业、大型商业巨头和公共组织。其中，一些企业希望利用设计来让自己从竞争对手中脱颖而出，另一些则关注创新、策略、品牌及视觉识别、信息流、用户体验和参与度以及客户体验。如前所述，设计合作社的主要目的是使大型组织与跨学科的设计创业者的创意团队相匹配，并建设性地挑战这些组织的商业逻辑和日常工作。这些不是权宜之计，而是漫长的过程。

在设计合作社为大型组织所做的工作中，设计创业者使用诸多不同的设计方法来开放和发展现有组织如用户旅程、人物角色、原型设计、民族志观察。用户极大地参与了各种共创过程。例如，有一家卡车和清雪机的制造商通过设计工作建立了一种新的思维模式：这家公司现在销售的是道路安全理念，而不是销售各种各样的机器，这种思维模式已经渗透到了该公司所做的每一件事及其战略思考之中。又如，一位大型房间及空间的照明专家，从对客户和用户需求的假设，转变到在对客户充分、透彻理解的基础上进行工作和创新。对许多更成熟的组织来说，与小型创意设计创业公司合作是一项挑战。一家大型室内及空间照明公司的主管指出："问题是，我们是应该继续以旧方式磨合下去，还是努力做得更好……这个问题可能比我们预想的要大一些，但它是值得的！然而，它过去困难，现在仍然困难，而且非常困难，因为其中需要做很多工作。"这个主管允许设计师接触他的业务，并允许他们询问客户。设计师们与公司员工一起举办了研讨会，而且公司现在正在利用新的机会、设计思维和方法来开展更多工作。

设计思维过程中的图纸和图像

10.2 设计合作社引发的思考

下面的练习应该能帮助你解释案例中发生的事情。在我们谈论设计思维与创业的交集时，会发生什么？和前几章一样，我们将为你提供一些理论工具来了解这个案例更深层次的内容：

- 想象一下，你正在设计一门创业课程"公司成长之路"，主人公是一位新生设计创业者，他没有客户。你会如何设计这门课程？主要内容应该是什么？你应该使用什么教学方法？

- 读了这个案例之后，你很清楚在设计与商业创新的交集中存在很多障碍。找出至少三个障碍并写下来。
- 假如你是财政部部长，你正在考虑拨出更多的财政预算来推动设计创业。资金分配给哪些倡议是合适的？它们应该如何进行？

10.3 创业是培养创业思维还是设计思维

在理论文献方面，我们所关注的领域是创业与设计思维的交集，但这并不能称得上创业研究文献的一个成熟的分支，现在仍然处于萌芽阶段。

另外，关于现有公司如何利用设计、设计思维来加强创新和竞争力等方面的研究文献相对较多，而且还在不断增加。设计思维被吹捧为一种新的、令人兴奋的商业范式（Dorst, 2011）。总的来说，设计思维越来越被描绘成一种用来解决各种复杂问题的"神丹妙药"，它能帮助经济增长、促进可持续发展、增加经济繁荣、提高生活质量等。无论如何，世界各地的大量报告似乎都支持这种观点，即设计在各个层次和众多方面都创造了巨大的价值。例如，英国设计理事会发布的《2015 年度设计经济报告》显示，就英国经济的总增加值而言，2013年设计对经济贡献了 7.2%，而在同一年设计对英国出口总额贡献了7.3%。

关于创业与设计思维的两种文献之间的联系非常有趣，并且产生了一个悖论，该悖论包括两种视角：创业思维与设计思维。本章与前几章略有不同，有两个原因。首先，也是最重要的是，其中一种悖论视角名称与本章标题相同。其次，在本章中，我们选用了一种具体的创业定义来启发我们对创业思维的理解，即谢恩和维卡塔拉曼（2000）对创业的经典定义。也就是说，在本章中，我们将创业思维视为一种由探索驱动的思维方式和创业行为。另外，我们将设计思维视为一种迭代驱动的思维方式和行为方式，其中包含探索与创造过程之间的密切互动。本章的悖论是：

> 创业是培养创业思维还是设计思维？

至此，我们说的悖论出现了。当你学习本章后，你会更好地理解它。

10.3.1　设计思维的三种观点

"设计思维"的概念最早出现在罗于 1987 年出版的《设计思维》一书中。从那时起，这一概念在理论和实践上的流行度几乎呈爆炸式增长。设计是一回事，设计思维则是另一回事，设计思维是设计师思考和行动的方式，越来越多的人认为它或多或少与各个学科、政府机构、私营企业、创业者，以及其他从事复杂问题解决和创新工作的人有关。然而，要理解什么是设计思维，你必须首先将设计视为一个概念，但这个概念很难定义。就像不断被稀释的果汁一样，现在的设计概念也被稀释，并变得支离破碎。例如，设计可以是造型工艺、工业设计、战略设计、产品设计、沟通设计、交互设计、工程设计、平面设计、服务设计、时尚设计、图标设计，等等。设计可以是受到时间和空间限制的某个活动、一个完整的过程、某个专业或行业的名称，也可以是一种输出。从传统意义上说，设计的目的是让产品更加美观、实用和智能，但如今设计的功能要多得多。人们能够区分"设计品"和"进行设计"，"设计品"即设计出来的一把椅子、一盏灯等；"进行设计"则是你作为一名设计师思考和解决问题的过程，这个过程就引出了设计思维的概念。表 10-1 给出了有关设计思维的三种观点，详述如下。

表 10-1　设计思维的三种观点

	设计师观点	学科观点	组织资源观点
重点	设计师思考和工作的方式	设计学作为一门理论性的学科，与众多其他领域相关	组织需要创新、差异化等
目的	理解设计师如何解决问题	给出解决棘手问题的方法	创新、战略制定、组织变革
起点	设计问题是复杂的，问题与解决方案是共同演化的	设计问题是棘手的问题	组织问题就是设计问题

（续）

	设计师观点	学科观点	组织资源观点
关键贡献	舍恩（Schön, 1983），克罗斯（Cross, 2006）	西蒙（Simon, 1969），布坎南（Buchanan, 1992）	邓恩和马丁（Dunne and Martin, 2006），布朗（Brown, 2009），韦尔甘蒂（Verganti, 2009）

资料来源：Inspired by Kimbell（2011）。

1. 设计师观点

第一种观点是基于设计师如何致力于解决结构不良的问题，以及他们在此过程中的认知方式。舍恩（1983）在这方面做出了经典的贡献，他认为设计师实践的核心是在行动中进行反思。另一位关键贡献者是克罗斯（2006）。

2. 学科观点

然而，设计思维也可以被看作是一般理论学科知识的分支。例如，西蒙（1969）提出了他的设计科学，其重点是创造新的人工制品。人工制品涵盖了所有人造的东西，即非天然形成的东西。然而，一件人工制品也可能是人类影响过的自然事物，比如，受过训练的一只狗。西蒙指出人人都是潜在的设计师，"每个人都设计出一套行动方案，旨在将现有情况转变为自己喜欢的情况"。布坎南（1992）也印证了设计思维是具有普遍性的一门学科，他引入了"棘手问题"这个流行的概念，与相对容易解决的问题相比，棘手问题是很难解决的，这类问题有一些自相矛盾的东西，这就是不能预先定义它们的原因。相反，当人们试图解决问题时，问题会不断地变化，而设计思维的任务就是为棘手问题找到或创造出好的解决方案。

3. 组织资源观点

最后，设计思维可以被视为一种组织资源。这里的设计思维通常与业务挑战直接相关，比如创新。作为一个示例，这里的设计思维被定义为"一门学科，它利用设计师的鉴赏力和方法，将人们的需求与技术上可行的、可实施的商业策略匹配，从而转化为客户价值和市场机会"（Brown，2009）。人们批评这种理解中的一些贡献，因为它们过于烦琐，不能让设计对商业从业者和其他从业者"可接受"，无法以过于简单和线性的方式解释设计过程，并为创意工具箱精简设计。虽然表 10-1 前两列中的贡献用设计术语解释了设计思维，但最后一种方法则越来越倾向于将设计思维概念转化为对业务的分析理解。

这种非常商业化的设计思维方法，是由国际设计和咨询公司 IDEO 驱动的，专注于设计界的引领者、创业者和其他从业者。在这些设计思维文献中，你会发现许多商业读者早已熟悉引用的理论、模型和概念。例如，对迈克尔·波特著作的引用（见 Borja de Mozota，1998）。最后，与以表 10-1 中第 1 列和第 2 列为示例的更经典的设计思维文献相比，这一部分的设计思维文献更倾向于实践，并且是由实践开发的（Johansson-Sköldberg 等，2013）。

但是，为什么需要将设计思维视为组织资源呢？根据马丁（2009）的观点，这是因为将业务仅仅建立在利用或探索逻辑的基础上是危险的，利用是指公司通过开发、完善和管理现有的知识和想法来寻求利润最大化的过程，它的关键要素是重新定义、效率、选择、执行和实施。而探索则是指公司专注于寻找新的创意和知识，创造新的业务，它的关键要素是实验、游戏、灵活性、发现、冒险和创新（March，1991），单靠探索往往会使公司变得脆弱和不稳定，可能很难使公司巩固并获得资源来投资新的探索性活动，"那些只通过利用来创造价值的企业，过不了多久就会走向尽头。因为它不能永远利用同样的知识"（Martin，2009）。企业往往会陷入这两种逻辑中的一种，这就是问题的根源所在。虽然解决各种类型的问题需要不同程度的探索和利用，但普遍的共识是，解决某个问题通常需要两者的结合。在一般商业文献中，有关利用与探索之间的相互作用及平衡的问题被描述为"双元性"（O'Reilly 和 Tushman，2013）。设计思维为企业如何同时利用这两种逻辑提供了一种思路，从而在利用与探索之间建立更好的平衡。

10.3.2 设计思维过程

你现在能够更深入地了解设计思维是什么，以及设计思维过程在现实中是如何运作的。这些问题没有统一的答案，下面我们将着重介绍与该过程相关的一些典型特征。

在设计思维过程中，利用思维、探索思维与行动这三者之间存在着持续的互动。此外，这个过程的枢纽是过去、现在和未来这三者之间持续的相互作用。有许多设计思维过程模型说明了利用与探索、现在与过去以及未来之间重复循环互动的复杂迭代性质。然而，很明显，如果没有这个框架的牵制，人们将很难为诸如设计思维这样的创造性现象创建模型和设立框架。西蒙（1969）将设计思维过程解构为以下的七个子过程：定义、研究、构思、原型、选择、实现和学习，斯坦福大学哈索·普拉特纳设计学院也提出了类似的过程模型。布朗（2009）提出了由灵感、构思和实现这三个子过程组成的设计思维过程模型。邓恩和马丁（2006）以及丽迪卡和奥格尔维（2011）提出了另一个过程模型。图 10-1 是本书的设计思维过程模型示例，在这个模型中，我们试图说明有助于设计思维过程展开的基本逻辑和子过程，图中的阴影部分说明了如何将整个图形扭转为共创过程的网络，并且显示了共创是理解设计思维的核心，而与设计思考者所处过程的"阶段"无关。

接下来，我们将带你踏上一段旅程，更详细地研究这个模型的运转和四个密切相关的子过程。

1. 探索当下："是什么"

设计思维过程可以从图 10-1 中的任何地方开始。然而，它通常会从探索"是什么"开始，即人们试图解决的问题领域的过去和现在，需要全面深入地探索问题领域。设计思考者深入问题背后，抓住迄今为止被遗忘的更深层次内容，研究其复杂性、悖论、局限、参与者、历史以及与其他问题领域的关系。设计思考者在第一次接近问题领域时，几乎会观察所有事情，因为他还不知道什么值得理解、什么不值得。他探索"是什么"的关键在于倾听和共情理解用户及其他利益相关者，并为他们设计一些东西。他们的需求、痛苦、价值观、过往经历、观点等是什么？他们为什么会如此？他们做什么？不做什么？为什么？人们说设计是以人为本的，要理解你正在为之设计的那些人，就需要有同理心，即能够设身处地为他们着想，从他们的角度而不是你自己的角度来看待现实。在这个过程中，设计方法包括各种数据收集方法、问题识别方法，例如人物志访谈、观察方法、人类学技术、文化探索、旅行地图以及人物角色。通常，设计思考者通过对"是什么"的探索，这些问题发展到最后很少会像他最初所认为的那样。"是什么"这个过程使设计思考者能够从新的角度看待问题。

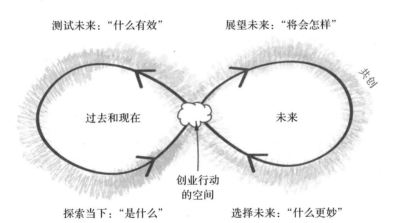

图 10-1　设计思维过程

资料来源：Inspired by Liedtka & Ogilvie（2011）and Nielsen 等（2016）。

2. 展望未来："将会怎样"

通过"是什么"过程获得的所有新见解，都是使设计过程更进一步的基础。通过具有创造性、发散性和面向未来的"将会怎样"过程，这些新见解将被翻转、挑战、扰乱、激发，然后再以不同的方式组合在一起。例如，制约条件被积极地用于激发设计师跳出框框思考问题领域及其解决方案。设计师甚至会为自己画出富有想象力的制约框架，这样他们就可以在"将会怎样"的过程中变得更有创意，而这个过程背后的想法就是去开发大量不同的可能性和解决方案。一般来说，"将会怎样"过程是整个设计过程中的重头戏，这意味着在很大程度上，设计过程并不仅仅是为了找到解决方案。灵光闪现、来自他人的帮助、刺激和计谋都会将这个持续的过程带向新的发展方向。设计思考者喜欢长时间停留在充满分歧的"将会怎样"阶段，并常常会再回到这个阶段来，以确保有新的、令人惊讶的创意和想法出现。通常，"将会怎样"这个过程包含了不同的头脑风暴技巧和相关激发方法，例如，制约、类比和随机刺激方法，这些方法被用来创建许多关于未来解决方案和机会的潜在替代图景。

为了真正确保以新的方式颠覆和再创造事物，设计思维的时间和资源通常被投入到包括用户、其他利益相关者、专家等在内的"将会怎样"过程之中。因此，这个过程也是一个共创过程，这可能具有跨学科的优势。从逻辑上说，更多的东西总是出现在群体之中，群体中人员之间的跨学科互动提供了许多有趣的知识、惊喜和冲突，同时，如果新创意不能创造价值，与用户和其他利益相关者无关，或者出于其他原因根本无法实现，它仍然有可能中途停止并作出调整。后者强调了"将会怎样""什么更妙"和"什么有效"这三个过程之间的密切相关关系。

3. 选择未来："什么更妙"

在进行有分歧的"将会怎样"过程时，设计思考者采用的是一种实验逻辑，可以概括为"快速失败、低成本失败和继续前进"。为了确保相关性，必须深入了解涌现出的有关解决方案和机会的许多新想法是否满足用户及其他利益相关者的需要，这也是设计思考者与他人进行对话和共创的原因。目的是了解现实世界中可能有什么样的未来，即"什么更妙"，或者了解如何开发、调整和修改解决方案，从而有潜力满足需求。可以说，通过密切的互动和各种反馈机制，我们可以对许多创建的未来解决方案和机会的图景进行评估。

设计思考者通过使用不同的创意评估方法以及各种创意选择方法，

收集来自市场的反馈，并选出更妙的创意。在这一方面，人们经常说"什么更妙"过程更像是一种原型驱动的过程，原型是以物理形式传达思想、概念、产品、服务的早期草案、示例或模型。设计思考者不断将收集的设计过程知识和想法应用到原型中去，并将其快速投入市场，或者使之成为对话的重点，从而获得大量反馈。假设是物理形式更容易建立联系，反馈可能会导致新的原型产生，理解"是什么"或"将会怎样"的过程，会让设计思考者重新回到设计过程中去。通过探索"是什么"、展望未来替代方案"将会怎样"、测试和选择"什么更妙"，以及持续的进一步测试和实验"什么有效"（见下文）这些过程之间的反复互动，创业者会对行动领域产生新颖而令人兴奋的理解。

4. 测试未来："什么有效"

设计思考者在"什么有效"过程进行的活动与"什么更妙"过程密切相关。正是通过市场上的测试和行动，他才能发现什么是有效的。不同的学习启动过程可以用来创建对什么是有效的理解。根据布朗（2009）的观点，一份"什么有效"的指南是项目是否可行（在可预见的未来可能实施）、是否可实施（可能是商业模式的一部分），以及是否值得拥有（别人想要的，且对别人有意义的）的评判标准。

10.3.3　设计思维方法

设计思维为创业者提供了许多具体、新颖的方法，这些方法可以为他的创业过程提供支持。设计以其巨大的工具箱而广为人知，该工具箱包含大量不同的方法，可对处理棘手问题提供支持。你可以利用谷歌搜索其中的一些方法，也可以在斯坦福大学的哈索·普列特纳设计学院网站上搜索，针对设计的许多方法，该学院都为你提供了明确和自由的起点。在搜索设计方法时，你应该注意到这些方法并不代表一套完整的工具包。相反，它们应该被个性化和重新设计，你必须让这些方法为你工作。定制适合你所处设计思维过程的方法。同样的方法可能适用于多个版本，也适用于支持设计过程的各个环节。例如，相同的方法可以用来支持"将会怎样"过程,而在另一个设计思维过程中,这个方法可能用于探索"是什么"过程。图10-2阐述了一些关键的设计方法。

图 10-2 不同设计方法的可视化

一般来说,在设计思维过程中有两种元方法。第一种元方法可以称为"用手思考",利用它,设计师通过可视化、实体模型和原型构建来产生创意、概念、事物等有形的东西。第二种元方法是连续的共创,让设计思维过程中的用户、供应商、制造商、专家和其他利益相关者,通过创造性、社交互动的过程,从根本上发现、创造、评估和推出新产品或新创意。共创让设计思考者、用户和利益相关者的未来场景融合在一起,使之成为真正的机会。

10.3.4　创业思维

对创业思维由哪些要素组成有多种看法。然而，正如本章前面提到的，我们对创业思维的理解是受到了创业的特定定义启发的，即谢恩和维卡塔拉曼（2000）的经典定义。也就是说，本章中我们把创业思维看作是一种发现驱动的思维方式和创业行为，这些内容你也可以在第 3 章中读到。创新思维的核心是发现、评估和利用现有机会。根据这一理解，创业有两个基本先决条件：赚钱的机会和有创业精神的个人。创业机会被定义为"能够以高于生产成本的价格销售新产品、服务、原材料和组织方法的情况"（Casson，1982；Shane 和 Venkataraman，2000）。正如第 3 章所提到的，正是创业者或多或少无意识的警觉使他们能够认识到创业获利的机会。机会为市场所拥有的东西，它独立于创业者而存在。

有趣的是，谢恩和维卡塔拉曼（2000）除了解释新机会何时、为什么、如何出现以及被发现外，还强调了理解不同行动模式为什么、何时以及如何使用来利用机会。要成为一名合格的创业者，仅仅发现一个有利可图的机会是不够的。机会也必须被组织起来并转化为市场价值和创业获利，谢恩（2003）在《创业通论》一书中建立了这一理论。除了其他方面，这本书描述了创业者如何评估机会、收集资源、组织自己、制定战略、制订计划、发展竞争优势、使用网络保护自己免受竞争对手的影响、选择员工、有效利用成本等。通过各种不同的利用模式，根据市场机制和体制环境来利用创业机会。例如，这本书强调了四种具体的利用模式：独立的创业公司、衍生公司、兼并或许可以及公司创业。

因此，除了根据发现的新机会采取行动，使用创业思维同样也涉及如何利用新机会并将其转化为市场价值。由于新机会转化与巨大的不确定性及不完整的信息联系在一起，这使转化变得很困难。例如，只有在详尽讨论各种可能性之后，创业者才能确定自己关于产品服务的猜想是正确的。它能产生预期效果吗？它能生产出来吗？市场的情况怎样呢？

市场中有需求吗？客户会付出什么样的价格？它能大量销售吗？竞争情况如何？它最终能产生创业利润吗？谢恩（2003）指出，除了其他方面，为了应对不确定的情况，创业者还可能会制定不同的策略，比如小规模增长、通过收购进入、聚焦战略和形成联盟。

10.3.5   设计思维

设计思维代表了一种有意识的创业方法，在这个意义上，创业者使用相对具体、系统的过程和方法，积极运用设计思维来塑造新机会和创业过程。也就是说，设计思维不能孤立存在，相反，它有助于创业。与设计思维无关的许多因素也对创业过程的进行至关重要，例如，个人的创业特质、资源和网络，或利益相关者的资源和动机。市场和社会的独特特征，包括创业者，也是其中的一部分。他想要创造的东西往往是创业必不可少的因素。

根据设计思维，新的创业机会的突破是通过一些过程之间复杂的、迭代的交互作用来实现的，在这些过程中，过去、现在都被检测和重构，未来的想法被创造，不同的解决方案和机会空间被选择出来，并被测试和试验，它们共同提供了一幅解决方案的图景，以及创业者未来可能采取行动的机会。这表明新的创业机会是通过过去、现在与未来之间频繁的、创造性的互动来"设计"的，其中包括利用与探索、发现与创造。这一互动也发生在用户、利益相关者、以及其他相关参与者之间的密切互动和共创之中，创业者在整个过程中有不同的设计方法可以依赖和利用。设计思考者的大工具箱，包括"用手思考"，帮助创业者在探索当下、展望未来、选择未来和测试未来等这些子过程之间循环移动。

由于设计思维的迭代逻辑，很难将机会的评估及利用从它的发现或创造中分离出来。整个创业过程的要素是紧密联系在一起的，创业者不断受到启发并得到新的输入，这意味着创业者不断发现和建立新的可能性，而这些可能性必须通过与谁合作，以及如何实现来加以解决。创业过程是一个不断再设计的过程，但这个过程的关键焦点是同理心，因为它是以人为本的。重点是创业者如何同时满足用户和利益相关者的需要，甚至包括他们可能无法立刻意识到的需要。同样，理解用户的需要很重要，这并不是什么新鲜事，但是具有设计思维的创业者会深入用户的现实中，并围绕用户的现实展开工作。对创业者而言，用户不是细分市场，而是一个拥有闲暇时间、情感、价值观、信仰的人，而这些要素都嵌入在一些不断演变的独特制度和关系之中。这种以人为本的设计思维意味着创业者要一直专注于创造人类价值。在整个创业过程中，从头至尾，创业者对每一个新提供物为用户和其他利益相关者提供的价值都会进行测试。

频繁的测试通常由快速的实验性原型驱动，这为有效反馈、灵活调整、进一步开发以及问题和解决方案的创造性重构提供了良好的机会。具有设计思维的创业者很快进入“现实世界”，他观察、理解、倾听并与他人共创，创业者、用户和其他利益相关者之间的密切互动以确保新产品、服务、创意的意义。创业者很少关注自身，他并不会把说服他人相信这个产品何其出色看作是一项核心任务。相反，创业者从一开始就会和他人共创并调整新品牌，就像他设计东西一样。

共创是创业型设计思考者的核心。设计思维通常可以被视为通过社会共创的过程来解决创业问题和进行创业过程的方法。因此，创业的想法、概念、服务、机会、商业模式、组织都成了更常见的解决方案，用户、利益相关者以及其他人在新创意实施之前就会产生拥有和接受的感觉，这样就可以降低创业风险。

虽然当前需求，例如用户需求，将在创业设计思维过程中发挥重要作用，但是设计思维在很大程度上也是面向未来的，并且很重要的一点是，未来可以用多种现象来表达。无论如何，设计思维过程通过积极使用各种刺激和约束，对未来可能的创业活动产生了大量不同的图景。这些激发了创业者的想象力，并让他以全新的方式思考问题、解决方案和机会。各种约束并不是创业者应该试图避免或消除的，而是通向好的、通常是激进的解决方案和可能性的途径，而这些解决方案和可能性是创业者本来不会发现或创造的。

可以说，具有设计思维的创业者会倾向于将精力集中在创业过程的前端，在这个过程中，新创意会涌现并在相对较长的时期内传播。根据桑德斯和史塔伯斯（2008）的研究，设计的焦点是模糊前端，在那里新创意和新概念被创造出来，并转化为创造人类价值的原型、产品、各种其他利益及服务。设计师通常没有接受过后端培训，即从市场角度了解新创意的商业价值、实施及机会的利用，因此，这可能就是他给予后端过程优先级较低的原因。

在理解上述所有内容之后，你可能认为设计思维视角让你想起了第5章中提出的创业理论：效果逻辑理论。上述理论和效果逻辑理论相似并不奇怪。事实上，效果逻辑理论在很大程度上是受到赫伯特·西蒙（1969）思想的启迪，因为提出效果逻辑理论的学者萨阿斯瓦斯是西蒙的博士生之一。萨阿斯瓦斯等学者（2008）将创业者视为新人工制品的设计师，其中人工制品是指新组织、机构和市场等。正如我们在本章前面已经提过的，西蒙是一位经典的设计理论家。效果逻辑理论证明了创业与设计思维有许多共同之处。例如，这些相似之处引导了博兰等学者（2008）将创业者称为设计经理，引导了克洛兹弗里希等学者（2013）创造出创业设计思维的概念，引导了尼尔森和克里斯坦森（2014）强调了传统上基于设计管理的文献可以向创业学到些什么。

10.3.6　创业：创业思维还是设计思维

你可能还记得，本章的悖论是关于创业思维和设计思维。设计形成了自己的创造性思维方式、行为方式和解决创业问题的方式，这在某种意义上与创业中占主导地位的发现驱动方式相反。表10-2总结了这一悖论。

虽然创业思维代表了一种经典的创业方法，但具有设计思维的创业者为创业过程中的思考、行动和问题解决提供了一种新的方法。在创业思维中，机会来自创业者对现在和过去的失败的事情以及利用这些失败的警觉和发现。设计思维则讲述了关于新机会的不同故事，新机会产生于利用与探索、发现与创造，以及过去、现在和未来之间的迭代互动之中，例如，通过建立同理心、快速原型和共创等方式产生。毫无疑问，创业设计思考者通常从"是什么"过程开始，但其目的不是找出差距和机会，通过利用现有知识使效率更高，而是要以新的方式看待事物，并重新审视问题，这反过来又促进了跳出固有思维模式及新事物的创造。由于来自创业思维的警觉与无意识行为有关，而设计思维代表了一种更加有意识的方法来应对新事物的出现，因此，创业思维与设计思维之间就出现了差异。

表 10-2　悖论：创业思维还是设计思维

	创业思维	设计思维
主要定位	过去和现在的利用	过去、现在和未来的利用与探索
驱动力	发现驱动	由发现与创造、同理心、快速原型、共创等之间的相互作用驱动
方法	无意识警觉	更有意识的
主体	个人	社会建构的
创业过程假设	线性的	迭代的
未来定位	低	高且多
输出	创业价值	人类价值
重点	后端	前端
约束	必须消除	前进的道路

另外，创业思维与创业者个人有关，正是个人发现并利用了机会。然而，设计思维在解决创业问题和将创业视为社会共创过程方面要更胜一筹。更重要的一点是，设计思维中的机会出现很难与发现或创造、评估和利用机会的过程区分开来。这与创业思维截然相反，后者更多地基于线性逻辑，即我们首先发现机会，然后评估机会，最终利用机会。此外，设计思维是未来导向的，而未来是一个多元概念。设计思维把推测的各种未来带入创业过程。创业思维是对未来的更可控方法的证据，因为人们始终意识到，创业机会取决于盈利。因此，未来唯一能发挥作用的图景就是那些与创业者当时对市场预期有关的图景，比如价格、

竞争力、成本、资源等。因此，与设计思维相比，创业思维的未来视野更短、更有限且更固定。例如，在设计思维中，小说被用作描述未来的一种方法。约束是创业思维中需要消除的东西，因为它们会阻碍创业利润的创造。然而，对创业设计思考者来说，约束是一种积极的因素。

这两种视角在创造价值方面的差异进一步加大，因为设计思考者对创业过程采取了移情和以人为本的方法。设计思维的重点是创造人类价值，从一开始，人们对创业者是否实现了自己的目标以及创造了创业价值就不那么感兴趣，而创业价值是创业思维的核心。最后一点也同样重要，与设计思维相比，创业思维更注重新机会的开发和执行。一旦发现了机会，创业思维者就会很快地利用这个机会创建一个企业，这就是我们所说的创业过程后端发挥了作用，即机会被快速利用的过程。而具有设计思维的创业者越来越多地关注创业过程的前端。因此，创业思维者可能会担心，具有设计思维的创业者无法超越创意的重构过程，因而面临着某种形式的障碍，无法继续推进项目的执行。

10.4　两种理论视角

本章开始部分向你呈现了一个案例。现在我们将根据上述悖论的两种视角来解释这个案例。

10.4.1　创业思维视角

根据创业思维，设计合作社构建了供需、买卖双方参与的双边市场，以加强小型设计创业者的实力，并将设计思维引入大型的成熟机构。正是客观机会的存在，也就是大型组织面临的问题空间的存在，使这个双边市场能够协同运作。在这些目标中，小型设计创业者看到了创造企业利润的潜在机会以及创业者参与设计合作项目的意义所在。创业思维还强调了创业者的未来导向程度，他们考虑的是此时此地的订单和利润，而不是未来。创业者抓住机会的目标是通过充分利用机会为自己创造价值。通过让小型设计创业者完成大型组织的任务，整个市场比设计创业者发现机会之前显得更加高效。

　　设计合作社项目率先发现机会，并为小型创业者提供更清晰的现有选择。但是这个项目发挥的作用还不止于此，因为这些机会具有阻止小型设计创业者立即抓住它们的特性。设计合作社项目通过将这些小型创业者聚集在一个跨学科的联盟中，帮助这些小型创业者消除这些约束，这样他们就大到足以有效地进行竞标和承担工作。此处我们讨论的是有助于提高现有市场效率的做法。最终，由于新创企业主要专注于专业水平的创造性，其本身似乎是次要关注点，因此，设计合作社将大量精力投入到改善创业过程的后端。

10.4.2　设计思维视角

　　透过设计思维看这个案例研究，可以发现这个故事的背景假设是较大的现有组织不能继续以它们一贯的方式做事和运作。正是因为这些组织本身已经意识到这一点，它们才参与了设计合作社。它们很清楚真正的问题在哪里，但有必要以新的方式、更深入地推动事情，以便理解它们为什么会有问题，以及是否存在一些潜在的机会可以用来创造新思维和创新。设计合作社将设计创业者聚集起来并以跨学科团队的方式完成这些任务，以确保在现有组织中进行尽可能多样化的破坏。这些拥有"模糊大脑"的创业者被训练成富有创造力的先行者，以了解新事物、创造机会和创新。他们敢于做出翻天覆地的变化，将现有组织的问题看成棘手问题，他们也经常这么做，并且从深入了解组织的问题、用户和利益相关者开始。

　　设计创业者开始他们的迭代过程，并积极利用自己的工具箱来理解现有组织的问题领域、用户、利益相关者。他们重新架构整个工作，为现有组织的前瞻性解决方案和机会创造大量设想，定期测试它们，并挑选出一些有望成功的例子供进一步考虑，这是一个漫长的过程。现有组织的眼光必须开阔，看看设计思维能为它们做些什么，而设计合作社必须帮助设计创业者打开现有组织的眼界。大型组织因无法看到它所交付的实际市场价值，往往会失去耐心，不愿意在模糊的前端花费如此多的时间。对一些现有组织来说，以新的方式吸引用户、客户和供应商等也是一项挑战。当现有组织遇到约束条件时，它们就会有退出指导项目和与设计合作社的创业者合作的冲动。然而，正是这些约束为设计创业者提供了令人兴奋的事物，进而促使他们继续工作，这是一个两难的选择。随着时间的推移，许多现有组织都会以不同方式发展和改变自己，但这一切都朝着利用与探索过程之间更好的互动和平衡的方向发展。

10.5 设计思维真的如此吗

在本章中，你已经熟悉了各种思想和讨论，现在是你进行理论测试的时候了。这些测试的目的是加深你对设计思维如何提供支持，甚至可能成为创业过程推动力的理解。

1. 做些预热练习

想象一辆载有劳拉斯团队的宇宙飞船降落在地球上，他们不会讲任何人类的语言。请你现在用草案、图片、物品等，向劳拉斯团队解释设计思维如何有助于创业过程的发展。

2. 试试设计思维过程

在研究了同学的兴趣爱好之后，你的观察结果使你想到了这个问题，即关于"随时随地"喝咖啡的新方法的问题：如何设计出随时随地喝咖啡的新方法？你将设计一个解决方案。①采访一名同学："随时随地"喝咖啡对他来说有什么意义？他的需要、烦恼、渴望是什么？他为什么是这么想的？②完成满足学生需要的三个激进的解决方案的草案，其中必须有一个是你能想到的、最荒诞的解决方案。③与他人分享你的方案并获取反馈。④反思，并绘制新选项。⑤构建解决方案的原型。⑥与他人分享你的原型，以收集更多的反馈。⑦反思，并绘制新选项。

3. 重复

现在，请你选择一个问题领域，为其找到一个好的解决方案，执行上述同样的过程。

参考文献

Boland, R.J., Collopy, F., Lyytinen, K. & Yoo, Y. (2008) 'Managing as designing: Lessons for organizational leaders from the design practice of Frank O. Gehry', *Design Issues*, 24(1), 10–25.

Borja de Mozota, B. (1998), 'Structuring strategic design management: Michael Porter's value chain', *Design Management Journal*, 9(2), 26–31.

Brown, T. (2009) *Change by Design: How Design Thinking Transforms Organizations and Inspires Innovation*, New York: HarperCollins.

Buchanan, R. (1992) 'Wicked problems in design thinking', *Design Issues*, 8(2), 5–21.

Casson, M. (1982) *The Entrepreneur*, Totowa, NJ: Barnes & Noble Books.

Cross, N. (2006) *Designerly Ways of Knowing*, Berlin: Springer.

Design Council (2015) *The Design Economy Report*, London: Design Council.

Dorst, K. (2011) 'The core of "design thinking" and its application', *Design Studies*, 32(6), 521–532.

Dunne, D. & Martin, R. (2006) 'Design thinking and how it will change management education: An interview and discussion', *Academy of Management Learning and Education*, 5(4), 512–523.

Johansson-Sköldberg, U., Woodilla, J. & Cetinkaya, M. (2013) 'Design thinking: Past, present and possible futures', *Creativity and Innovation Management*, 22(2), 121–146.

Kimbell, L. (2011) 'Rethinking design thinking: Part 1', *Design and Culture*, 3(3), 285–306.

Kortzfleisch, H.F.O., Von Zerwas, D. and Mokanis, I. (2013) 'Potentials of entrepreneurial design thinking for entrepreneurial education', in *Procedia – Social and Behavioral Science 106*, 4th International Conference on New Horizons in Education, 2089–2092.

Liedtka, J. & Ogilvie, T. (2011) *Designing for Growth: A Design Thinking Toolkit for Managers*, New York: Columbia University Press.

March, J. (1991) 'Exploration and exploitation in organizational learning', *Organization Science*, 2(1), 71–87.

Martin, R. (2009) *The Design of Business – Why Design Thinking is the Next Competitive Advantage*, Boston, MA: Harvard Business Press.

Nielsen, S.L. & Christensen, P.R. (2014) 'The wicked problem of design management: Perspectives from the field of entrepreneurship', *Design Journal*, 17(4), 560–582.

Nielsen, S.L., Christensen, P.R., Lassen, H.A. & Mikkelsen, M. (2016) 'Opportunity design: Novel perspectives on design enabled entrepreneurial opportunity emergence', under review for the *Design Journal*.

O'Reilly, C.A. & Tushman, M.L. (2013) 'Organizational ambidexterity: Past, present, and future', *Academy of Management Perspectives*, 27(4), 324–338.

Rowe, P. (1987) *Design Thinking*, Cambridge, MA: MIT Press.

Sanders, E.B.N. & Stappers, P.J. (2008) 'Co-creation and the new landscape of design' *CoDesign*, 4(1), 5–18.

Sarasvathy, S.D., Dew, N., Read, S. & Wiltbank, R. (2008) 'Designing organizations that design environments: Lessons from entrepreneurial expertise', *Organization Studies*, 29(3), 331–350.

Schön, D. (1983) *The Reflective Practitioner: How Professionals Think in Action*, New York: Basic Books.

Shane, S. (2003) *A General Theory of Entrepreneurship: The Individual–Opportunity Nexus*, Cheltenham, UK and Northampton, MA, USA: Edward Elgar Publishing.

Shane, S. & Venkataraman, S. (2000) 'The promise of entrepreneurship as a field of research', *The Academy of Management Review*, 25(1), 217–226.

Simon, H. (1969) *The Science of the Artificial*, Cambridge, MA: MIT Press.

Verganti, R. (2009) *Design Driven Innovation*, Boston, MA: Harvard Business Press.

第四部分

创业情境

第11章 内创业

　　正如第1章中所说，我们现在向你介绍内创业。简言之，内创业涵盖了现有企业中的创业现象。在这种环境中，新机会被发现或创造，并需要被进行评估和组织，其结果可能是在现有组织内成立新的组织单元、战略重新定位，或者实现创新。这背后的驱动力仍然来自个人或群体，就像创立独立的组织一样，这些个人或群体通常被称为"内创业者"。

　　然而，内创业与创业有很大不同，现有企业的环境对创业过程设置了一定条件。在现有公司框架内发现、创造、评估和组织新机会的个人，依赖于现有公司接受这个新机会的存在。因此，内创业者会受到企业环境的约束。但与此同时，内创业者可以积极利用现有业务中存在的多种资源。此外，内创业者与创业者在许多方面似乎都有相似的特征（Bager等，2010）。本章会带你了解什么是内创业，以及创业过程是如何在现有企业背景下创建和运行的。

11.1 丹佛斯集团的内创业

　　下面是威廉·B.加特纳和安·海伯格·克拉克笔下关于一家跨国公

司的内创业故事。自 2004 年以来，这家公司就一直尝试通过内部商业案例竞赛，在其员工中培养新的内创业者，并发起新的创新事业。

创业故事

"人类登月"：一家跨国公司的商业提案竞赛
作者：威廉·B.加特纳，安·海伯格·克拉克

丹佛斯集团成立于 1933 年，是一家总部位于丹麦诺德堡的家族企业，业务遍及 100 多个国家。丹佛斯集团在全球市场展开竞争，涉及 8 个业务领域：制冷及空调、供暖、变频器、工业自动化、水控制、高压水的解决方案、齿轮电机、太阳能。2009 年，丹佛斯集团的净销售额超过 34 亿欧元，公司雇用了 25 000 多名员工，其中在丹麦工作的人数不到 6 600 名。

在 20 世纪末 21 世纪初前后，丹佛斯集团的高管团队意识到，在公司层面和分部层面上，发展渐进式创新和激进式创新的方式与激励措施之间存在矛盾。在公司层面上，创建一个集中的研发中心可能会带来激进式创新，然而，这种创新不太可能与现有分部的任何业务战略联系到一起。从本质上讲，激进式创新与各分部的日常业务不同，因此难以培育。如果公司研发中心提出的激进式创新与分部当前进行的业务及市场没有直接联系，那么各分部是不会执行这种创新的。在分部层面上，实现产品效率和盈利能力指标需要各分部重视现有客户、现有供应商及其他现有关系，从而使改进已有产品或提高市场份额成为创新活动的目标。也就是说，各分部采取的是渐进式创新而非激进式创新。激进式创新需要在新技术和新市场上投入资源，而从短期来看，这些新技术和新市场不会给各分部的业务及市场带来利润或效率。因此各分部不会追求激进式创新。然而，丹佛斯集团的大多数分部都在增长和收入很低的成熟市场上运营，公司的未来需要通过开发新产品、新市场来实现增长。如此来看，高管团队面临的首要问题是：丹佛斯集团如何在保持现有市场、产品效率及盈利能力的同时，创造新的增长机会。

2004 年，为了同时追求渐进式创新和激进式创新，丹佛斯集团启动了

一种全新的组织结构。这一结构涉及两个主要部门：一是丹佛斯集团各分部，通过渐进式创新专注于现有市场和产品；二是创建丹佛斯风险投资公司和丹佛斯创业园。

丹佛斯风险投资公司旨在推动激进式创新，其衡量标准是：该创新对市场或公司来说是不是新的。丹佛斯创业园将支持公司内外具有可行商业创意的当地创业者，丹佛斯集团也给予创业者一定的权限，但这不属于丹佛斯集团目前的业务范围。

1. 创办"人类登月"竞赛

为了在丹佛斯集团内部同时推行渐进式创新和激进式创新，高管团队于 2004 年决定举行一年一度的创建新业务的内部竞赛，并命名为人类登月（Man on the Moon, MOM）。这个命名的灵感来自美国总统约翰·肯尼迪讲过的话，他说过要送人类登上月球并安全返回地球：

我相信我们拥有所有必需的资源和人才。但事实是，我们从未做出国家层面上的决策，也从未领导过国家层面的资源调集。我们从未在紧张的日程表上明确长期目标，也从未为了确保实现目标去管理我们的资源和时间。（肯尼迪，1961 年 5 月 25 日）

这种竞赛不仅能确定公司可能追求的创新，还可以确定公司内部具有创业潜力的员工。然后公司可以为这些人提供技能培训和支持，使他们的内创业活动能够在公司内部开展。尽管公司似乎缺少具有内创业技能、能够适应新技术和新市场的员工，但丹佛斯集团的管理者确信公司内部确实具有这些创业型员工，只是必须对他们进行识别并鼓励他们去尝试创业。人们认为除了管理者和专家的传统职业道路外，丹佛斯集团的员工将会有一条全新的职业道路，即为内创业者提供一条新道路。

丹佛斯集团寻求一个识别这些新的内创业者的方法，然后建立人才库，以便日后在他们新成立的商业单元中使用。此外，他们认识到，为了建立这样的人才

在月球上嬉戏的人

库，需要高管团队的重视和承诺，否则由于不鼓励员工冒险，这项倡议就会失效。在开发这个竞赛项目的过程中，风险投资公司将其视为一项人际关系和文化变革项目，并将其视为确定具有巨大潜力的新商业提案的一种方式。

从一开始，MOM 的目标就是力争上游，其背后的想法是"我们必须用尽全力，否则我们将永远无法取得成功"。这个竞赛必须是世界一流水平的。因此，第一届竞赛的预算相当高，尤其是丹佛斯风险投资公司自己的预算。此外，为了开展竞赛和培训参赛者，丹佛斯风险投资公司与美国、欧洲大学的研究人员以及外部风险投资家进行了合作。

丹佛斯风险投资公司制定了团队组建的指导方针和竞赛规则，尽可能努力地模拟初创企业的条件。团队由 2～5 名成员组成，为了涵盖企业的各个重要方面，每个团队成员必须具有不同的能力，比如营销能力、融资能力、工程能力和分销能力。各个团队可以自由使用丹佛斯集团内外的任何关系和资源。除了日常工作外，各个团队还将致力于他们的商业竞赛提案。MOM 的组织者相信，那些渴望成为公司内创业者的人，十分乐意为他们的工作和创业付出百分之百的努力。参赛者既要从事现有工作，又要着手准备参赛项目，但是他们毫无怨言，MOM 竞赛也借此揭示出，谁愿意付出额外的努力并参与内创业。同样重要的是，这些参赛员工所在的公司分部不会因为这些人参与 MOM 竞赛而损失生产力。

MOM 竞赛分为以下 6 个阶段：

阶段 1：每年一度的 MOM 竞赛活动是从向全球的参与者发出邀请开始。最高管理层向全公司的员工发出竞赛邀请是竞赛的一个重要部分。

阶段 2：根据丹佛斯风险投资公司对所提议的商业创意潜力的战略和运营评估，选择出一些有发展前景的团队参加下一阶段的竞赛。

阶段 3：选定的团队参加为期两天的研讨会，参加团队建设，企业创建的概念、技能、工具和活动等方面的培训。

阶段 4：一个月后，各个团队要提交一份商业提案摘要，并在负责评估这些方案的评审团面前做一个简短的展示。通常有一半的团队会进入最终的竞赛阶段，在这一阶段，他们将接受为期一天的商务训练和丹佛斯集团管理层的指导。这些导师通过丹佛斯系统协助项目，确保团队不受丹佛斯集团政策和程序的阻碍。此外，各个团队还会得到经费，用于支付如差旅、报告、咨询和培训等费用。

阶段5：再过6周之后，入围决赛的团队要向丹佛斯集团高管团队展示他们的创意和商业提案。位列前三名的团队将有机会在次年1月或2月参加麻省理工学院的创业课程。

阶段6：丹佛斯风险投资公司会对所有的商业提案进行赛后评估，以决定是否需要进一步提供资助。此外，风险投资小组还评估这个项目是适合放在丹佛斯集团的现有部门还是适合放在丹佛斯孵化器，他们还会评估这个项目在哪个国家能得到最有利的条件。

MOM竞赛的组织者并不指望参赛者把他们的创意发展成特定的产品或服务。考虑到竞赛只持续3个月，参赛者不可能开发出一项完善的产品或服务。相反，参赛者应该能清楚地陈述他们的商业提案，以及对所使用技术的关键性假设。获胜者还应该清楚地列出需要调查的领域，以确定该产品或服务在短期和长期内是否真正可行和有利可图。

2. MOM竞赛结果

在2004年举办的首届竞赛中，有3个项目（共有9名参赛者，均来自丹麦）入围决赛，并在丹佛斯集团高管团队面前展示。所有入围决赛的项目都得到了20万美元的资金，以供参赛者继续发展其创意。这些项目有两个仍在运行，还有一个已经进入市场。在2005年举办的第二届竞赛中，丹佛斯集团的员工提出了90个问题，最终共提交40份参赛申请；20个人接受了面试，其中12人入围决赛（来自丹麦和印度）。最终有4个团队展开竞争，其中两个项目得到了资助。2006年，共有来自10个团队的44名选手参赛（来自丹麦、中国、印度、法国和德国），其中有4个团队获得了资助。这10个项目中的每一个都有超过2 000万美元的潜在商业价值，其中有3个项目被纳入丹佛斯集团内部的相关分部，2个项目被终止，还有5个项目正在进一步开发。自2006年以来，每年有50位左右的参赛者，被分为10～15个创业团队，竞赛的规模也基本稳定在这个水平上。多年来丹佛斯集团的大多数员工都从这一竞赛中收获了创业经验和能力。2010

年，丹佛斯集团决定关闭并重组一些创业活动，但 MOM 竞赛仍然继续存在。

创业竞赛项目的结果有三种：一是成功创建"内创业项目"，即被纳入丹佛斯集团现有分部的项目；二是成功创建"衍生项目"，这类项目通常由外部投资家资助，然后出售；三是"停滞项目"，即失败的项目。丹佛斯集团力求为选择加入这些创业风险项目的员工提供各种途径及激励措施。参与创建企业过程的所有员工都有机会留在他们的新企业中，如果项目成功的话，他们可以根据项目的估值赢得奖金，若选择退出创业项目，这笔钱可以作为奖金；若选择继续，这笔钱可以作为其创业项目留存、发展时所需的资金。如果员工不想继续发展创业，他们还可以选择回到各自所在的分部。当项目失败时，项目经理可以回到自己的分部，或寻找与其他企业合作的机会。

事实证明，假设丹佛斯集团拥有许多创业型员工是正确的，则 MOM 竞赛也被证实是识别这些人才的有效手段。虽然并非所有的 MOM 创业竞赛项目都取得了成功，但创业竞赛确实为丹佛斯集团的员工提供了机会，使丹佛斯集团了解到自己的内创业人才，并通过推行激进式创新引导丹佛斯集团进入潜在的高增长市场。

11.2　丹佛斯集团的内创业引发的思考

总的来说，丹佛斯集团的内创业故事告诉了你什么？如何快速了解这个历史发展过程？下面的练习会帮助你理解故事中的关键问题，以及理解内创业。

- 思考一下，丹佛斯集团通过"人类登月"竞赛来促进公司内创业时面临了哪些挑战？根据你对内创业的理解，对这些挑战进行重要性上的优先排序。
- 试着处理和解决被你给予最高优先级的挑战。首先，从一名员工的角度来看，你将如何解决这个挑战？然后，从丹佛斯集团高级经理的角度来看，你又将如何迎接这个挑战？

- 思考你扮演的这两种角色是如何影响你找到这两种解决方案的。这两种不同的角色是否让你以不同的方式处理挑战？为什么是或为什么不？

11.3 内创业是自上而下的还是自下而上的

虽然本节的标题是"创业理论"，但本节重点是内创业理论。这一理论将帮助你理解，当新机会需要评估和组织时，在现有公司框架内必须被讨论的机制。

内创业理论大致可以分为两种视角。第一种视角认为，内创业是由高层管理人员发起和推动的。因此，内创业是自上而下形成的。这种视角的论点是，如果要实现内创业，那么来自最高管理层的支持和行动至关重要，正是最高管理层的持续关注和监督激发了员工的动力并带来了成功。第二种视角认为，是充满热情和自信的员工推动了内创业发展，并带来了内创业的成功。这里的内创业是自下而上形成的，其论点是，只有通过那些富有献身精神和进取心的员工才能培育出内创业，他们在日常工作中发现或创造了潜在的新事物。因此，本章对内创业的这一悖论进行讨论：

内创业是自上而下的还是自下而上的？

11.3.1 故事背景

在深入探讨这个悖论之前，让我们先深入探究一下内创业的背景。总的来说，内创业是与社会经济发展密切相关的一种现象。伯金肖等学者（2002）认为，从历史角度来看，美国公司对内创业的兴趣发展是由1960～2002年间的三次流行浪潮所推动的。这些浪潮表明，尤其是在积极的经济发展时期，内创业被列入经济状况良好的现有公司议程，为它们追求新的机会提供了空间，但这种兴趣不会出现在经济衰退期间。伯金肖等学者谈到了这三次流行浪潮：

第一次浪潮结束于 1973 年，当时石油价格暴跌，经济衰退也随之而来；第二次浪潮始于 20 世纪 80 年代初，结束于 20 世纪 80 年代末，同样是因为经济衰退；第三次浪潮开始于 20 世纪 90 年代的科技大繁荣时期，并于 2000 年达到顶峰后急剧衰落，这次浪潮是由新技术和泡沫经济共同推动的。（Birkinshaw 等，2002）

随着每一次浪潮的兴起，越来越多的现有公司表现出对内创业的兴趣。但问题是，这三次流行浪潮的经验是否会影响第四次浪潮中现有公司参与内创业的方式。换句话说，问题是"组织是否已经吸取了使这种想法发挥作用的教训"（Birkinshaw 等，2002）。有迹象表明，企业未必能从中吸取教训，因为 2009 年的金融危机再次导致更多公司缩减其内创业活动，丹佛斯集团案例就是一个很好的例子。

除了社会经济发展外，其他因素也可能阻碍公司的内创业活动。伯金肖等学者（2002）列出了以下因素：

（1）大多数公司都为内创业设定了多重目标，而不是对内创业进行精确衡量。

（2）没有得到管理层足够的支持。其结果是将无法培养发展内创业创意和机会所需的技能。

（3）薪酬体系，例如员工持股，尚未得到落实。简单说就是在新机会背后根本没有激励团队的报酬体系。

可见，在进行内创业时，必须解决许多潜在的障碍，包括公司内的新业务与成熟业务线之间的潜在竞争（Evald 和 Bager，2008）。那么，成功的准则是什么呢？成功的关键因素似乎是，"制定明确的目标，以及用以实现目标的架构……构建专门的能力……将新业务单元与母公司分开……来自最高管理层的承诺和赞助"（Birkinshaw 等，2002）。

关于不同国家之间的企业内创业发生率比较的报告很少。博斯马等学者（2008）的一份研究报告介绍了在 11 个国家展开的企业内创业研究结果（报告中企业内创业的定义是：员工与其雇主一起开展新业务活动）。研究结果显示，企业内的创业并不是一种非常普遍的现象，"平均而言，只有不到 5% 的员工是企业内的创业者……在成年人中，内创业的平均发生率要显著低于早期创业活动的发生率"（Bosma 等，2008）。这一研究结果还清楚地证实，虽然我们认为独立创业与内创业是非常相似的活动，但正是独立创业更频繁地表达了创业行为。然而，低收入国家与高收入国家之间存在显著的差异：高收入国家的企业内创业者人数大致是低收入国家的两倍[○]。在另一项比较丹麦与其他国家的研究中，汉考克和巴格（2003）发现丹麦是一个有大量内创业者的国家。丹麦不仅拥有很高的内创业水平（占丹麦全部创业活动的 46%），而且这一水平随着时间的推移也略有提升。也正因为此，与许多其他国家相比，丹麦在利用大型公司的员工作为起点发现或创造新机会，以及评估和利用这些新机会上，占据了罕见的领导地位。不管怎么说，回到博斯马等学者（2008）的研究中，对于低收入国家与高收入国家为什么会在企业的内创业水平上存在差异，有各种各样的解释，"首先，经济发展水平对大型公司的存在有积极影响，这对于经济体中独立创业的盛行有消极的影响。其次，高收入国家的大型公司可能比起低收入国家的大型公司，更容易接受创业行为"（Bosma 等，2008）。此外，与其他国家相比，在高收入国家大型公司工作的员工在日常工作中有相对较大的自由选择权（Dobbin 和 Boychuk，1999）。

11.3.2　多样化概念

就创建一个独立组织而言，内创业的概念比创业更晚出现。因此，内创业并没有得到同样的创业传统支持，内创业仍然是发展中的现象。甚至连"内创业"这个术语也常常引起争论，因为人们使用了相互竞争的术语，如"公司创业""依赖型创业"或"现有公司创业"（Sharma 和 Chrisman，1999）。我们可以任意地使用这些术语，但在本章中只使用"内创业"。

1. 内创业的分支

作为独立组织的初创企业，创业与内创业之间有诸多相似之处。这两个研究领域都是基于创业行为和创业活动，即涉及发现或创造机会的

○　数据来对 11 个国家进行的对比。在这 11 个国家中，巴西、智利、厄瓜多尔、伊朗、拉脱维亚、秘鲁和乌拉圭被定义为低收入国家，韩国、荷兰、挪威和西班牙被定义为高收入国家。

活动，以及通过组织对这些机会加以评估和利用的活动。

　　然而，两者之间也存在差异。在创业中，创造新事物的过程涉及形成一个新独立组织所需的所有活动，而内创业并不一定包括现有公司参与的所有活动。因此，内创业可以表现为"分散的"（即大范围）或"集中的"（即小范围）（Elfring，2005），意思是内创业可以是所有员工都参与的活动（分散的），"因为每个员工都有管理和创业行为的能力"，或者只涉及少数被认为特别具有创业精神的员工（即集中的）。丹佛斯集团案例是一个将两者结合得很好的例子，因为丹佛斯集团创建了"人类登月"竞赛，可能涉及所有员工，与此同时，丹佛斯风险投资公司还在其"孵化器"系统中将资金以更加集中的方式投入新创意。

　　创业与内创业之间最关键的差异在于，创业是与现有企业毫无关联的个人或一群人建立一个或更多新独立组织的创业过程（Sharma 和Chrisman，1999）。当依赖于公司现有组织架构的个人或群体开发机会时，这一过程的形成便是内创业的特征（Collins 和 Moore，1970）。学者科林斯和摩尔是最早根据创业活动是独立于现有公司还是依赖现有公司（内创业）将创业研究分为两大类的两位研究者。图 11-1 对此进行了说明，该图将内创业概念划分为三个不同的分支。

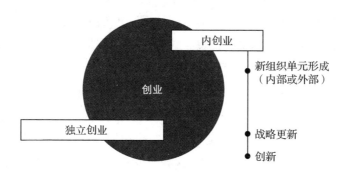

图 11-1　内创业研究领域的分支

　　从图 11-1 中可以看出，内创业研究有三个不同的分支或趋势。首先，古思和金斯贝格将内创业分成两大子类别，即形成一个新组织单元和战略更新（Guth 和 Ginsberg，1990）。其中，新组织单元的形成可能包括一个新项目、一个新公司或一个新部门；战略更新指的是一种组织变革战略，可能包括在项目、公司、分部或集团层面改变核心竞争力、资源使用情况和竞争范围。

1999 年，沙玛和克里斯曼增加了第三个子类别：创新，分类因此得到进一步完善。增加第三个子类别的原因是现有公司可以创立新组织单元或改变战略而不必进行创新，特别是从严格的熊彼特主义视角来看创新。此外，大型组织可以进行创新，而不需要其他两类要素必须成为活动的一部分。例如，新的知识结合可以在不导致新单元成立或战略更新的情况下发生。然而，在大多数情况下，内创业涉及所有三个类别，正如丹佛斯集团案例研究中的情况一样，丹佛斯集团通过"人类登月"竞赛和孵化器体系来实现战略更新、创新和创建新组织单元。

最后要向你介绍的关于内创业分类的改进是，新组织单元形成既可以在现有公司组织框架内部也可以在其外部发生（Von Hippel，1977）。一个新组织单元形成可以在内部发生，其途径是发展内部单元，比如新的小组、项目或公司。新组织单元形成也可以在外部发生，即通过建立合资企业和衍生公司。在丹佛斯集团案例研究中，这两种形式被结合在一起，因为丹佛斯集团的"人类登月"竞赛结果既催生了内创业项目，也产生了衍生企业。本章中我们对内创业的理解局限在内部创立新单元，这与伯格曼（1983）对内创业的定义一致，他认为内创业是公司通过内部发展过程来实现差异化的过程。这种关注确实把"自上而下与自下而上"这个悖论提到了议事日程，因为内创业意味着创新必须与现有的组织结构、惯例和战略共存（集中的内创业），或创新必须被融入现有的组织结构、惯例和战略（分散的内创业）。伯格曼认为内创业要通过企业内部发展过程来实现，内创业可以被假定分散在整个组织，也可以被假定只局限于特定的单元或整个组织的一部分，这会导致对内创业过程的不同理解。

2. 内创业中的创新程度

现有公司在进行内创业时遇到的阻力和挑战，取决于所追求机会的新颖程度。我们谈论的机会对现有组织、市场或世界来说是新的机会吗？机会越创新，现有企业为这个机会创造新市场所面临的挑战就越大。

为了讨论与内创业相关的不同创新程度，我们需要引入渐进式与激进式内创业的概念，且必须将它们理解为一个连续体。渐进式创新与激进式创新的区别如图 11-2 所示。

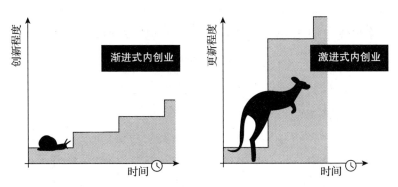

图 11-2　渐进式内创业与激进式内创业

渐进式创新是指机会在根本上保持不变，但会逐渐更新创意。因此，业务的发展是一个渐进过程，使产品、过程等逐渐地、缓慢地形成新的形态。例如丹佛斯集团的各个分部的创新就是这种情况，它本身就代表着渐进式创新。在创新连续体的另一端，激进式内创业关注的是现有公司如何实现跨越式发展，提出与现有公司完全不同的潜在机会。此处，丹佛斯集团的案例研究也是一个例证，丹佛斯集团审慎地建立了一个孵化器系统，使其有机会在更激进的创意上进行风险投资（Clarke 等，2012）。

11.3.3　支持内创业的过程

那么，支持内创业的创业过程有什么特征呢？关于这一过程的进展，显然有许多不同的观点，图 11-3 提供了一个模型。

图 11-3 显示了个人或团体采取主动进行内创业所需的条件，他们发现或创造机会，并最终通过评估和组织将这些机会转化为具体行动。图 11-3 关注的是支持内创业过程中所发生的事。

图 11-3 特别强调了内创业是如何成为个人特征和组织特征这两个相互作用因素的产物的，即通常会有一个刺激或触发事件出现，使这两个因素开始相互影响。"决定采取内创业行动是组织特征、个人特征和某

种突发事件相互作用的结果。突发事件为内创业行为提供了动力，此时
其他条件有助于内创业行为"（Hornsby 等，1993）。更具体地说，赫拉
（1991）指出了一些可能的触发事件，例如新规程或技术开发，管理层
的更换，与另一家公司的合作或收购，竞争对手对市场份额的初期控制，
效率、客户需求变化或经济变化等。所有这些事件都能促使现有公司中
的员工发现或创造新机会。下面将更详细地解释图 11-3 的内容。

1. 个人特征

随着时间的推移，一些重要的个人特征已经在经验上被证明会影响
内创业过程。图 11-3 中列出的许多特征都是显而易见的，但其中有两个
特征值得详细说明，即成就需要和内部控制点。如第 1 章所述，成就需
要是创业研究领域中与创业者有关的首要特征之一，人们也自然而然地
把这一特征纳入了有关内创业的文章中。那些喜欢亲自负责解决问题、
设定目标并实现目标的人被认为有很高的成就需要。成就需要还与其他
个人特征密切相关，比如目标导向行为和自主权需要。对内在情绪的控
制是与内创业者有关的不同类型的性格特征。这一特征是指个人或群体
感觉他们在内创业过程中自己能够控制发生的事情。

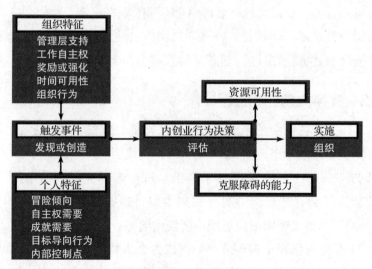

图 11-3　内创业过程

资料来源：Hornsby 等（1993：31）。

2. 组织特征

在组织特征方面，有许多因素发挥着至关重要的作用。与个人特征相比，这些特征没那么明显，因此需要更加详细地研究。例如，管理层支持，包括快速采纳员工确定的潜在机会，赞赏提出潜在机会的那些员工，支持试验项目和提供风险资本等。工作自主权涉及员工独立计划工作的能力，以及避免对员工的错误进行破坏性批评。在奖励或强化中，需要考虑个人挑战和责任，根据工作业绩支付经济报酬，并在组织层级中提高员工发展潜在机会的意识。时间因素是指为员工提供的用来创造潜在新机会的时间，例如，适度的工作量，取消个人工作各方面的最后期限，以及为解决项目的耗时问题提供时间支持。避免严格的组织边界是为了避免所有工作职能的标准程序，从而减少对狭隘的职位描述和严格的绩效标准的依赖。所有这些都被认为与促进企业内创业过程有关。

3. 内创业过程中的活动

如果组织特征与个人特征之间的互动没有障碍，那么根据图 11-3 中的模型，个人或群体就会开始一系列的活动，这可能包括制订商业计划书、进行市场研究，以及就风险资本支持规模与现有企业举行各种会议。换句话说，为评估机会而开展的一系列活动已经启动。它准备好进入市场了吗？怎么进入？如果提供了必要的资源，并且克服了组织、社会文化、企业管理和个人层面的障碍，那么内创业的过程就可能会适当引导并组织这个机会。

11.3.4 自上而下的内创业

现在你了解了内创业这个概念的内涵，并知道了内创业过程中的关键事件。不过，本章的悖论表明，创造内创业的原因有两种不同的视角。

总的来说，自上而下的过程特点是，现有公司的管理层通过制定战略、行动计划，以及在实地开始实际行动，因此，内创业从公司上层实施并传递到整个公司系统。从图 11-4 可以看出，组织维度主导了内创业的过程。自上而下的内创业是一个受到控制的过程，其发展受到管理和控制。人们期望现有公司的管理层、内创业者和潜在机会的发展这三者之间有密切的关系。

从自上而下的视角来看，这种密切的关系是适当的，这种关系为正式和非正式的指导创造了机会（Thornhill 和 Amit，2001）。此外，内创业者很容易获得现有公司长期积累的技能和资源。

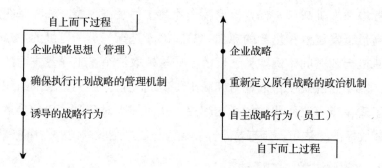

图 11-4　自上而下过程与自下而上过程

资料来源：Burgelman（1983a：225）。

11.3.5　自下而上的内创业

与自上而下的视角不同，自下而上的视角关注由员工主动性而创造的内创业。因此，在现有公司内，内创业的发展从无到有。图 11-5 表明，个人维度在解释组织的内创业发生方面占主导地位。自下而上的视角强调更大的自主权，而不是控制，因为员工通过不断创新，打破了管理层的指导方针和计划。换句话说，自下而上的视角认为，公司的现有治理、内创业者、发现或创造的潜在机会这三者之间存在着松散的耦合。

如果这些参与者之间的关系太过密切，则自下而上的视角认为，潜在新机会背后的团队所特有的、充满活力的创业工作环境将会被扼杀（Birkinshaw 等，2002），其原因是在进一步发展新机会时，公司明确或隐含地期望现有的企业标准、结构、规则和价值观能得到遵守（Day，1994）。这可能会导致进一步发展新机会所需的创造性开发受到阻碍，因此，内创业的首选方案是高度自治。

11.3.6 自上而下与自下而上

为了进一步澄清自上而下与自下而上过程之间的区别，我们引入学者伯格曼的研究（Burgelman，1983）。他关注内创业战略如何产生并形成更大的现有业务，并用图展示了自上而下与自下而上这两种视角下的创业过程（见图 11-4）。

在图 11-4 的左半部分中，现有业务的起点是一个清晰的正式战略，它可以告知员工公司希望发展的方向。为了确保现有公司中的员工符合战略行事，高层管理者可以启动一系列的管理机制以控制员工的行为，从而使他们遵循战略确定的方向。这些管理机制要么激励员工，要么惩罚员工，以展示高层管理者想要的战略行为。这就是伯格曼所认为的自上而下驱动的创业活动和过程。

再来看图 11-4 的右半部分，由于大多数员工处在日常决策制定的运营层面，因此他们一直面临着新的潜在机会，即如何以与往常截然不同的方式解决、改进或应对挑战，新的潜在机会有时可能与计划及预期的战略大相径庭。如果新的机会被证明是成功的，那么一系列的政治机制就会启动，政治机制可以是关于现有战略的讨论，以使高层管理者意识到还有其他方法可以解决挑战。"中层管理人员质疑当前战略思想的政治机制，为高层管理者提供合理化、追溯性、成功的、自主的战略行为的机会"（Burgelman，1983）。因此，重新考虑现有公司的正式战略有助于整合新的机会。根据伯格曼的观点，这是一个自下而上的过程，创造并形成了正式战略。

然而，伯格曼（1983）的主要论点是，内创业战略的出现和形成得益于现有公司中不同层级的人参与了相互联系的活动。高层管理者、中层管理者和员工所表现出的行为和行动相结合，有助于决定内创业战略。内创业战略不只是由自上而下创建并塑造的计划意图，也不只是由自下而上产生并成形的战略，它们是自上而下与自下而上这两个过程共同作用的结果。事实上，内创业研究文献普遍认为在自上而下与自下而上这两个过程之间达成平衡是内创业成功的核心。"许多内创业之所以失败，就是因为母公司没有给它们提供足够的支持或自主权。矛盾的是，为了克服这一问题，一些公司给予它们太多自由，以至于它们蒙受了巨大损

失……公司如何在保持损失控制的同时提供自主权来管理这些极端情况
呢"（Simon 等，1999）？

　　如此来看，该如何维持平衡？内创业的成功要在自上而下的管理与
自下而上的主动性之间找到平衡（Heinonen 和 Toivonen，2008），既
需要控制权，也需要自主权。传统上，内创业研究文献关注的是大公司
如何通过高度自治将新机会成功的可能性最大化，从而为自下而上的内
创业过程提供空间。然而，有些例子表明，现有公司对自己的新项目给
予"绝对自由"，但这并不能保证创业成功。事实上，对一个新机会的
未来来说，"绝对自由"可能与自上而下的过多控制一样糟糕（Block 和
MacMillan，1993）。

　　然而，松希尔和阿米特（2001）强调，应该考虑社会认可、承诺和
来自高层管理者的长期控制的必要性。大多数新企业对经济控制的需要
会随着它们的成熟而减少。然而，无论新企业的年龄如何，社会认可和
高层管理者的支持仍然是重要的。可是仍有少数实证结果与这种观点背
道而驰。随着时间推移，一些新公司更加注重财务指标，与此同时，高
层管理者的参与度也会下降。这些结果也是有道理的，因为更多的财务
独立往往导致更大的财务责任。最终，同时兼具独立性和责任感的公司
通常不需要高层管理人员提供"空中掩护"。

　　问题是如何平衡自上而下与自下而上这两个过程？其方法有许多。
西蒙等学者（1999）建议现有公司在实施内创业时，任命三个人来处理
新公司与现有公司的利益关系。三人组合，一方面应该确保新公司有足
够的自主发展权，另一方面也要确保现有公司对新公司的持续控制。首
先，这三个人是新公司的"企业经理"，其任务是经营新公司，并确保其
获得发展所需的资源，他们的目的主要是维护新公司的利益。其次，任
命一位"企业教父"，通常由现有公司的核心人员担任，以帮助新公司的
发展。企业教父的使命主要是保护新公司不受现有公司官僚体制的影响，
并确保为其发展提供至关重要的资源。最后，现有公司需要任命一位企
业监察员，通常也是现有公司中的核心人员。例如，来自现有公司管理
层的人员。这位监察员的工作主要是处理现有公司的商业利益。这意味

着他将根据现有公司利益不断评估新公司反映的投资。表 11-1 详细阐述
了这三个人所发挥的作用。

表 11-1　在自上而下与自下而上过程之间保持平衡的关键人物

企业经理	企业教父	企业监察员
运营新企业，需要自主权	保护新企业不受现有组织抵制，帮助提供自主性	监控新企业进展，平衡自主性与控制的需要
开发创新高质量产品	主张提供高水平支持，反对在现有公司低迷时期取消支持	根据与现有公司的契合度来决定市场进入
追求积极战略	制止现有公司干预日常活动	确定投资组合中风险的数量和规模
塑造基于创造力和行动偏好的文化	反对奖惩不公	利用里程碑为新企业提供支持和经理报酬

资料来源：Simon 等，1999。

11.3.7　内创业：自上而下还是自下而上

现在你已经了解了创建内创业的过程和机制。我们已经确定了两种
视角，每种视角都强调采用自上而下或自下而上的方法以实现成功的企
业内创业的可取性。表 11-2 总结了这两种视角。

自上而下的观点来源于组织的最高层，并假定是高层管理者启动了
企业的内创业过程，该过程是一个受控的过程，能够确保管理计划和战
略中的正式目标得以实现。这是通过各种行政机制来实现的。比如，"胡
萝卜加大棒"（软硬兼施）的方法可以确保运营层听取高层管理者的意见，
并能理解战略目的。公司通过施加控制和最小化施展空间，可以确保内
创业过程的成功。相反，自下而上视角支持这样一种观点，即运营层是
理解内创业过程如何发生的关键，正是员工主动地进行了内创业，而这
一过程本身则是由自主行为控制的。这为突然的想法和创新机会留下了
空间。这一过程不是由行政机制控制的，而是由政治机制控制的，在组
织中，人们借此为自下而上的过程创造空间、资源和支持。然而，自下
而上过程的前提条件是通过提供施展空间、最低限度的监督及约束管理，
为创新提供空间。

表 11-2　悖论：自上而下还是自下而上

	自上而下过程	自下而上过程
层次	最高层	运营层
主动性来源	最高管理层	员工
过程	受控行为	自主行为
工具	行政机制	政治机制
实施机制	控制和最小自主性	自主和最小化控制

11.4　理论视角下的内创业

接下来，我们将根据本章提出的理论和悖论对丹佛斯集团案例研究进行解释。

11.4.1　自上而下视角

根据自上而下视角的解释，我们在丹佛斯集团故事中强调了以下内容：多年来，丹佛斯集团已经在分部和集团层面试验了各种各样的创新方法——在分部层面，每个分部都设有小型研发部门，以支持创造创新的目标；而在集团层面，有一个更大的中央研究中心负责创新。丹佛斯集团的高层管理者一直致力于支持创新，但采取了不同方式。虽然高层领导通过创新战略和相关的管理机制让员工群体遵从两种不同的创新战略，但效果并不如人意。当然，通过集团层面的研发中心来支持激进式创新的战略已经产生了激进式创新，但是因为这些创新与各分部的日常生产相距甚远，导致这种创新没有得到很好的利用。此外，支持各分部自主研发创新的战略也失败了。由于各分部对其创新的渴望过于狭窄，激进式创新无法直接用于日常生产，因此它在这里根本找不到立足之地，只有渐进式创新才能得以实现。然而，这些举措使高层管理人员相信，参与活动的员工遵循了他们已经实施的各项举措，因此，管理机制在控制员工行为方面发挥了相当好的作用。但是创新战略在同时进行渐进式创新与激进式创新之间缺乏平衡。在积累了支持渐进式创新和激进式创新的多年经验后，高层管理者随后推出了同时支持这两种创新的系统，该系统包括"人类登月"竞赛、风险投资公司和孵化器环境。

2004 年，当高层管理者推出"人类登月"竞赛时，他们带着一定程度的怀疑。人们对新系统的推出感到焦虑，担心它能否真正鼓励员工以渐进和激进的方式思考。不过，管理者根据正式战略推行了一些管理机制，以监控、支持预期及计划的行动，从而确保了稳定的进程。他们还告知员工应该表现出何种行为。经过对这个系统的短暂测试，高层管理者发现这一体系发挥了作用，他们为控制员工行为而实施的管理机制也成功地发挥了作用。

在图 11-5 的基础上，这可以被解释为通过运行管理机制，使员工不偏离正确的轨道。因此，丹佛斯集团故事可以被看作是高层管理者不断地自上而下地创造内创业的一个例子。他们对提升集团业务所需的创新有了总体认识。

11.4.2　自下而上视角

如果从自下而上的视角看，丹佛斯集团的故事又是怎样的呢？这种视角认为只有在与敬业、有抱负的员工共事数年后，内创业才被列入丹佛斯集团高层管理者的议程。这种视角指出，正是员工自己的主动性和承诺，使高层管理者最终相信他们能够进行渐进式创新和激进式创新，甚至能同时进行这两种创新。

丹佛斯集团高层管理者在集团和分部层面进行创新试验的过程表明，他们无法找出如何同时为渐进式创新和激进式创新创造沃土的方法。在丹佛斯集团实施创新方式的不平衡案例中，高层管理者一直采取行动，但主要是以一种不平衡的或片面的方式，因为他们把重点放在让员工进行渐进式创新或激进式创新上。多年之后，高层管理者认识到，通过员工的行动可以使这两种创新同时进行，且事实上这两种创新的结合对丹佛斯集团非常有利，还可以令现有业务持续地、渐进地更新。丹佛斯集团还通过更加激进的创新维持潜在的新业务领域。这些创新可以演变为未来与"老"业务一样大的收入来源。

　　这也是为什么丹佛斯集团高层管理者创建"人类登月"竞赛，甚至更进一步，建立了风险投资公司和孵化器生态环境。高层管理者期望"人类登月"竞赛能够充分利用全公司员工的创新能力，无论他们带来的是渐进式创新还是激进式创新。此外，高层管理者还为那些创新更为激进的员工安排了风险投资部门和孵化器生态环境，这些员工需要将自己与公司其他日常工作隔离开来，以测试激进式创意的潜力。虽然在计划开始启动和发展之前，高层管理者可能觉得自己所处的境地有点不稳定，但当员工表现出参与"人类登月"竞赛的极大热情及其他参与组织活动的强烈愿望时，他们的担忧和顾虑很快就烟消云散了。

　　根据图 11-5，这可以被解读为个人或群体的自主行为对丹佛斯集团当前和经常变化的创新战略产生了积极影响。丹佛斯集团的故事可以被看作在高层管理者制定正式策划的战略之前，内创业是如何不断地自下而上创造出来的一个例子。

11.5　内创业真的如此吗

　　现在轮到你来解释内创业了，下面的练习将为你提供灵感。

1．同时提供自下而上和自上而下的解释

　　如果你同时尝试识别自下而上和自上而下这两个过程，你会怎么看待丹佛斯集团的内创业故事？哪些过程相互协调？哪些过程相互冲突？

2．培育内创业的其他公司

　　利用互联网寻找其他现有公司利用内创业的资料。搜索词为"内创业者"和"内创业"等。接下来，讨论不同的现有公司如何处理内创业，以及这些公司与丹佛斯集团案例研究在哪些领域有相似或不同之处。

3．与内创业相关的优势和挑战

　　根据你收集的材料，你现在应该列出现有公司在尝试内创业时的优势和挑战。若不考虑公司规模、年龄和行业协会，哪些优势和挑战是反复出现的？哪些只针对少数的公司？为什么会这样？

4．向公司介绍你的新知识

邀请或拜访一家现有公司，这家公司愿意尝试内创业，或者已经具备内创业经验。介绍你获得的内创业知识，并与公司讨论如何最好地应对内创业。

参考文献

Bager, T., Ottósson, H. & Schott, T. (2010) 'Intrapreneurs, entrepreneurs and spin-off entrepreneurs: Similarities and differences', *International Journal of Entrepreneurship and Small Business*, 10(3), 339–358.

Birkinshaw, J., Batenburg, R.B. & Murray, G. (2002) 'Venturing to succeed', *Business Strategy Review*, 13(4), 10–17.

Block, Z. & MacMillan, I.C. (1993) *Corporate Venturing: Creating New Businesses Within the Firm*, Boston, MA: Harvard Business School Press.

Bosma, N., Wennekers, S. & Stam, E. (2010) 'Intrapreneurship – An international study', Scales Research Reports H201005, EIM Business and Policy Research.

Burgelman, R.A. (1983a) 'A process model of internal corporate venturing in the diversified major firm', *Administrative Science Quarterly*, 28(2), 223–244.

Burgelman, R.A. (1983b) 'Corporate entrepreneurship and strategic management: Insights from a process study', *Management Science*, 29(12), 1349–1364.

Clarke, A.H., Evald, M.R. & Munksgaard, K.B. (2012) 'Exploring open innovation in a comprehensive innovation setup', *International Journal of Entrepreneurship and Innovation Management*.

Collins, O.F. & Moore, D.G. (1970) *The Organization Makers*, New York: Appleton-Century-Crofts.

Day, D.L. (1994) 'Raising radicals: Different processes for championing innovative corporate ventures', *Organization Science*, 5(2), 148–172.

Dobbin, F. & Boychuk, T. (1999) 'National employment systems and job autonomy: Why job autonomy is high in the Nordic countries and low in the United States, Canada and, Australia', *Organization Studies*, 20(2), 257–291.

Elfring, T. (2005) 'Dispersed and focused corporate entrepreneurship: Ways to balance exploitation and exploration', in T. Elfring (ed.), *Corporate Entrepreneurship and Venturing*, New York: Springer, 1–21.

Evald, M.R. & Bager, T.E. (2008) 'The problem of political rivalry among venture teams in corporate incubators: A case study of network dynamics in an advanced high-tech incubator', *International Entrepreneurship and Management Journal*, 4(3), 349–369.

Guth, W.D. & Ginsberg, A. (1990) 'Guest editors' introduction: Corporate entrepreneurship', *Strategic Management Journal*, 11.

Hancock, M. & Bager, T. (2003) *Global Entrepreneurship Monitor: Denmark 2003*, Copenhagen: Børsens Forlag.

Heinonen, J. & Toivonen, J. (2008) 'Corporate entrepreneurs or silent followers', *Leadership and Organisation Development Journal*, 29(7), 583–599.

Hornsby, J.S., Naffziger, D.W., Kuratko, D.F. & Montagno, R.V. (1993) 'An interactive model of corporate entrepreneurship process', *Entrepreneurship Theory and Practice*, 17(2), 29–37.

Sharma, P. & Chrisman, J.J. (1999) 'Toward a reconciliation of the definitional issues in the field of corporate entrepreneurship', *Entrepreneurship Theory and Practice*, 23(3), 11–27.

Simon, M., Houghton, S.M. & Gurney, J. (1999) 'Succeeding at internal corporate venturing: Roles needed to balance autonomy and control', *Journal of Applied Management Studies*, 8(2), 145–159.

Thornhill, S. & Amit, R. (2001) 'A dynamic perspective of internal fit in corporate venturing', *Journal of Business Venturing*, 16(1), 25–50.

Von Hippel, E. (1977) 'Successful and failing internal corporate ventures: An empirical analysis', *Industrial Marketing Management*, 6(3), 163–174.

Zahra, S.A. (1991) 'Predictors and financial outcomes of corporate entrepreneurship: An exploratory study', *Journal of Business Venturing*, 6(4), 259–285.

第 12 章 社会创业

在本章中，我们将讨论另一种情境下的创业，即社会创业。正如创建独立组织或在现有企业中创业（内创业）一样，社会创业就是发现或创造新的机会，并对其进行评估，以便最终通过组织来利用这些机会。我们之前所讨论的创业形式与社会创业之间存在着差异。私营商业组织的创业目标通常是为其所有者创造经济价值，即赚取利润，而社会创业的首要目标是为当地和世界人民创造更好的条件，利润仅仅是实现社会目标的手段。在社会创业中，利润不一定是指导目标。换句话说，在本质上，社会创业的指导思想是社会性的而不是经济性的，尽管经济方面的因素也是需要考虑的。这正是我们将在本章中详细讨论的社会目标与经济目标之间的平衡。

当谈论社会创业时，我们对"社会"这个概念的理解比通常使用的要广泛。我们不仅仅考虑社会组织及针对社会弱势群体的措施。通过举办文化和休闲领域的活动，以及针对第三世界人民的援助、救济工作和发展项目，或者通过为弱势群体创造更好条件而创建新企业，也可以在许多不同领域中实现社会创业。

12.1 圆锥形帐篷

接下来我们一起来读一则小故事。这个故事虽然简短，但可以说明一个普遍适用的道理。这个小故事由凯文·辛德尔编写，可以在许多情境中讲授，也可以用多种方式进行解读。在本章中，这个案例说明了要处理好"盈利型创业"与"社会型创业"之间的关系并非易事。

这则小故事讲的是美国一个土著社区的创业。和其他国家的土著社区一样（美国的印第安人、澳大利亚的原住民和托雷斯海峡岛民、加拿大的第一民族、日本的阿伊努人、斯堪的纳维亚的萨米人等），这个社区资源匮乏，生活在土地贫瘠地区，而且这个社区成员的技能和教育水平低于主流社会的平均水平。造成这一切的原因，是殖民历史的消极影响给这个土著社区带来的诸多不便。如果你对这则故事感兴趣，那就去YouTube上看看凯文·辛德尔的视频案例，他会亲自告诉你这个关于圆锥形帐篷的故事。

创业故事 //

圆锥形帐篷的故事

作者：凯文·辛德尔

尽管在白人商业顾问的眼中，这位"印第安创业者"正在"赚大钱"，但由反对者组成的"愤怒群体"却认为这种"赚大钱"是非常糟糕的。

这家名为"雷德曼帐篷"的公司坐落于从政府租来的一块保留地内，地理位置优越，属于商业活动区。在这一区域中，经过一些弯道和慢速警告后，会再次出现笔直的公路。公路两旁有标牌醒目的加油站、便利店、小型博物馆和赌场，这些都是为了引起过往驾车者的注意，以吸引他们停下来，并在此花点时间进行消费。事实上，的确有许多小汽车、卡车和公共汽车停在商业区，许多司机和乘客也游览了各种商店。从"印第安创业者"那里购买圆锥形帐篷的人数多得惊人。他们之所以购买这种帐篷，主要是因为觉得这是个"新奇的玩意儿，也许可以在夏天放在后院供孩子们玩耍"。这种帐篷不贵，又可以遮蔽外面的糟糕天气，甚至还"有点不一样"。

在会议室里，会议的火爆程度远超过空调能应付的热度。长老耐心地听着"愤怒群体"的控诉，他们在怒斥这位"印第安创业者"。其中，口才最好的一位发言者称这位"印第安创业者"为"我们文化的窃贼，他破坏了我们的传统，摧毁了祖先留给我们的共同家园，为那些偷走我们土地和尊严的人提供廉价的娱乐。他窃取了属于我们所有人的东西：关于圆锥形帐篷的知识、象征意义及其伟大之处，并出售一些廉价的仿制品，将钱财据为己有。这种行为是错误的，必须停止"。这位"优秀的"发言人声音深沉而响亮。他义愤填膺，话语铿锵有力。"愤怒群体"大声应援，而长老在认真地听着。

"印第安创业者"发言时也是怒气冲冲，但出于对长老的尊重，他还是控制住了怒气。

圆锥形帐篷经常在严寒、酷暑环境中使用

"我不知道"，这位"印第安创业者"说，"在我们这个群体中，虚伪和懒惰，到底哪个更可耻？我们的部落可以从一家赌场赚钱吗？这家赌场与我们的历史毫无关系，它的存在仅仅是白人法律中的一件怪事，它只教会我们的年轻人如何佩戴绿色眼罩和发牌，让他们成为职业发牌人。难道把建造帐篷的技艺传承下来，把真正的工作和技能教给人们，就不行吗？"

"我来告诉你们"，这位"印第安创业者"说，"我不制造，也没有培训任何人去制造'廉价的仿制品'。我的圆锥形帐篷是正宗的，全部真材实料而且制作精良。这些帐篷掺杂了我的心血和汗水，并且定价合理。而你们整天都在做些什么？只是无所事事！如果你们退还政府福利支票，并做些有意义的事情，那我就听你们的。如果你们少说多做，我会更乐意听你们的话。但是在此之前，你们的话依旧缺乏足够的说服力。我参加了许多商业技巧和技术技能方面的课程，在这里我说明一下，这些课程费用是由部落政府支付的。如果你们不希望人们使用这些技能，那为什么还要教这些技能？除了联系银行，我还培训年轻人，并且付给他们高额的薪水，我支付了租金，也缴纳了税费，而你们却说我什么都没有付出？实际上，你们的福利支票中就有我的贡献。"

听到这里，"愤怒群体"更加愤怒了。一开始，很难听到长老平静的声音，但很快，房间里就静了下来。这是许多人所说的一件怪事：长老平静的声音反倒让大家安静，并开始认真倾听。长老开始说话了：

"这个'愤怒群体'让我充满了悲伤，你们真正的尊重在哪里？是对勇士和工匠的尊重还是对传统的尊重？事实上，我们的兄弟正在自豪地代表着我们的传统。我看过他们的作品，他们的圆锥形帐篷很好，虽然还不是很完美，尽管如此，我必须问大家一个问题：我们生活在平原，在以往用古老方式保卫我们土地和国家的年代里，谁更高尚？是骑马作战的勇士，还是那些害怕战斗，并且只会坐在温暖的炉火旁、谈论着这个世界变得多么糟糕的人？"

这位"印第安创业者"边听边微笑，但是长老的话让他渐渐收起了笑容。

"你笑什么？你没有理由沾沾自喜，现在不是你得意的时候。这群人中有善良的人，他们的一些愤怒是合理的，虽然不应该是愤怒，但的确有令大家觉得悲伤的地方。很遗憾你没有制作一顶真正完整的圆锥形帐篷，尽管你已经运用了'我们的技艺'。我之所以说'我们的技艺'，是因为这个群体说得对，圆锥形帐篷的创意和灵魂属于我们所有人，你的作品应该体现出这一点。在我们的传统中，虽然帐篷的结构是相似的，但是每顶帐篷都是独一无二的，因为每个生活在里面的家庭都会把自己独特的生活故事画在帐篷上。据我所知，仅在这个'愤怒群体'中，就有两位杰出的艺术家。你为什么不发挥他们的才能，让你的客户有机会将他们的故事画在自己的圆锥形帐篷上呢？我相信那些客户会喜欢，并且也愿意为此多付钱。

你的定价确实太便宜，而且你没有把收益拿出来分配。从中获得的额外收益可以用于推进语言项目，教我们的孩子学习不同时代的音乐。而且你不讲我们的语言，不尊重之前的那位发言人，他是我们的兄弟，并且在庄重地使用着我们的语言。这种不尊重让人觉得遗憾"。

说到这里，长老和其他人的目光都转向了那位优秀的发言人。

"兄弟，我还有一个问题要问你。你能否为我们所有人写一写圆锥形帐篷的故事？包括它的历史，以及它在我们生活和文化中的作用。写好这些，必须注意两点。首先，我们的帐篷要有非凡的故事，每一顶帐篷的买家必须知晓并理解这个故事，当然，这么做也会让买家更好地了解我们，所以这是一项重要的工作。其次，如果把这个故事写好，你会因此而获得很好的报酬。每一顶从我们保留地售出的帐篷上都会有你写的故事，这些文字会被优美地书写在牛皮纸上，成为白人商业顾问所谓的'产品包'的一部分。这样，每售出一顶圆锥形帐篷，你就会收到一笔酬金，这是你应得的，因为你的故事让帐篷增值。这对买家来说也是有价值的，能让他们觉得自己购买的帐篷是一件有价值的东西。它制作精美、意义深远，且实用性强。这些帐篷也会使我们的社区增值，因为每个买家都会热衷于把这个故事告诉所有看到这种帐篷或使用这种帐篷过夜的人。"

接下来，长老的提议奏效了。

"雷德曼帐篷"更改了公司的名称。那位白人商业顾问认为，这个用当地人语言命名的新名字"没有任何营销意义，而且在某种程度上，新的高价定制策略将扼杀一家优秀的小公司"。

然而，这位白人商业顾问大错特错。

一个规模更大、利润更高、增长更快的企业由此诞生，有些人说这其实是一次重生。这家新企业的第一位客户是一名飞行员。他赚了很多钱，在河边有一小处房地产。他喜欢在那里钓鱼，喜欢邀请他的朋友们来住。这位飞行员所购帐篷的外表面上绘制了他的故事和家族历史。如果是在古代，画在帐篷上的可能是武士的马和武器，而现在这位飞行员的帐篷上画的是他的飞机、妻子、孩子们以及他喜欢的在河里游泳的鱼。制作完成第一顶圆锥形帐篷花了很长时间，并且价格昂贵，但飞行员仍旧高兴地付了钱。整个夏天，这顶帐篷都搭在他的那片土地上，从很远处就能看见。炎炎夏日，帐篷里满是各式各样的客人，他们都是来和飞行员一家一起住的。刻着圆锥形帐篷的故事的牛皮纸被放在帐篷里最显著的位置，人们只要一踏进帐篷，就都会情不自禁地开始阅读纸上的美丽字句。它讲述了圆锥形帐篷在部落生活中的重要性，以及圆锥形帐篷是如何成为一个充满活力的传统工艺品，而不是古老或没有生命力的东西。后来，一位日本女士订购了公司的第二顶帐篷。来自日本的艺术家们也加入了这个部落艺术家群体，他们和当地艺术家合作的每一幅绘画作品都美轮美奂。

很快，公司接到了来自世界各地的大量订单，这就需要有更多的艺术家、更大的场所、更好的技艺培训，需要满足因业务增长所带来的各种要求。

那位白人商业顾问对这一切感到大为惊讶。一篇全国性的报纸文章和电视报道使帐篷供不应求，但企业没有因此而降低帐篷的质量。大好的赚钱机会并没有让企业一味地追求利润最大化。这曾经让那位白人商业顾问感到纠结，但奇怪的是，现在已经没有这个困扰了。那位"印第安创业者"非常忙碌，儿童语言学校正在蓬勃发展，而那位口才优秀的发言者也已成为畅销书作家。这个"愤怒群体"已更名为"部落本土企业文化传播委员会"（"愤怒群体"已经要求那位口才好的发言者给他们取一个更好的名字，而目前那位发言者正在研究新的名字）。

这位长老笑了，但是他的笑容很快就变成了深深的忧虑，因为这个创业故事结局虽好，但依然充斥着太多的悲情，而且他们迫切地需要更多的好点子。尽管如此，大家都从中有所收获，这仍然值得欣慰。

12.2 圆锥形帐篷引发的思考

关于社会创业的这个故事告诉了你什么？下面的练习可以帮助你了解这种现象的特征，并确定社会创业与其他类型创业之间的界限。

- 假设你要创办一个营利性商业组织，列出你认为可能会推动自己做出承诺的因素。然后，假设你要创建一个社会目的的组织，请再次列出激励因素。这两份清单之间有明显的区别吗？试着解释它们的相似点和不同点。

- 再看看上面圆锥形帐篷的故事。讨论这个故事是否以及如何将社会创业作为一种为当地或世界人民创造更好条件的活动。

- 社会创业通过创造或发现新机会，以及组织过程来实现这些机会，为人们创造更好的条件。就这个故事的创新性和想象力表达你的看法。圆锥形帐篷的故事是一个能很好地说明如何创造新机会的例证吗？在你看来，社会机会的本质首先必须是创新的，才能够谈论社会创业，这是一项要求吗？

- 除了圆锥形帐篷的故事外，你还知道其他社会创业的例子吗？在这些例子中，个人或群体通过创造或发现新机会，改善了当地或世界人民的哪些生活条件？

12.3　社会创业是选择商业世界还是更美好的世界

如前所述，社会创业的主要特征类似于发生在商业情境中的创业特征，主要的区别在于社会创业背后的驱动力往往是确保社会公正的愿望，而商业环境中的创业主要是以利润为导向的（Johnson，2000）。

关于社会创业所涵盖的内容，有很多不同的视角。本章将着重从两种视角来考虑社会创业的社会和财务因素，它们既是手段也是目的。

社会创业的第一种视角是把财务目标作为最终目标，将社会目标作为实现财务目标的一种手段。换句话说，社会创业的重点是创造一家企业，而社会要素则是与其他商业产品一致的一种产品。由于最终目标是创建经济上可持续的营利性组织，这种社会创业主要存在于商业环境中，不考虑这些组织产生的社会效益。

第二种视角主要关注社会因素。在这种视角下，社会目标是最终目标，任何商业交换都只是作为实现社会目标的一种手段。因此，社会创业从根本上被认为是创造更美好世界的活动，它通常发生在被称为志愿部门的内部。之所以称为志愿部门，是因为这些组织中的大部分工作都来自无薪工作者，志愿部门也通常被称为非营利部门。在本章中，我们将根据以下悖论来介绍社会创业：

社会创业选择商业世界还是更美好的世界？

12.3.1 社会创业导论

没有多少研究能表明社会创业有多么广泛。一项来自英国的社会创业研究（Terjesen 等，2011）和一项由《全球创业观察》（GEM）于 2009 年完成的研究是两个例外。这两项研究结果都是为了说明社会创业的流行程度可能会获得不同的结果，这取决于对社会创业概念的理解有多广泛。

英国社会创业的流行已经被反复研究过（Harding 和 Cowling，2004；Harding，2006；Harding 等，2007）。2007 年的一项调查显示，2005 年英国有近 120 万人从事社会创业。这些创业者要么即将开始一项社会活动，即持续时间为 3 个月以下；要么领导刚起步的一项社会活动，即持续时间在 3～42 个月。作为独立组织的创建，社会创业的启动率约为创业的一半，3.3% 的成年人积极参与社会创业，而积极参与创业的人中有 6.1% 的人选择创办独立组织。此外，还有 1.5% 的英国劳动力从事成熟的社会活动，这些活动持续时间已超过 42 个月。

社会创业在英国似乎是一项普遍的活动。英国政府的统计显示，具有社会或环境目的的组织的总营业额约为 270 亿英镑，突出了社会创业这一趋势对社会的影响（Harding，2006）。

英国的研究结果说明，其他国家的社会创业也可以成为一项重要活动。《全球创业观察》研究结果"明确表示参与社会活动的人口比例在全球范围内差异很大"。世界上平均有 2.8% 的适龄劳动人口从事社会活动。然而，这一比例从马来西亚的 0.2% 到阿根廷的 7.6% 不等。把握社会活动的困难在于，变化不仅存在于按经济发展阶段分组的国家之间，而且还存在于按地理区域划分的国家之间。"总的来说，在这一点上，很难发现社会创业存在普遍一致的模式"（Terjesen 等，2011）。然而，也可能有研究者指出，社会创业的各种形式"以不同的方式表现出来，从纯粹的非盈利模式到将慈善和盈利模式结合起来的组织"（Terjesen 等，2011）。例如，该研究表明，可以区分那些关注社会与商业目标程度不同的公司。具体来说，可以区分为四类（Terjesen 等，2011）。

（1）纯社会创业活动，即个人发起或经营一个没有商业活动的社会组织。

（2）纯商业创业活动，即个人发起或经营一个没有特定社会目标的商业组织。

（3）重叠的社会和商业创业活动，即个人发起或经营一个组织，既有商业性也有社会性。

（4）同时开展社会和商业创业活动，即个人发起或经营不同的实体。这些实体中有的为社会组织，有的为商业组织。

然而，英国和《全球创业观察》所涉及国家中的社会创业普遍性可能还存在争议，因为在很大程度上，该普遍性的衡量取决于所使用的社会创业定义。由于社会创业是一项尚未得到大量探索的活动，因此对如何捕获和界定这一现象还存在分歧。"社会创业……不是一个有条理的概念。它缺乏条理性，被认为是世界现状的一种反映……任何人都应该使用社会创业概念来阐明他对社会创业的理解"（Peredo 和 McLean，2006）。

尽管对社会创业的定义存在分歧，但一个普遍的共识是，社会创业是为了实现社会目标，从而为当地或世界人民创造更好的条件。然而，不同观点的意见分歧在于社会目标相对于财务目标具有何种优先级。

12.3.2　社会创业作为一个连续体

表 12-1 阐明了对社会创业的已有看法，这个连续体包含了对于社会创业的两种极端视角。第一种视角将社会创业定义为由社会目标（即更美好的世界）控制的活动。第二种视角将社会创业理解为一种活动，相较于社会目标，商业和财务目标才是主要关注点。在两种视角的中间是对社会创业的第三种理解，即在更加平衡的关系中将社会目标与财务目标相结合，不过社会目标通常是首要的。

表 12-1   社会创业的认知——一个连续体

	目标优先性	商业交易和利润的重要性	事例
更美好的世界	制定的总体目标完全是社会目标，但是可以找到次要的财务目标	商业交易和利润创造仅仅是为了支持社会目标	无国界医生组织（www.msf.dk）
	制定的总体目标主要是社会目标	商业交易和利润创造是为了支持社会目标，并使企业财务上可持续	丹麦默克银行（The Danish Merkur Bank）（www.merkur.dk）
商业世界	制定的总体目标完全是财务目标，但可以找到次要的社会目标	商业交易和利润创造是为了使企业财务上可持续	弗兰德森公司 (www.vestergaard-frandsen.com)

12.3.3   创造更美好的世界

表 12-1 中显示的一种视角特别强调推动社会创业的仅有社会目标，"在极端情况下，那些人认为某些目标必须是社会创业者的'排他性'目标"（Peredo 和 McLean，2006）。迪斯也表达了这种观点：

> 对社会创业者来说，社会使命是根本。这是一项关于社会改善的使命，不能降低到为个人创造私有利益，即财务回报或消费利益。在整个过程中，盈利、创造财富或者满足客户的欲望仅仅是达到社会目的的手段，而不是目的本身。利润不是价值创造的衡量标准，客户满意度也不是，社会影响力才是衡量标准。（Dees，1998）

无国界医生组织（MSF）是非营利志愿组织的一个例子，符合迪斯对社会创业的定义。无国界医生组织是一个"向世界各地冲突和灾难的受害者提供医疗救助的私营国际人道主义组织"。这个组织于 1971 年在巴黎成立，由一批多年前在尼日利亚比夫拉内战期间工作过的法国医生，以及在无人能进入的地区开展独立和跨境救援的记者组成。

由于对尼日利亚内战期间严格的规章制度和官僚体制感到失望，并且医生们感觉有能力采取行动，因此，他们想要创建一个能够提供全球救援的独立组织，并将有关国际团结的人道主义辩论列入议程。截至 2011 年，该组织在 19 个国家设有办事处，在 60 多个国家开展项目。

12.3.4　社会目标与财务目标的交点

表 12-1 是上述观点的修改版，强调了在社会创业中，尽管社会目标具有首要地位，但社会目标与财务目标可以相互结合。因此，将社会创业现象局限在志愿部门是错误的，因为商业部门也可以实现社会创业。在实践中，社会创业可以同时涉及社会与商业两个方面，使两种部门之间的界限"不仅模糊而且相通"（Peredo 和 McLean，2006）。因此，社会创业可以说是"模糊了公共部门、私立部门与非营利部门之间的传统界限，并强调营利与非营利活动的混合模式"（Johnson，2000）。

考虑将社会目标与财务目标结合起来的理由是，"缺乏财务资源或资本可能会抑制社会创业，并限制社会创业者创造社会资本的能力"（Thompson 等，2000）。因此，社会创业的定义并不是将社会创业限制在特定的情境中，相反，对社会创业的理解应集中于人们开展的活动是否创造了更好的社会条件。孟加拉国的乡村银行就是一个举世闻名的例子，它证明了平衡社会目标与财务目标是可能的。孟加拉国的乡村银行是一种混合型组织形式，因为它既可以被理解为属于营利部门，也可以被解释为属于非营利部门。孟加拉乡村银行的创始人穆罕默德·尤努斯认为，"孟加拉乡村银行在通过小额贷款消除贫困的新兴世界运动中处于最前沿：小额贷款概念可以被描述为任何一个人都可以参与的简单概念，可以在减轻贫困方面发挥真正作用"。孟加拉乡村银行由经济学教授穆罕默德·尤努斯于 1976 年创立，他认为缺乏资本是穷人从事生产性自主创业的主要障碍。如今，孟加拉乡村银行已拥有 200 多万会员，贷款回收率高于 90%，并已在全球 40 多个发展中国家和发达国家（包括美国）推广业务（McKernan，2002）。孟加拉乡村银行并不单独提供信贷服务，而是将非信贷服务与信贷服务捆绑在一起。这些非信贷服务为计划中的成员提供职业培训、组织帮助和社会发展投入，旨在改善健康、识字、领导技能和社会赋权（McKernan，2002）。孟加拉乡村银行试图在创造更美好的世界与有利可图的经济业务这两个目标之间取得平衡。社会目标与经济目标之间的平衡通常被称为双重底线（Dees 等，2002）。

12.3.5　社会创业作为商业

到目前为止，我们已经研究了两种视角，它们都认为在社会创业中，社会目标比财务目标更重要，两者之间的分歧可以通过它们在多大程度上认可使用财务目标实现社会目标来说明。

但是，在一些组织中，社会目标不仅与财务目标融合在一起，而且实际上被赋予了较低的优先级。将这类活动理解为社会创业形式的理由是，所有以某种方式改善人们社会条件的活动都值得承认，因为这类活动最终有助于创造更美好的世界（Austin 等，2006）。

丹麦的弗兰德森公司是这方面的例子，这家公司一方面致力于为第三世界的人们创造更好的条件，但另一方面也不掩饰它不是紧急援助项目的事实。弗兰德森公司生产的产品包括一种浸有化学物质的蚊帐，可以防止蚊子飞行传播疟疾。该产品被用于难民营。此外，弗兰德森公司还推出了一款名为"生命吸管"的水清洁工具，吸管长约25厘米，其中包含净化水的先进过滤器。这种过滤器使人们能够饮用受污染河流或池塘中的水，大大增加了穷人获得清洁水的机会。特别是在发展中国家，缺乏清洁水是主要的健康问题。弗兰德森公司首席执行官解释了财务目标与社会目标之间的平衡：

> 我们的业务是"做生意，做好事"。但生意始终是第一位的……你可以说我们实现了一个目标而不排除另一个目标。如果经济目标是次要的，我们不妨把公司钥匙交给红十字会。世界上有很多问题需要更多的创业精神，这只是撸起袖子开始行动的问题。（《经济学人》，2007年2月23日）

12.3.6 出现传统和机会传统

到目前为止，我们在讨论社会创业时，主要涉及什么是社会要素，以及社会要素与商业要素之间的权重。然而，其他讨论也是必不可少的。本书中我们已经讨论过好几次的一件事就是，将某事描述为创业都需要些什么。在第 1 章中，我们讨论了两种不同的传统，即出现传统和机会传统，每一种传统对创业都有自己的看法。根据出现传统，无论是否涉及创新，只要与新组织形成有关的创建行为，都可以被描述为创业行为。相比之下，机会传统认为，如果行为涉及创造或发现、利用创新性和突破性的机会，那么这种行为就是创业行为，无论这是否会导致一个新组织产生。这种讨论也同样适用于社会创业理论。

与出现传统一样，佩雷多和麦克林将一项活动定义为创业活动，前提是该活动是在考虑社会目标的情况下实现的，并最终形成了一个新组织，"社会创业有时仅仅被理解为社会企业的发起或管理"（Peredo 和 McLean，2006）。

然而，也有些人认为，只有行为涉及具有创新社会价值的活动时，才能将其描述为社会创业。这种想法相当于上述提到的机会传统。例如，迪斯强调社会创业者具有创新性，"他们开辟了新天地，开发了新模式，并开拓了新方法……那些在工作中更具创新精神并在社会上取得更大进步的人，自然会被视为更具创业精神。真正的熊彼特式社会创业者将对他们的行业进行重大改革或革新"（Dees，1998）。因此，要将一项新活动描述为社会创业，这项活动应具有创新性和想象力，至于这项活动是否涉及创建一个新组织则并不重要。

12.3.7 社会创业：商业世界还是更美好的世界

我们已经讨论了社会创业的各种视角，表 12-2 对这些视角进行了汇总。

表 12-2 悖论：商业世界还是更美好的世界

	商业世界	更美好的世界
主要目标	财务	社会

(续)

	商业世界	更美好的世界
部门	营利部门	志愿部门或非营利部门
动机	创建财务上可持续的业务	为人们创造更好的世界和条件
商业交易的重要性	对组织成功和发展至关重要	支持主要的社会目标
社会产出的重要性	与其他商品相似的产品	建立社会创业的更深层目的

从表 12-2 中我们可以看出，商业世界视角强调社会创业是一种活动。尽管这可能会带来社会效益，但其总体目标仍是财务目标，及试图创造一个可持续的经济业务。在这种视角下，商业交易被认为是成功的关键，社会产品是与其他商品相一致的产品。另外，更美好的世界视角认为，与社会创业相关的首要目标是创造更美好的世界，财务目标被认为是实现整体社会目标的途径。这种社会创业主要属于志愿部门，其全部目的是为人们创造更好的社会条件。除这两种视角外，还有无数其他的变种视角，它们在不同程度上强调了社会目标与财务目标之间的关系。这意味着社会创业实际上可以发生在社会的任何地方，这些社会活动不只是发生在志愿部门或营利部门内，因为社会创业有无数种混合形式。

12.4　理论视角下的社会创业

在下面，我们将对本章开头所研究的圆锥形帐篷案例进行解释。圆锥形帐篷的故事可以在许多情境下讲授，也可以用多种方式进行阐释。

本章讨论了"商业世界视角"和"更美好的世界视角"，但如何分别从这两种不同视角来解释这个故事呢？

12.4.1　商业世界视角

这个圆锥形帐篷企业故事很适合从商业世界视角解读。无论这位"印第安创业者"对自己的本土传承有多么热情，与那位优秀的发言人相比，他的商业世界观及主流商业态度都与白人顾问更为紧密地联系在一起，而那位优秀的发言人真诚地将个人利润收入视为社区共同财产，并认为将部落和圆锥形帐篷密切相关的知识产权、遗产作为一种文化手工艺品的做法令人厌恶。

"愤怒群体"对这个圆锥形帐篷企业的反应，可以被视为对其营利和个人主义特征的集体抗议。此外，这个圆锥形帐篷企业正在将一种承载集体文化象征意义的产品商业化，因此抗议者认为这个企业行为是属于从整个社区的东西中获利的行为。因此，"愤怒群体"认为这个企业与白人个人主义商业文化更加一致，而与本土文化及平等价值观不符。

即使在改革之后，这个圆锥形帐篷企业是否会成为社会企业也是个问题。我们不得不假设，这位"印第安创业者"仍然拥有并领导这家企业，它可能是一家独资企业，或者我们几乎可以肯定"印第安创业者"至少是主要股东。从"更美好的世界"视角来看，这并不意味着这个圆锥形帐篷案例是社会创业的例子。

该圆锥形帐篷企业案例并没有具体说明在改变后他们开展了什么类型的业务。对一些学者和实践者来说，以下问题在评估任何企业的"社会"特征时是决定性的：它是如何组织的？它的使命陈述是如何改变的？权力是如何分配的？利润是如何分配的？等等。这家企业是否从根本上变成了一家"社会企业"，或者说"社会维度"仅仅是这位"印第安创业者"为自己赚更多利润的一种聪明的方式？

12.4.2　更美好的世界视角

这个圆锥形帐篷企业的案例也很符合更美好的世界视角。改变后的圆锥形帐篷企业尤其可以被看作社会创业的例子。与一开始时个人主义、营利性企业相比，改变后的企业肯定包含了更广泛的利益相关者，它涉及更多的社区人员，提高了社区的知识水平，振兴了文化传统，与外界建立起了新的关系，并与实际上没有参与经营业务的社区成员分享了部分利润。

但即使在改变之前，也有一些因素支持更美好的世界视角。例如，这位"印第安创业者"为自己辩护时声称，他的企业通过雇用和培训年轻人、支付租金和税款，对社区产生了积极的影响。他还辩称，他的圆锥形帐篷品质优良、制作精美，并对当地传统和文化给予了应有的尊重。因此，在他来看，这不仅仅是一家个人主义的营利性企业，也是一家为社区创造就业机会和收入的社会企业。

与以前个人主义的营利模式相比，改变之后的圆锥形帐篷企业肯定更具社会导向性。有更多的社区成员参与其中：一所学校得到了资助，但准确的总体安排没有概述。一部分人和本书均认为，一家成熟的社会企业必须考虑一些变化，例如，新的使命陈述、明确的社会目标、某种民主规则、所有权结构的改变和新的利润分配规则。就整体行业地位而言，这样一家经过深度改革的社会企业可以说是"属于"志愿部门，而不是私有营利部门。

对于本案例的作者凯文·辛德尔来说，社会创业与个人创业之间的区别并不重要，对于他来说，"为什么"这个问题，即创业者创业的动机和理由（为了社会利益或个人利益），没有"是什么、怎样做和在哪里"这个问题那么有趣。"是什么"和"怎样做"描述了创业过程，"在哪里"涉及社区因素对创业过程的极端重要性（Hindle，2010）。无论你是想为自己赚钱，还是为了他人或他人利益而参与一个利他的组织，或介于两者之间的任何事情，辛德尔的观点都是：你必须尽你所能去了解适当的创业过程的必要机制。使这个过程显得"适当"的原因，是彻底了解社区因素可能对你希望通过业务实现目标产生的影响。他的诊断机制是促进这种理解的工具。因此，圆锥形帐篷的故事是一个可以超出其本土特色的案例，以证明辛德尔"诊断框架"具有高度通用的分析能力，这个框架可以用于评估社区因素如何影响任何给定的创业过程。要进一步了解"诊断框架"的概念，请访问 YouTube 网站，并观看凯文·辛德尔的视频案例，该视频案例中概述了这个框架并将其应用于圆锥形帐篷案例。

12.5　社会创业真的如此吗

下面你将再次进入创业实验室，并尝试创业中的另一大关键主题：社会创业。

1. 媒体对社会创业的报道

在各种报纸上寻找一系列关于社会创业的文章。接着讨论关于社会创业的不同态度。你同意哪些说法？不同意哪些？讨论一下为什么会是这样。

2. 圆锥形帐篷视频

观看 YouTube 上的视频案例。本章以这个案例为例来讨论说明如何表达社会创业，但是你同意它是关于社会创业的故事吗？这个故事在多大程度上满足了通过创造或发现新机会，并通过组织实现新机会为他人创造价值的要求？

3. 访问中国

近年来，中国政府已在新的基础设施、教育、卫生和新福利体系上投入了数万亿美元。预计未来几年投资还将增长 20%～30%。中国的下一轮增长浪潮可能会为许多可以在这些领域提供解决方案的公司创造巨大的机会。你的任务是，根据中国的发展，找到一个你可以从中受益的社会创意。然后，弄清楚你将如何将这个创意转化为一个机会，从而为可行的组织奠定基础。

参考文献

Austin, J., Stevenson, H. & Wei-Skillern, J. (2006) 'Social and commercial entrepreneurship: Same, different, or both?', *Entrepreneurship Theory and Practice*, 30(1), 1–22.

Dees, J.G. (1998) 'The meaning of social entrepreneurship', available at https://entrepreneurship. duke.edu/news-item/the-meaning-of-social-entrepreneurship/ (last accessed 20 December 2016).

Dees, J.G., Emerson, J. & Economy, P. (2002) *Strategic Tools for Social Entrepreneurs: Enhancing the Performance of Your Enterprising Nonprofit*, New York: John Wiley & Sons Inc.

Harding, R. (2006) *Social Entrepreneurship Monitor: United Kingdom 2006*, Barclays, London Business School.

Harding, R. & Cowling, M. (2004) *Social Entrepreneurship Monitor: United Kingdom 2004*, Barclays, London Business School.

Harding, R., Hart, M., Jones-Evans, D. & Levie, J. (2007) *Global Entrepreneurship Monitor: United Kingdom 2007 Monitoring Report*, London Business School.

Hindle, K. (2010a) 'How community factors affect entrepreneurial process: A diagnostic framework', *Entrepreneurship and Regional Development*, December, 22(7–8), 599–647.

Hindle, K. (2010b) 'Skillful dreaming: Testing a general model of entrepreneurial process with a specific narrative of venture creation', *Entrepreneurial Narrative Theory Ethnomethodology and Reflexivity*, 1, 97–135.

Hindle, K. & Lansdowne, M. (2005) 'Brave spirits on new paths: Toward a globally relevant paradigm of Indigenous entrepreneurship research', *Journal of Small Business and Entrepreneurship*, Special Issue on Indigenous Entrepreneurship, 18(2), 131–141.

Johnson, S. (2000) 'Literature review on social entrepreneurship', White Paper, Canadian Centre for Social Entrepreneurship, University of Alberta, Canada.

McKernan, S.-M. (2002) 'The impact of microcredit programs on self-employment profits: Do noncredit program aspects matter?', *The Review of Economics and Statistics*, 84(1), 93–115.

Peredo, A.M. & McLean, M. (2006) 'Social entrepreneurship: A critical review of the concept', *Journal of World Business*, 41(1), 56–65.

Terjesen, S., Lepoutre, J., Justo, R. & Bosma, N. (2011) *Global Entrepreneurship Monitor Report on Social Entrepreneurship*', Global Entrepreneurship Research Association.

Thompson, J., Alvy, G. & Lees, A. (2000) 'Social entrepreneurship – A new look at the people and the potential', *Management Decision*, 38(5), 328–338.

第 13 章　公共创业

　　本章之前的大部分内容会给你留下这样一个印象：创业只发生在私营部门，要么是新企业创立，要么是现有公司培养内创业来重塑自己，要么是社会创业。其实，创业也发生在私营部门以外的环境中（Drucker，1985）。在下面的内容里，你将熟悉公共部门中的创业，因为在公共部门中发现或创造了新机会，这些机会也需要评估和组织，其结果可能是新的组织单元、新的做法、产品或服务，或对传统福利问题采取创新方法等。因此，公共创业是在考虑公共部门的情况下创建的，但是可以由公共行为主体和组织以及跨部门实现，例如，通过私营组织与公共组织之间的合作。

　　许多人认为公共部门更需要创业，原因之一就是公共部门经常面临着资源短缺问题以及由此带来的诸多挑战，诸如"精兵简政"这样的短语几乎已经成为大多数公共部门的同义词，精兵简政的意思就是用更少的资源做更多的事，但成本更低、结果更好。因此，对大多数公共部门而言，在某种程度上重新考虑福利服务是很有意义的。

　　尽管公共创业与前面几章所看到的创业类型有许多共同点，如公共组织和参与者也能够像创业者一样行事，但是我们应该注意到它们之间存在着一些根本区别。公共部门是在一些特定条件下运作的，因此了解这些条件是相当重要的。公共组织不是在自由市场中运作，而是在政治环境中运作，这就意味着公共组织除了考虑经济因素外，它还必须成为符合公共利益、维护人类尊严、诚实正直、确保公民平等享有权利和福利服务的理想典范。除此之外，公共组织作为权力的持有者，需要对福利服务的公共使用或私营公司生产的福利服务进行控制和监管，这就必须同时做到服务导向、专业、负责和民主。

13.1 "坦帕斯 600"

现在，你将看到一个公共创业的案例，它会让你深入了解如何将一家公共组织和一家私营公司联系在一起，综合考虑病人、不同的专业团体、医院管理人员、政治家、私营公司等多方利益，为全球所有医院都面临的一个问题提供解决方案。

创业故事 ///

血样从病人到实验室的快速运输

当病人入院时，花费时间最多的是什么？是护士抽取血液样本时在病人手臂上的轻轻一扎？还是医生收到验血结果并告知病人诊断结论之前所需要的时间？当然，与几年前相比，现在的病人能更快地收到这类测试结果，但很少有人知道这是因为一种特殊的气动管道运输系统。不过，丹麦小贝尔特医院实验室中心负责人伊凡·布兰德斯隆德就很了解这个系统，因为正是他在 2007 年提出了建立这个系统的创意，而这个系统彻底改变了丹麦和其他国家医院的医疗实践。这是因为从试管中装满血液、针头从病人手臂上拔出的那一刻起，尽快得到血液样本的测试结果就变得非常重要，这是全世界所有医院都关心的问题。

目前，这个气动管道运输系统又被称为"坦帕斯 600"（TEMPUS600）。它的工作原理是从病人身上抽取血液样本完成之后，立即把每根小试管放入发送器，进入由压缩空气驱动的机器人传送管道系统，将它直接送往实验室进行分析。

"坦帕斯 600"

1. 改变分析方法还是传送方法？

产生发明管道运输系统的第一粒种子在很早之前就播下了。瓦埃勒县议会为该县的医疗机构引进了一套通用的计算机系统，一位热心的部门主管提议，一个实验室就可以满足全县所有医院的需要，因为现在他们可以通过电子方式发送测试结果。伊凡当时是实验室经理，他向这位部门主管指出，化验结果来自对血液样本的检测，而血液样本是无法通过电子方式传送的。然而，能够通过电子方式传送血液样本的创意由此被植入了伊凡的大脑。

多年来，为了获取更快的血液检测结果，人们一直尝试改变实验室里的分析方法。但是没有人想到去改变传送血液样本的流程，即抽取病人血液后将其送往实验室的过程，在这期间，生物分析师已经做好分析的准备工作。改变运送方法似乎比改变分析方法有更大的好处，这是因为运送血液样本的流程一直就是人工采集和运送小试管血液的过程，这是比较耗时的。在这个系统发明之前，一位生物分析员必须从病人那里收集小试管，然后再将它送到实验室。生物分析员不会经常往返于医院各个部门和实验室之间，而是要等到有足够多的样本可供收集，这就意味着他最终会在每次行程中都要运送大量的血液样本，而这会延迟对每个样本的分析。

2009 年，丹麦南部地区宣布建立第一个联合急诊室，伊凡认识到对更快测试结果的需求将会增加。此时，伊凡便开始认真研究通过管道运送系统运送血液样本的这个创意，"事实上，我在想，为什么不试试呢？或许我们真的可以在一种气动系统里运送小试管"。因此，他试图将这个创意提交给其他合作伙伴，但都没有得到认同。

伊凡在一次演讲束后，再次提到了他赞成通过管道运输血液样本的创意，一位名叫芬恩·迪勒·汉森的男士认同了他的创意，并愿意合作发展这个创意。汉森先生是一家小公司的董事长，这家公司已经开发出一套通过管道运送酸奶的系统，或许这家公司可以帮助伊凡实现他关于气动系统的想法？伊凡当时心有所动。谈及他对这家私营公司的第一印象，他回忆道，"接着，我去博丁和这家公司的董事进行交谈，这家公司当时叫费格特克有限公司，现在更名为提米多有限公司。那是一幢破旧的厂房，建在一片贫瘠的土地上，我几乎就要转身离开。但是，董事丹尼尔·布莱克喜欢这个创意，因此，我便尝试着与他们进行合作"。

丹尼尔·布莱克是一位训练有素的工具制造者，也是"坦帕斯 600"系统的发明者，他说："2008 年伊凡和我取得联系的时候，我们已经为食品行业制造了运送系统，比如，运送达能的瓶装产品。最初我们是做通风设备工作的，但达能的一个项目使我们以一种全新的方式使用空气。"这个项目的任务是在这家法国食品巨头位于瓦伦西亚的工厂周围运送小塑料瓶，这个运送系统就是提米多公司的开始。基于这一技术和诀窍，丹尼尔和他的合作伙伴相信他们可以帮助伊凡解决减少运送时间的挑战，因此两位合作伙伴开始了这个不涉及金钱、完全基于共同利益的合作。提米多公司在 2008 年申请了第一项专利后，他们开始认真地开发将血液样本从医院各个部门运送到实验室的系统。

具体地说，工厂通风部门曾经使用的一个漆黑的铁匠车间，现在被改造成雪白明亮的房间，这让人们时刻想起医院里的无菌走廊和房间。后来，提米多公司用花园软管制成了一个试验装置，并用空气吹动一些空管子通过这个实验装置。小贝尔特医院参加了几个部分的开发。由于必须对这个系统进行测试，医院实验室的技术人员提供了血液样本，随后这些血液样本便沿着天花板在一根薄塑料管中循环流动。随后，技术人员检测了血液，以检查它是否受到了损坏。伊凡发现"一次使用一根管道时检测效果很好，但是我们必须要能够同时使用多根管道，这非常复杂。尽管如此，我们还是做到了。2009 年晚些时候，我们在科灵医院急诊室建立了第一个测试系统"。

2. 回应时间显著减少

自那时起，气压管道系统已经将样品的检测响应时间从大约 2.5 小时缩短到紧急样品不到半小时。然而，时间的节省并不是一夜之间就能实现的，其中部分原因是医院的工作人员必须适应新的工作流程，他们要在每一个样本采集完成之后立即将其传送出去。为了利用更短的响应时间取得测试结果，他们采用了绕行移动。

以前，医生和护士习惯在早上查房过程中采集血液样本，大约中午的时候能获得测试结果。现在则在查房期间分析工作就已准备好了，这意味着病人当天就能接受治疗，而且如果治疗有效果的话，病人当天就可以出院，或者说病人也可以在同一天接受多次治疗。回应时间的缩短大大提高了病人的舒适度，因为他们不再需要等待太久才能得到问题的答案。与此同时，病人通过治疗，进展更快、更有效，减少了住院时间，最终也为公立医院节省了钱。丹尼尔·布莱克指出"这一点政客们深有体会"。

该气压管道系统还成功地调整了工作流程，因为员工们也看到了使用这个系统的好处。例如，在欧登塞大学医院，生物分析员收集和运送样本所花费的时间减少了 80%，这意味着他们可以将自己所学的专业知识应用到血液样本分析上，而不是将时间浪费在走廊里运送血液样本。

使用气压管道运送系统，样本一经采集之后，都会立即从每位患者所在地方被单独传送过去，以确保更快的周转时间。与此同时，由于空气运送具有平缓安全的特点，这个系统省去了包装小玻璃管这一麻烦的过程，而这在早期的管道运送系统中是必须要做的。实验室经理伊凡说："在急性测试中，从收集样本到提供测试结果，我们现在可以在不到 30 分钟的时间内完成。亚急性测试我们最多需要 40 分钟就能完成，而其他样本我们可以在 60 分钟之内提供结果。以前这需要 1.5～3 小时才能完成。"

3."坦帕斯 600"畅销世界

如今，该气压管道系统不仅已推广到几乎所有的丹麦医院，而且还推广到了其他国家和地区的医院，比如挪威、芬兰、德国、荷兰、中国、中国台湾、科威特、以色列、瑞典、英国、泰国、沙特阿拉伯和韩国。自从伊凡的这个创意被评估和组织起来之后，它的发展十分迅速。如今，"坦帕斯 600"系统的制造由丹麦的分包商完成，公司只有 13 个员工，他们主要参与产品的开发和销售。通过与西门子、罗氏公司、雅培、赛美等大型公司进行正式合作，由这些公司制造用于血液样本分析的机械设备，销售部门也从中获得了意想不到的好处。此外，这四家公司开始将它们的分析产品作为"坦帕斯 600"的兼容产品来进行推销。

丹尼尔·布莱克认为："对我们来说，与这样的大型知名公司接触显然是非常有价值的。我们面临的挑战是没有竞争对手，因为这意味着仍然还有许多医院员工不知道存在着这种用于血液测试和其他临床样本的运送系统。"

13.2　"坦帕斯 600"引发的思考

以这个故事为基础，你现在应该思考自己对公共创业已有的印象，并基于对案例的即时理解，准备好进行下面的三个练习：

- 想一想这个故事中所面临的挑战。减少运送血液取样到实验室的时间能使许多不同的参加群体受益，写下他们面临的各自挑战是什么。这些参加者是谁？他们面临的挑战分别是什么？
- 与私营部门相比，反思一下公共部门中的创业通常具有什么特征。在公共部门和私营部门中，人们如何看待它的创业精神，这些观点是相互矛盾的，还是有机会调和的？
- 接下来反思一下你对公共创业的第一印象。在此基础上，你向希望利用创业的政府组织，以及希望与政府组织合作发展福利解决方案的私营公司提出三项建议，即他们应该知道些什么？

13.3　公共创业是封闭的还是开放的

在继续了解公共创业之前，我们首先应该阐明如何理解公共创业。公共创业可以简单地被定义为"产生新颖或创新的创意，并将其设计、实施到公共部门的实践中"（Roberts，1992）。这种定义公共创业的方式符合第 1 章中提出的机会传统，即创业包括创造新目标、新产品或新手段——目的链。此外，产生、设计和实施这三个术语是可以识别的，因为它们接近于我们提出的作为创业过程的所有组成要素，即机会出现、评估和组织这三个术语。需要注意的是，这里提到的"设计"一词并不像第 10 章中所介绍的那样，这里的设计应该被理解为将一个创意转化为一个机会。

尽管公共创业研究仍然处于非常早期的发展阶段，但我们仍可以将现有的、可获得的关于公共创业的少数文献分为两种主要视角。其中，第一种视角认为公共创业是在公共组织内发起和开展的活动，公共组织的参与者以极少的外界援助来指导这些活动，因为公共组织的政策制定者、管理者及员工拥有技术、行政和政治等各方面专业知识，并洞察公共系统的运作方式。从这一视角来看，人们普遍相信公共组织的至高权威和等级管理。因此，公共创业主要是在限制用户或外部合作伙伴参加的封闭情况下进行的。我们称之为公共创业的封闭视角。

第二种视角认为，公共创业最好通过开放政府组织、专业团体或其他组织（如私营组织或志愿组织）的知识和技能来创建。此外，这个视角认为居民能够提供有价值的知识，可以鼓励新的、更好的服务类型或组织方式。多样化的知识和技能有助于结合更相关的信息，并能从许多不同的角度应对挑战。如果发起的变革不仅为公共组织及其员工创造价值，还为更广泛的居民、公共福利的使用者创造价值，那么将异质性知识结合起来往往是必要的。这种开放的方法认为社会管理是一个复杂的过程，它应该涉及许多利益相关者，无论是外部的还是内部的，我们称这种视角为开放视角。因此，本章将基于以下悖论来讨论公共创业：

公共创业是封闭的还是开放的？

13.3.1 西方国家公共部门的特征

那么，公共部门到底是什么呢？一般来说，在社会服务的组织和融资方面，你可能需要辨别三种模型。这些模型都是理想化的，从经验上讲，你不会经常看到纯粹意义上的它们。这三种模型的特点反映了历史传统和有关福利的政治斗争（Esping-Andersen，1996），这三种模型分别是：大陆模型、自由主义模型和斯堪的纳维亚模型。

首先，大陆模型在德国、法国等中西欧国家尤为盛行，其意识形态是保守的。这一模型也被称为保险模式，其目的是为人们提供有价值的保险，即通过与劳动力市场挂钩的强制保险计划来保障公民的福利。当社会问题必须解决时，家庭被认为发挥主要作用，而政府则发挥次要作用。

其次，自由主义模型出现在政府对社会影响有限、有强大传统的国家，如美国，某种程度上也包括英国。它的意识形态是自由主义，而这一切背后的理念是：要靠自己创造运气，是自我管理使个人强大。社会福利只是为社会中最弱势的群体准备的，他们通常需要提供贫困证明，比如预算、工资单或其他证据等。

最后，斯堪的纳维亚模型存在于丹麦、挪威、瑞典等最为发达的北欧国家，其意识形态更趋向于社会主义。它的目的是保障社会上的每一个人。它的基础是高额税收，并通过高转移支付进行广泛再分配。在这种模型下，社会福利是普遍的，而不是选择性的，因此，无论收入多少或偏好如何，所有人都有同样的权利享受福利。

无论采取哪一种福利模型，公共支出，特别是西方国家的公共支出，在国内生产总值（GDP）中所占比例都很大，如图 13-1 所示。

大多数西方国家拥有广泛的公共部门，其特点是公共部门通常在以下领域展开业务：

①提供服务，通常在诸如医疗保健、教育、社会护理（如老年护理和儿童保育）、公共交通、司法（警察和法院）、国防、外交事务，以及中央和地方行政管理；②规划和管理，基础设施、城市和住房、商业和竞争条件等；③向家庭发放转移支付，企业补贴；④税收征管；⑤国有企业的经营，水、电、公共电视台和广播电台、基础设施等。

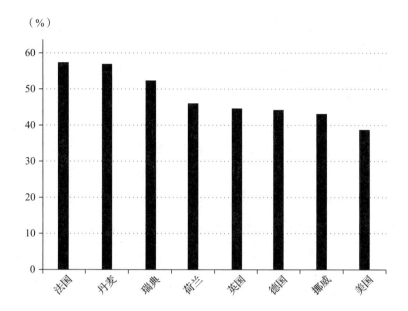

图 13-1　2013 年部分国家的公共支出占国内生产总值（GDP）的比例

资料来源：OECD。

为进一步了解公共部门的特征，需要比较公共部门与私营部门，下面的比较会让你深入理解这两类部门之间的根本区别。

13.3.2　私营部门与公共部门的差异

在介绍私营部门与公共部门之间的一些根本差异之前（见表 13-1），重要的是要理解这些差异既可以作为支持，也可以作为反对封闭视角和开放视角的各自论据。但是请记住，在这里我们对现实进行了简化，私营部门与公共部门之间的界限并不总是清晰的（Rainey 和 Bozeman，2000）。

当进行合作时，公共组织与私营组织或合作人之间的差异就会变得尤为明显。很明显的一点是，各合作方之间可能有不同的目标、价值观和战略，而各方也可能希望从合作中得到不同的结果。因此，尽管存在这些潜在的差异，但建立合作伙伴关系的理由是能够获得更有效地解决许多福利挑战的异质性知识。

然而，要进一步理解为什么创业越来越多地应用于公共部门，你需要更多地了解当今公共部门是如何运行的，尤其是西方国家的公共部门。我们之所以提到这一点，是因为当公共创业首次进入政治舞台时，人们就公共创业对民主可能产生的潜在后果展开了激烈的辩论。例如，有人指出存在以下的冲突：

（1）创业自主的需要 vs. 民主问责制的需要；

（2）创业保密的需要 vs. 民主公开的需要；

（3）创业风险承担的需要 vs. 民主管理的需要；

（4）创业远见的需要 vs. 民主对公民投入和参与的需要。

表 13-1　公共部门与私营部门之间的差异

	私营参与者（企业）	公共参与者（专业人士、政客和用户）
目标	产品和利润 一致、明确的目标 通常是高水平的目标冲突	很多目标，取决于不同的参与者群体 通常是低水平的目标冲突
激励措施	以经济为主 渴望竞争优势 渴望限制知识共享	很多，社会和政治方面的 渴望提高福利产品和服务的质量，并更高效地生产这些产品和服务 渴望分享知识
输出范围	偏好快速结果 短期目标 市场敏感目标	偏好安全结果 长远目标 过程本身也可能是目标
风险概况	偏好低风险项目 风险偏好低 想要保证输出	对高风险项目开放 风险偏好相对较高 对输出的不确定性开放
决策速度	快 决策路线通常短而明确 传统上很少有参与者参与决策，而且往往是封闭的	慢 决策路线往往漫长而复杂 许多参与者参与决策的需要和传统，并经常公开征求意见
组织类型	快速响应 客户驱动的 市场导向的创新	权利和法定的 技术、专家、公民和政客驱动的 系统导向的绩效管理

资料来源：Kearney 等，2008。

对公共创业的怀疑一直持续到今天，怀疑论者认为创业与基本的民主价值观相冲突（Bellone 和 Goerl，1992）。因此，在几十年前，公共部门对创业的利用并不像今天这样，是越来越合法的。那么，让我们来看看为什么创业越来越多地应用于公共部门。

13.3.3　稀缺的财政资源呼吁创业

在本章开头,我们解释了有限资源对许多国家的公共部门构成了挑战。这一挑战与以下事实有关:公共部门必须同时满足有限的预算需求、不断增加的服务需求,以及对职业化和专业化水平与日俱增的需求(Borins, 2002),而这些需要通过提高公共部门的创业能力来实现。提高公共部门创业技能的目标是改善现有的解决方案并开发新的解决方案,例如,为了:

(1)获得更好的服务以及对公共服务的更高满意度;

(2)通过改进工作流程、沟通和管理,改善公职人员的工作条件;

(3)提高效率和降低公共成本;

(4)随着人口结构的变化和获得更好的待遇,获得更多的替代性福利服务;

(5)提高治疗和服务方面的职业化和专业化程度。

因此,尽管财政资源匮乏似乎是当今许多公共部门的基本情况,但人们希望公共部门中的创业能够创造持续的改善,从而提供改进的高质量福利服务。然而,在公共部门中创业的方式是不同的,下面的内容会对此进行阐述。

13.3.4　理解当今公共部门的新方法

当今的公共部门早已不再是 30 年前的样子了,它们已经像其他许多事物一样进化了。许多人可能仍然按照韦伯的等级官僚体制来理解公共部门,该体制也称为"旧公共行政管理",这种体制目的是确保法律确定性、行政管理专业性、可管理性、可靠性,以及行政与政治的分离,但这并不是全部。

目前,一些运动已经成为公共部门的特征,特别是"新公共管理" (new public management,NPM)改革已经在公共部门及如何看待公共创业上留下了印记。人们通常认为是英国科学家克里斯托弗·胡德在 1991 年提出了新公共管理的概念(Hood,1991)。胡德用这一概念来表述自 20 世纪 80 年代初以来世界各地公共部门发生的变化及现代化，这些至今仍然在影响着公共管理。NPM 的目的是在公共部门内采用一种以市场为基础的管理体制，以实现更具成本效益的管理，它的解决方案是增加竞争、客户导向和战略管理，例如，把公民视为用户或客户。因此，NPM 改革意味着政府谨慎地开放了与私营企业越来越多的合作形式，这通常以供应商—客户关系的形式出现，公共部门则继续行使高度的控制和管理。此外，只有在私营组织能够提供已知特定解决方案的情况下，公共组织才会与其开展合作。与韦伯传统下的公共部门特征相比，尽管 NPM 对环境有不同的看法，但在如何有效创造公共创业方面，NPM 仍然被相对封闭的视角所主导。公共创业对新思维的宽容期待是以公共控制和管理为基础的。

除了 NPM，另一种表述为"从政府到治理的转变"运动也启发了公共部门（Osborne，2010），在这里，"政府"指的是政府的正式机构，而"治理"则是指控制经济和社会的复杂交互过程。这场运动被命名为"新公共治理"（new public governance，NPG），其目的是促进基于信任的管理、跨学科合作和积极的公民意识，同时加强政治家的政治领导。

公共部门与其环境之间更加开放的互动在 NPG 中发挥着重要作用。NPG 与 NPM 在许多方面都是对立的，因为 NPG 呼吁网络化合作形式，在这种形式下，公共部门的控制和指导作用更像是一个共同增值方的角色。因此，公共部门与其合作的外部伙伴之间存在着一种更加相互依赖的关系。因此，NPG 关注的是外部合作，而 NPM 与其相反，它关注的是输入输出重点和组织内的方法（Hodge 和 Greve，2010）。在 NPG 中，公民不仅被认为是产品的接受者（即客户），还被视为社会福利的共同生产者和合作者。私营公司也是如此，因为公众越来越意识到他们需要获得私营公司所掌握的技术技能和专门知识。因此，公共部门与其环境之间的共创被认为是创造更高效公共部门的前提。通过 NPG，公共部门可以被包括在跨组织协作关系、伙伴关系，以及相关外部参与者之间其他类型的关系之中。NPG 的目的是促进公共政策、服务创新的发展及扩散（Sørensen 和 Torfing，2012）。表 13-2 描述了 NPM 与 NPG 之间的基本差异。

表 13-2 NPM 与 NPG

	NPM	NPG
公职人员	通过控制约束公职人员的自身利益	通过信任促进公职人员的服务动机
问题	问题是政府对服务的垄断	问题是公共部门应开展工作的复杂性
解决方案	通过私有化、外包进行公私竞争	通过网络、伙伴关系进行公私合作
公民	公民被视为客户	公民和志愿者被视为福利的共同生产者
管理重点	注重资源和绩效的员工管理	注重过程和效果的跨学科合作管理
政治家	政治家被视为设定目标和规范的董事会	政治家被视为社会的政治领袖
目标	通过合理化提高效能	通过创新提高效能和质量

资料来源：Diefenbach，2011；Ansell 和 Torfing，2014。

近几十年来出现了一些运动，它们以公共部门与外部组织、利益相关者的互动和共创为基础，使公共部门从最初的封闭方式转变为更开放、网络导向的方式（Sørensen 和 Torfing，2012）。目前，有一系列的运动同时在公共部门中发挥作用，但在给定的时间，根据具体情况和任务的不同，这些运动会获得不同程度的支配地位。因此，公共部门、政治家、管理者或雇员在持续受到以 NPM 思想为基础的公共部门观的极大鼓舞时，其行为方式往往存在很大差异，而另一些人则根据情况，在几种方法之间摇摆不定。因此，如今的公共政治家、管理者或雇员对行业和环境的作用有不同看法，而这些看法又因情境或任务的不同而有所不同。

13.3.5 公共部门创业的前因

那么，是什么推动了公共创业？主要有三个关键影响因素：与公共部门相关的外部环境、公共部门运营的内部环境、内部和外部利益相关者的创业行为，具体解释如图 13-2 所示。

公共组织的外部环境通常是相对混乱的。首先，他们具有高度的政治性，因为利益集团、说客、意见领袖、反对党政治家等都尝试去影响并产生有利于他们自身利益的知识。然而，这些利益相关者只是公共组织全部利益相关者中的少数。其次，社会中的成员（如公民、病人、志愿者和其他人等）和市场（如私营组织、非政府组织）也是公共组织外部环境中的一部分。因此，公共组织的外部环境通常被认为是复杂和动态的。最后，新技术的出现、新的政治和监管制度变化的发生以及社会人口变化，也会对如城市化、人口动态和教育基础设施等产生影响。所有这些都影响了各种公共组织和参与者的行动空间。

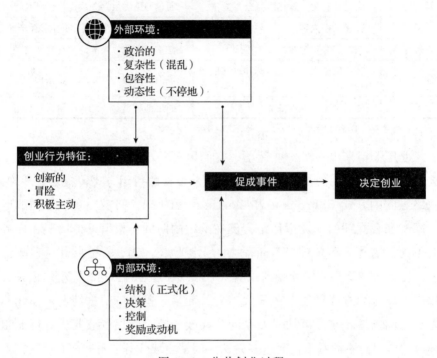

图 13-2   公共创业过程

资料来源：Inspired by the conceptual model by Kearney 等（2008）。

公共部门的内部环境，即公共部门的组织方式，也会影响到机会创造或出现的地点和数量。通常，公共组织的结构会高度正规化以满足民主的要求，如采用问责制和具备公开性。这也适用于决策过程：决策过程往往复杂而漫长，因为必须考虑许多利益。因此许多公共组织中的审查率也相对较高。分级管理和控制可以确保公共服务是按照法规提供的。在公共组织中，奖励和动机通常与私营公司不同，奖励通常不依赖于经济形式，许多公共行为主体有动力维持一种零过失文化，因为履行法律和法规就等同于实现民主价值。

此外，政府或外部组织中的参与者表现出的创业行为，对能否抓住发现或创造的机会至关重要（Morris 和 Jones，1999）。一个组织的利益相关者表现出来的为创新所做的准备，可以很容易地用这个组织参与创业过程、活动和合作的技能和意愿来解释。风险承担包括投入资源应对机会的准备，正是这个维度清晰地显示了公共组织与私营组织的行为差异。虽然私营组织的参与者可能会破产，但是公共组织还会面临其他风险，例如，其可能关闭项目及组织单元、削减预算、降低服务质量，或者完全取消服务（Morris 等，2008）。积极采取行动还表明组织的参与者是行动导向的，专注于实现创意，能够解释规则并表现出适应性，具有网络能力以及利用现有资源和期望的能力，从而可以克服不同性质的挑战（Currie 等，2008）。

当一系列其他因素对启动、展示这种创业行为以及思维方式起到积极作用时，突发事件便能为组织和参与者提供创业行为的动力。促进或激发参与者组织发现及创造公共创业的动力，通常来自公共组织固有的目标不明确和不一致的特点（Ramamurti，1986）。目标不明确及不一致会产生导致行使自由裁量权和促进灵活性的机会。萨德勒（2000）提出了可能影响动力的其他许多因素，例如，有凝聚力的工作小组、参与性决策，或感知竞争。

然而，除了这些前因，公共组织在评估和组织所产生的机会时，还会遇到其他挑战，这在图 13-3 中没有显示，但是仍然值得了解。例如，鲍里斯（2001）研究了在公共系统中实施创意时所面临的各种障碍，在实施过程中，至少可以识别出三种不同类型的障碍：

（1）公共组织内部出现的障碍，例如，敌视态度、地盘争夺战、组织协调困难、后勤问题、难以保持规划工作人员的积极性、难以引进新技术、工会反对、中层管理人员抵制、公共组织反对创业行为等。

（2）公共组织在政治方面出现的障碍。例如，资金或资源不足、立法和监管限制以及政治反对派。

（3）外部环境中存在的障碍。例如，社会和市场对某个特定方案的有效性产生疑问、难以到达该方案的目标群体、受到私营部门影响者的反对（将面临竞争加剧的实体），以及公众普遍的反对或怀疑。

即使在公共创业的实施过程中，内、外部环境仍然继续发挥影响，这使公共创业成为一项具有挑战性的活动。

在下面，我们总结了代表公共创业的封闭和开放视角的讨论，以加深你对"封闭 – 开放"悖论的理解（见图 13-3）。

图 13-3　公共创业的封闭与开放方式

13.3.6　公共创业的封闭视角

在很大程度上，封闭视角下的公共创业研究一直专注于个人，即所谓"伟大、强有力的创业者"是如何挑战这些规则并为公共利益而发起创新的（Bernier 和 Hafsi，2007）。之所以强调个人表现，是因为当我们经历了在各种可能性下发生的变化时，往往会被个人创业者的创意所吸引。在所有条件都不利的情况下，创业者会独自一个人设法将模糊的远景转变为成功的现实。

对公共创业的研究也集中在识别不同类型的此类个人。例如，可以确定四种主要类型的公共创业者（Roberts，1992），这突出了公共创业可以发生的不同层次：

（1）政治创业者（政治家）在政府中担任民选领导职位。

（2）行政创业者（中高层管理人员）未经选举而担任领导职位，并承担行政责任。

（3）服务创业者（一线管理人员或职员）不是选举产生的，也不承担领导责任，但承担行政责任。

（4）政策创业者（局外人，如意见领袖等）与其他三种类型不同，在政府中没有正式职位。

然而，在封闭视角下，我们看到了一种趋势，学者们开始将自己定位为更加系统化的公共创业研究（Bernier 和 Hafsi，2007）。从个人层面转变到系统层面的论点基本如下：一般来说，当环境同质且稳定时，公共创业通常以经典形式表现出来，在这种形式中，个人和例外发挥主导作用（Dobell，1989）。当环境变得更加多样化和动荡时，公共创业通常以更加系统的方式表现出来，这意味着公共创业并不仅限于孤立的个人，还包括大量的人，会影响该组织的大部分运营，并使其制度化（Bernier 和 Hafsi，2007）。

这种理解与一般的创业是一致的，即可以被视为一种集体现象。有些创业研究人员甚至提出，人们普遍认为创业是集体活动，而不是单一的活动（Wright 和 Vanaelst，2009）。当认为创业是一个系统性问题时，它就接近于我们所看到的企业内创业所使用的机制，需要将自上而下与自下而上的过程连接起来并进行协调，这一点我们已经在第 11 章中讨论过了。

13.3.7　公共创业的开放视角

公共创业研究的第二种视角的特点是，研究人员从主要关注是什么创造了公共组织内的创业，转变到考虑跨多个部门、组织和参与者的公共创业形式。从传统的角度，公共创业通常被视为公共组织内部发生的过程和活动，无论是通过所谓的英雄创业者，还是通过系统性创业。关

注私人行为对公共领域的溢出是有限的，例如，通过社会创业（Klein
等，2010）。然而，在这个领域的最新文献中，越来越多的学者注意到
公共组织与私营组织之间、组织间，及跨多个部门之间进行的集体努力。
因此，公共创业也开始被视为在不同部门之间形成的活动和过程。虽然
有些研究人员主要从公共方面看待互动和共创，但其他研究人员主要研
究私营部门的合作（Miles 等，2006；Hartley 等，2013）。不管怎么说，
他们都对组织间的合作达成了共识。

当讨论转向公共创业时，人们越来越普遍地从三类参与者角度来思
考，这三类参与者包括公职人员、公民和私营公司。这三类参与者之间
的相互影响常常被认为是改善现有福利方案和开发新福利方案的必要条
件，这就是所谓的"三重底线"。图 13-4 显示了公职人员、公民和私营
公司可能扮演的各种角色，但须特别注意，每个大圆圈里的第 3 点都代
表了公共创业开放视角。

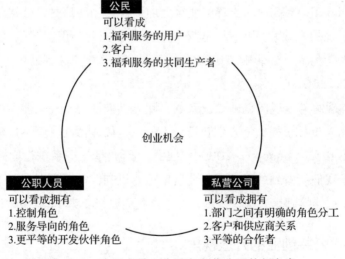

图 13-4　公职人员、公民和私营公司的新角色

具体来说，这三重底线之间的相互影响必然具有许多优势。对于公
共组织，必须充分利用政府为数不多的资源来创建一个持久和可持续的
组织；对于公民，必须创建高质量的公共福利服务；对于私营公司，必

须具有更高的增长和经济利益。将这三个方面放在一起考虑，就会发挥新资源的作用，从而促进新的或现有福利解决方案的开发。也可以说，当各方都参与进来时，新福利解决方案将会蓬勃发展，尽管每个合作伙伴的贡献都是有限的。然而，为了展开对话和实现共创的目的，不同的参与方必须意识到他们必须承担的新角色。

13.3.8 公共创业：封闭视角还是开放视角

现在你已经知道了促进和阻碍公共创业的因素。特别是，我们确定了实现公共创业成功的两种视角：封闭视角和开放视角。

封闭视角将公共创业理解为在公共组织内发起和开展的过程及活动。公共参与者以最少的外界援助来指导这些活动，因为只有公共组织的政策制定者、管理者和雇员才拥有技术、行政和政治等各方面的专业知识，并能洞察公共系统的运作方式。这种视角突出了公共组织的至高权威性和等级管理。因此，公共创业主要是在有限发展中进行的，这限制了用户或外部合作伙伴的参与。

开放视角强调了在政府组织、专业团体、或其他组织（如私营组织、志愿组织）之间，通过开放知识和技能可以带来巨大利益。异质性知识和技能被认为有助于确保结合更多相关信息，并可以从许多不同角度来解决福利挑战。因此，在开放方式中，社会管理也被认为是一个复杂的过程，应该涉及外部和内部的许多利益相关者。表 13-3 总结了这两种视角。

表 13-3　悖论：封闭视角和开放视角

	封闭视角	开放视角
公共创业在哪里发生	公共部门内部的管理层、雇员和政治家	跨部门、组织或参与者团体
主动性来源	公共参与者、组织以及专家（政治、行政或专业）	来自不同部门、多样化的用户和组织
解决方案类型	解决方案符合公共部门的运作方式，因此符合民主的基本前提	广泛使用自愿原则，许多不同合作伙伴拥有解决方案的所有权

（续）

	封闭视角	开放视角
过程	深受内部专家和政客的影响，他们从自己专业视角看待现实	受多种多样的知识来源的影响，被认为对各方之间的持续谈判和适应开放
知识类型	专家知识（政治、行政和技术）	隐性知识，通常与非常当地的情况和环境有关

你应该记住在大多数情况下，你遇到公共创业时不会发现这些单一的视角。相反，你可能会遇到各种不同的视角，或者因情况而异，或者取决于你与谁对话。

13.4　理论视角下的公共创业

接下来，我们将根据本章所述的理论和悖论解释本章开头的案例。

13.4.1　封闭视角

由于医生的创业背景、专业技能和组织知识，管道运输系统可以被解释为公共创业封闭视角的一个现实中的例子。医院实验室经理伊凡挑战医院现行的规章制度和标准，并凭借其足智多谋取得了成功，这正是因为他拥有关于公共系统如何运作的内部知识，并能够在护士、实验室工作人员和医院管理层等内部群体之间建立专业联盟。另外，私营公司的作用微乎其微，他们只是在必要的范围内参加。此外，他们是在受控的环境中参与其中的，在这种环境中，公立医院和医生保留了主要的控制权，从而可以实现公共利益。

维护公共利益的基础是对文件处理进行证明，这对科室主任、其他专业人员和医院管理人员非常重要。因为只有在提供了足够的证据，并进行了重复的控制实验之后，才能使用该解决方案。正因此，这个系统才逐步被引入医院。而管道运输系统也是逐步安装的，这样可以快速发现任何故障并进行重新调整。在实施阶段，基于专业考虑的最佳工作程序也是很重要的。

创业过程主要由公共组织本身发起和推动，公共参与者以最少的外部贡献来指导活动。由于可以基于专业技能和对公共系统如何运作的洞察来建立管理和控制，封闭的开发过程便成了首选。人们相信公共组织的最高权威性和等级管理。从封闭视角来看，我们看到了"英雄创业者"，即实验室经理伊凡，他能够发现机会，并在非常不利的情况下打破常规，开始质疑传统的血液测试处理方式。与此同时，通过评估和逐步地组织，他还设法在多个专业团体中系统地实施了这个可能性。公共组织的期望，即他们在控制和监督社会福利生产方面行使责任的权力，同时又服务导向、专业、负责任和民主，在这个故事中都得到了充分满足。

13.4.2　开放视角

管道运输系统得以诞生是因为医生和医院的其他工作人员都愿意接受外界的新知识和新见解。在实验室经理伊凡意识到医院的专业人员长期无法解决与血液样品处理有关的各种问题之后，一种更加开放的管道运输系统开发方法获得了发展动力。这些问题导致病人无法获得理想的治疗，不能满足他们的需要，也无法满足医院工作人员的职业自豪感。

以前，技术熟练的工作人员采集血液样本，然后把它们送到实验室进行测试，这一过程非常耗时。当医院高层管理者面对来自实验室经理的大量想法时，他开始打破通常的专业思维方式，得出解决方案不在于对血液样本进行实际分析，而在于缩短运输时间的结论。实验室经理继续在环境中寻找新的视角来解决长期等待血液测试结果的问题，他最终成功了。一家小型私营公司的董事会成员对此做出了回应，将他与所需的技术知识联系起来，使其能够跳出思维定式，并重新思考如何设计福利解决方案。

到目前为止，医院还没有考虑使用外部技术知识来缩短等待血液样本结果时间的可能性。然而，这家私营公司通过管道运输酸奶的专有技术为医院实验室经理和其他专业人员提供了与该公司合作的动力。实验室经理很快就意识到，将自己的专业知识与私营公司的技术诀窍相结合，正是设计出一种新的高效运输血液样本方法所需要的事情。

该解决方案同时实现了几个目标，很快获得了其他众多利益相关者的支持。该解决方案不仅满足了单个患者接受更快治疗的需要，还使专业人员能够提供最佳治疗方案，同时使医院管理人员通过缩短患者住院时间来节省稀缺资源。此外，政客们也得到了他们想要的东西，即更有效地利用纳税人税金的解决方案。对于私营企业来说，该解决方案有助于创造更多的就业机会，增加收入和出口，从而满足公司征服新市场的愿望。

这个故事是解释公共创业开放视角的很好的例子，因为它表明了跨知识领域进行思考的必要性，从而使存在于外部和内部参与者之间的知识和洞察力的多样性得以发挥作用。然而，他们不仅需要见面交谈，还需要通过各方共创的漫长过程，只有这样他们才能挖掘出满足不同要求的解决方案。这种合作不仅需要对彼此差异持开放态度，还需要相信所有参与者都在使用有价值的知识做出贡献。这个故事还清楚地表明，社会管理是复杂的过程，需要实现共同利益、尊严、廉正，保证公民享有平等权利和平等获得福利的民主理想。但是，他们设法为众多利益相关者创造了价值，许多不同的组织及参与者都认为这个福利解决方案是有益的和成功的。

13.5　公共创业真的如此吗

下面的系列练习旨在帮助你理解公共创业是如何形成的，你可以通过这些练习来测试你对公共创业的理解，以及它们带给你的启发。

1. 如何说明个人与参与者团体之间的互动

关于管道运输系统故事中组织、个人和参与者团体之间形成的关系网络，你将如何绘制？故事一开始阶段是个人占主导地位，而故事后期阶段是以参与者与组织之间的互动为特征吗？你是否认为故事的开始和结束是完全不同的？你如何根据对关键事件的理解来解释这个故事？

2. 考虑在发展中国家利用公共创业的可能性

在本章中，我们主要关注公共创业能够给西方发达国家带来的一系列利益。然而，难道公共创业不能为发展中国家的公共部门带来重要利益吗？你对此有什么看法？

3. 尝试接受异质性知识

你现在知道，当私营组织、公共组织以及参与者进入合作工作关系时，他们之间可能会有很大的差异。你与同学在讨论政治或其他基于价值的问题时或许已经知道了这一点。请与你的同学展开讨论并换位思考。在讨论过程中，记录他们对讨论项目所持的不同态度，并处理随后的论点，以确定不同立场是否有不同的知识基础支持。也许，这些不同的知识基础只是该学科复杂性的不同方面？

参考文献

Ansell, C. & Torfing, J. (eds) (2014) *Public Innovation through Collaboration and Design*, London: Routledge.

Bellone, C.J. & Goerl, G.F. (1992) 'Reconciling public entrepreneurship and democracy', *Public Administration Review*, 52(2), 130–134.

Bernier, L. & Hafsi, T. (2007) 'The changing nature of public entrepreneurship', *Public Administration Review*, 67(3), 488–503.

Borins, S. (2002) 'Leadership and innovation in the public sector', *Leadership & Organization Development Journal*, 23(8), 467–476.

Currie, G., Humphreys, M., Ucbasaran, D. & McManus, S. (2008) 'Entrepreneurial leadership in the English public sector: Paradox or possibility?', *Public Administration*, 86(4), 987–1008.

Diefenbach, F.E. (2011) 'Entrepreneurship in the public sector – when middle managers create public value', dissertation, University of St. Gallen, GWV, Fachverlage Gmbh.

Dobell, A.R. (1989) 'The public administrator: God? Or entrepreneur? Or are they the same in the public service?', *American Review of Public Administration*, 19(1), 1–11.

Drucker, P. (1985) *Innovation and Entrepreneurship: Practice and Principles*, New York: Harper & Row.

Esping-Andersen, G. (1996) *Welfare States in Transition: National Adaptations in Global Economies*, London: Sage.

Hartley, J., Sørensen, E. & Torfing, J. (2013) 'Collaborative innovation: A viable alternative to market competition and organizational entrepreneurship', *Public Administration Review*, 73(6), 821–830.

Hodge, G. & Greve, C. (2010) 'Public–private partnerships and public governance challenges', in Osborne, S. (ed.), *The New Public Governance? Emerging Perspectives on the Theory and Practice of Public Governance*, London and New York: Routledge, pp. 149–162.

Hood, C. (1991) 'A public management for all seasons?', *Public Administration*, 69(1), 3–19.

Kearney, C., Hisrich, R. & Roche, F. (2008) 'A conceptual model of public corporate entrepreneurship', *International Entrepreneurship and Management Journal*, 4(3), 295–313.

Klein, P.G., Mahoney, J.T., McGahan, A.M. & Pitelis, C.N. (2010) 'Toward a theory of public entrepreneurship', *European Management Review*, 7(1), 1–15.

Miles, R.E., Miles, G. & Snow, C.C. (2006) 'Collaborative entrepreneurship: A business model for continuous innovation', *Organizational Dynamics*, 35(1), 1–11.

Morris, M.H. and Jones, F.F. (1999) 'Entrepreneurship in established organizations: The case of the public sector', *Entrepreneurship Theory & Practice*, 24(1), 73–93.

Morris, M.H., Kuratko, D.F. & Covin. J.G. (2008) Corporate entrepreneurship and innovation: Entrepreneurial development within organizations, 2nd edn, Mason, OH: Thomson/South-Western.

Osborne, S.P. (2010) *The New Public Governance? Emerging Perspectives on the Theory and Practice of Public Governance*, London and New York: Routledge, 431.

Rainey, H.G. & Bozeman, B. (2000) 'Comparing public and private organizations: Empirical research and the power of the a priori', *Journal of Public Administration Research and Theory*, 10(2), 447–470.

Ramamurti, R. (1986) 'Public entrepreneurs: Who they are and how they operate', *California Management Review*, 28(3), 142–158.

Roberts, N.C. (1992) 'Public entrepreneurship and innovation', *Policy Studies Review*, 11(1), 55–64.

Sadler, R.J. (2000) 'Corporate entrepreneurship in the public sector: The dance of the chameleon', *Research and Evaluation*, 59(2), 25–43.

Sørensen, E. & Torfing, J. (2012) 'Introduction: Collaborative innovation in the public sector', *The Innovation Journal: The Public Sector Innovation Journal*, 17(1), 1–14.

Wright, M. & Vanaelst, I. (2009) *Entrepreneurial Teams and New Business Creation*, Cheltenham, UK and Northampton, MA, USA: Edward Elgar Publishing.

第 14 章　创业政策

在世界范围内，各国政府越来越意识到通过实施政策促进创业活动的重要性，其基本假设是高水平的创业活动有利于推动该国的经济增长、创新能力和创造就业机会，这加强了维持或扩大国家福利制度的基础。

创业政策的频繁出台引起了研究人员越来越大的兴趣。研究人员针对创业政策展开研究不仅有助于帮助解释和理解这一现象，还可以与政治人士进行建设性和批判性对话。其中，建设性方面体现在研究人员开发的知识体系可以成为实施更合适、更有效政策措施的基础，而批判性方面则体现在质疑创业政策是否适当，甚至是否合理。批判性问题可能包括以下几类。

（1）政治干预是否弊大于利？因为它扭曲了市场环境，影响了优秀创业人才的自然发展。

（2）政治干预（归根到底）是否更多地支持了那些以设计创业项目为生的咨询师、培训师和顾问，而不是支持创业者？它是否也支持了那些希望与不断增长的创业领域保持一致而获得声望的政治人士本身？

14.1 欧盟毅创项目

为了更好地理解政治干预对于创业的影响，本章深入介绍欧盟资助的项目，即欧盟毅创项目（Enspire EU），其目的是在社会弱势和边缘群体中培养创业人才。这个项目的社会目标是寻求建立新的创业政策议程，该新议程通常关注的是最有动力、最有能力和最融洽的社区。

创业故事 ///

欧盟毅创项目
作者：皮亚·休乌·尼尔森

这个案例涉及政策制定，以及如何将政策转化成旨在增加社会经济财富和社会福利的举措。每年，政策制定者都会拨出数十亿税款，以支持地方、区域、国家和国际等层面上的一般社会需求和社会发展。一直以来，政策制定者都受到不断的严格审查，例如，他们是否以正确的方式管理这笔钱，以及他们的投资实际上会产生什么回报。这类投资的一个例子就是欧盟毅创项目，它是欧洲区域发展基金会（European Regional Development Fund）的一个项目，欧盟毅创项目实施期间是 2010 年 1 月至 2013 年 12 月，总预算为 150 万欧元。欧盟毅创项目也是 INTERREG IVC 计划下的区域倡议项目（Regional Intiative Project），也就是说，欧盟毅创项目的目的是在"创新和知识经济"的预定主题内提高欧洲区域政策的有效性。在 7 年（2007～2013 年）时间里，INTERREG IVC 计划在欧洲区域的拨款不到 1.8 亿欧元，被分配给了 120 个区域倡议项目。

现在，让我们回到欧盟毅创项目的开始。2007 年，来自欧洲各地的一群代表开会讨论了如何鼓励和激发更多的欧洲人成为创业者，他们来自 11 个欧洲国家的不同商业发展组织、商会和当地区域（11 个国家包括丹麦、瑞典、罗马尼亚、捷克、匈牙利、斯洛文尼亚、波兰、法国、西班牙、英国和塞浦路斯）。这次会议的目的是发展一个跨欧洲项目，以帮助促进欧洲的创业和创业精神，尽管创业政策投资增加，但近年来创业行为一直在减少，创业精神也不断受挫。当时的研究表明，欧洲人从事创业的欲望正在下降。尽管欧盟对创业政策的投资不断增加，但政治家为培养创业精神所做的努力与欧洲各地社区实际开展的创业活动之间似乎仍存在差距。毫无疑问，欧盟委员会、地方当局和研究界都认为创业是驱动经济增长的引擎，但鼓励普通人创业显然是一个被低估了的挑战。

在讨论如何应对整个欧洲的创业减少这一现象时，这群代表很快达成一致，认为必须转变传统的创业者思维方式以推动他们的新项目。欧洲的很多人都拥有成为创业者的教育、网络和知识。此外，许多人已经是创业者，或已经得到许多旨在帮助潜在创业者开始自己企业的现有政治方案的优惠或福利，事实上，这群代表认为这些人并不是最需要帮助才能成为创业者的那一批人。取而代之的是，这群代表问："还没有被激励去创业的是哪些人呢？我们能为他们做些什么？"

这个问题为后来的欧盟毅创项目奠定了基础，讨论从最初的"我们如何通过创业创造财富"，更改为"我们如何通过边缘化群体的创业来创造财富"。这个项目的目的有两个方面：既要将创业作为经济驱动力加以推进，也要将创业作为边缘化群体重返社会的一种方式。项目合作伙伴同意将注意力集中在三类欧洲人群体上，这三类群体被命名为 3D。

（1）弱势群体（the disadvantaged）：没有与普通欧洲人拥有同等机会的人。

（2）脱节群体（the disconnected）：与劳动力市场脱离的人（长期失业者、受教育程度低的人）。

（3）气馁群体（the discouraged）：受过中等教育但对教育系统感到失望的年轻人。

这三类群体背后的理论基础既基于创业思维模式的论点，也基于失业的论点。3D 成员在不同程度上被排除在社会之外，这使得他们很少接触到创业榜样模型、网络、资源和培训。因此，他们的创业思维方式没有普通欧洲人发达，这使他们有理由受到进一步的政治关注。从失业角度来看，其论点是把创业作为重返就业的一种途径，创业对个人和社会既有经济利益，也有社会利益。

欧盟毅创项目由不同的构成部分组成。这个项目的主要任务之一是在已经参与该项目的 11 个欧洲地区确定最佳创业实践项目以帮助这些群体。这些最佳实践项目在"工具包"中被描述并传播到整个欧洲地区,从而激励人们创建相似的新方案。此外,该项目还涉及转移测试,即将小规模的方案转移到其他地区并加以应用,从而了解将该方案从一个区域转移到另一个区域所面临的挑战。最后,该项目向整个欧洲的政策制定者提出了一系列政策建议,为如何在区域层面制定最佳创业政策提供指导准则。

1. 最佳实践案例

确定的最佳实践之一是英国王子信托企业计划(The Prince's Trust Enterprise Programme)。这是一个旨在鼓励创业的政治方案的很好的例子,同时具有经济和社会影响的双重目标。王子信托企业计划是一项提议,旨在帮助 18~30 岁的失业青年评估他们的商业创意是否可行,以及他们是否适合自主创业。这个计划提供了一系列不同的支持可能性,如指导、财政支持、教育和培训。

另一个最佳实践案例是捷克共和国兹林的支持女性创业援助中心(The Assistance Centre to Support Female Entrepreneurship)。这个援助中心认识到女性进入自主创业的先决条件各不相同,从而为女性创业者提供帮助。无论是业务上还是个人工作与生活平衡方面,该中心都提供帮助,并为这些女性提供创业咨询、财政支持和培训。该中心由兹林的工商会管理。

2. 项目成果

创业政策以及许多政策领域中需要明确的一大问题是,单个项目能否对参与者产生影响,以及更重要的——是否对整个社会都产生了影响。当项目经理艾伦·奥特森被问及欧盟毅创项目的影响时,他回答道:

不管是在合作伙伴还是项目管理人员之中,欧盟毅创项目都被认为是一项重大的成功。该项目取得了两个可以直接应用于整个欧洲地区的关键成果,即一个工具包和一系列政策建议。此外,欧盟毅创项目考虑了单项方案的可转移性,事实证明进行最佳实践转移是可能的。该项目产生了什么影响现在说还为时过早。我们知道的是,基于项目的政策建议,几个合作伙伴地区已经改变了政策。当地已经启动了一些具体举措,例如,塞浦路斯拉纳卡的支持女性和青年创业者办公室,西班牙政府也已批准了安达卢西亚教育体系中发展和推动创业文化的计划。政策方案的经济影响更难评估，我们只能预计诸如欧盟毅创项目之类计划对经济发展产生了积极的影响。

尽管很难验证欧盟毅创项目对参与者财富和福利的影响，但可以得出的结论是，在决定如何设计和实施针对气馁群体、弱势群体和脱节群体的政策和倡议时，欧盟毅创项目已帮助欧洲各国的政策制定者做出了明智的决定。

欧盟毅创项目标志

14.2　欧盟毅创项目引发的思考

欧盟毅创项目案例告诉了你哪些有关创业领域政策的内容？你对这个案例有自己的看法吗？下面的练习有助于你形成理解。

- 想象一下，你参加了启动欧盟毅创项目的会议。你对将纳税人的钱花在边缘群体而不是最愿意和最有资格的潜在创业者身上有什么看法？
- 你对最佳实践有什么看法？欧洲各国的差异是否大到必须根据每个国家的特定情况专门制定解决方案？最佳实践解决方案能否成功应用于各个国家？
- 你认为你未来的角色与创业政策有什么关系？你是渴望自己成为政策制定者或政策倡议及扶持计划的接受者？还是成为通过咨询中心、教育机构、孵化器以及其他促进创业的组织为创业活动提供支持和便利的众多人士之一？

14.3　创业政策是财富性的还是福利性的

创业政策是从于前面几章个人行动者视角来看待创业领域。政策要为个人创业者和组织活动建立结构和经济框架，即从宏观视角而不是微观视角。

在创业政策领域，我们发现了各种各样的参与者，主要为欧盟、国家、地区和社区等几个层面的政治家和官员。许多非国家层面的参与者也做出了贡献，例如，美国财力雄厚的考夫曼基金会（Kauffman Foundation），它发起并推动了许多创业政策举措，特别是在教育领域。另一个例子就是安永会计师事务所，它在许多国家和地区开展了年度创业者活动，并设置了地区、国家和国际奖项。第三个例子是学生组织创业杯（Student Organization Venture Cup），它在多个国家的大学生中举办创业竞赛。当然，来自私营和志愿组织的这种兴趣意味着民选政治家在创业政策决策中将受到多方面的影响。

致力于创业领域的政治家和组织成员的基本信念是，创业活动对社会有益，特别是当其重点放在经济方面，有助于经济繁荣和创造就业机会时。然而，正如欧盟毅创项目所表明的那样，也有那么一些福利，既因为经济进步间接创造了福利制度的财政基础，也因为具体的方案直接使人们从被动支持转变为自我支持，从而造福公民和有益于公共预算。我们可以将这两种关注视角视为相互竞争的，例如，对福利关注过多就会忽略商业。但是，它们也可以被视为互补的，这是社会创业者试图在商业与社会福利之间找到平衡的典型情况。因此，在本章中，我们重点关注以下悖论：

> **创业政策是财富性的还是福利性的？**

14.3.1　创业政策领域的发展

创业政策领域在 20 世纪后期得到了发展，成为较成熟的小公司政策领域的一个分支，通常被称为"小企业政策"（Gilbert 等，2004）。政治家和其他有政治利益的人逐渐清楚地认识到，针对已建立的小企业条件的政策措施与旨在创建新企业和新经济活动的政策措施并不相同，这种认识以及对创业和创造就业机会的兴趣日益增长，最终体现在创业政策领域（Audretsch，2007）。

与小企业政策不同，创业政策侧重于企业生命的早期阶段，即创业前、创业期间以及创业后最初几年，包括企业的早期成长阶段。该领域还认识到，除了传统的新企业创建，还需要针对其他类型创业活动制定政策举措，例如，社会创业、内创业和公共创业。

新政策领域的崛起意味着西方国家将更多的公共资金用于促进创业活动。这些资金被用于改善信息及咨询系统、开设创业课程、影响教育系统、改善创业者的融资渠道和开展竞赛活动等。总的来说，自 2000 年以来，发达国家为此目的而提供的公共财政资源迅速增长，但各国之间的差异很大。另外，与用于经济政策的总资源相比，用于创业政策的资源仍相对有限。

2000 年以后，政治家对这一领域的关注点逐渐发生了变化。在世纪之交的几年中，政治利益主要集中在增加新公司的数量上。这种假设的前提是新企业数量的增加本身会创造就业机会，并对整体经济增长产生积极影响。但是，这一假设越来越受到新实证研究的质疑，来自不同国家、经济合作与发展组织（OECD）的统计数据表明，一个国家的初创企业数量在若干年内相对稳定，这个数量受经济趋势的影响大于受政策措施的影响。而越来越多的研究也表明，对宏观经济产生积极影响的并不是新公司的数量，而是具有高增长潜力公司的创办和发展，这种公司通常被称为具有高影响力的创业公司（Van Stel 等，2005；Acs，2008；Minniti，2008）。

在意识到这一点之后，人们的政治重心发生了一些转变，其关注点从新公司的数量转向了新公司的质量（Autio 等，2007；Bager 等，2015），这引起了关于如何定义质量的新讨论，从政治角度来看，我们如何确定具有成长潜力但尚未证明自己能够发展壮大的创业者和创业公司？

14.3.2 创业政策的基本理论

市场失灵被许多人视为证明甚至需要政策干预措施的关键因素，"旨在提高创业活动水平的政府所面临的首要挑战之一就是在个人创业过程中确定存在哪些系统性差距或市场失灵"（Stevenson 和 Lundström，2007）。

从历史上看，许多国家政府一直在努力地应对市场失灵，即市场经济无法靠自身力量纠正的失衡。正如我们在第 3 章提到的柯兹纳理论中所看到的那样，创业者在市场经济中发挥着重要作用，他们以新创意、新产品和新公司进入市场来填补市场空白。创业者通过这种方式，抵消暂时的市场失衡，并减少经济扭曲。

市场中的这些临时"漏洞"并不能证明政治干预是正当的，而市场失灵则可能证明或需要干预，例如，针对那些滥用市场支配地位以阻止新公司进入市场的大公司。问题是，你如何在实践中确定偏见或失衡是如此之大及具有系统性，以至于政治干预是合理或必要的？从理论上讲，证明这种差距并不难，但这确实难以在实践中确定。

通常，哪些系统性的市场失灵与创业领域有关？正如我们在第4章中所解释的那样，"新进入劣势"的概念似乎能提供部分答案。大多数创业者都是年轻人，他们没有足够的财政资源，也没有财力在自由市场上购买足够的信息、咨询和技能以供发展，从而无法成为有能力的创业者，因此不太可能成功实现他们的商业创意。这或许就是我们看到世界各国政府为创业者提供免费或廉价的信息、咨询和培训的原因。如果没有政府的干预，就没有有能力胜任的创业者来填补市场上的许多空白，或在市场上创造出根本性的新事物；换句话说，以这种方式发现或创造更多的柯兹纳式机会和熊彼特式机会有利于整体经济的发展。

另一个系统性的市场失灵与新技术知识有关。在许多国家，政府将重点放在开发和传播新技术知识上，避免将新知识和技术转化到实际应用过程中产生的摩擦。这些新知识和技术来自大学、实验室和相关的知识密集型机构。然而，在引发这一过程中的系统性摩擦的许多不同原因中，有一种所谓的"知识过滤"抑制、阻碍了新技术知识流动，这就抑制了创建新高科技公司或在现有公司中创建新业务领域的可能性，从而证明了政治干预的合理性。事实上，在很长一段时间内，这一领域的政府干预都是以所有发达国家逐步建立起来的专利制度形式而得到承认的。专利制度可以被理解为管理知识流动中的摩擦的工具，即在市场上为具有重大创新的发明者、创业者和创新公司提供优先权。这样做的理由是，如果竞争对手很容易在新技术和方法开发后立即复制解决方案，那么这些人和公司将不愿意在开发新技术和方法上投入足够的资源。

在知识密集型和高科技的其他领域，很难清楚地确定这仅仅是市场的短期"漏洞"还是系统性的市场失灵。因此,在实践中可能使用与市场失灵不同的理论,即"附加性"理论,该理论侧重于政策干预的边际效应,"政府的介入是否会引导私人参与者采取行动,而在没有政策的情况下则不采取行动"(Auerswald,2007)?因此,总体而言,评定政策干预优劣的基本标准是与不进行干预的情况相比,它是否会导致更好的局面。在实践中,这种附加性测试比市场失灵测试更易于管理,但是在实践中,附加性测试也可能很难处理,因为人们试图将当前情况与没有政治干预的、假想的未来情况进行对比。回顾历史,这可以通过使用对照组进行测试,将接受该政治干预的测试组与未接受政治干预的相似组进行比较。

除了系统性的市场失灵和附加性外,政治干预的合理性在某些情况下还可以由政府失灵来证明。这里的想法是,多年以来,政治家推出的许多法律和法规需要进行修订才能释放创业活力。这尤其适用于各国政府为控制新企业准入而采用的法规。根据世界银行的全球基准分析,在这一领域,各国在注册和开办新企业的难易程度方面仍然存在巨大差异,即使在最发达的国家中也是如此。在一些国家或地区,新企业的开办审批仍然是一个非常耗时的过程,并且注册过程可能会产生相关费用。此外,有些国家对某些社会群体也有限制,例如,在以男性为主的社会中,女性创业便受到限制。

到目前为止,基于社会和市场需要我们已经讨论了创业政策的理论依据,因此可以称为"需求"方面。当然,还应该考虑"供给"方面,即是否有足够积极、有能力的创业者来满足社会需要。我们在第3章中也提到了这一点,并证明了很大一部分人要么不打算追求自己发现的商业创意,要么想成为创业者但缺乏可追求的好商业创意。

"供给"方面影响到以工薪阶层文化为主导的发达国家,在这些国家,大多数年轻人不再像以前那样,从父母、亲戚和邻居那里得到"自动"触发他们开始自己的事业的创业灵感。这也是最近几十年来,发达国家的教育机构在当局的积极支持下,从小学到大学广泛开展创业教育的原因之一。此外,世界各国的政府都支持开展各项运动,以鼓励人们对创业和创业者职业抱有更积极的看法。

因此，总体上可以发现，创业政策领域是政府试图通过政策干预来控制创业的供需平衡。一些研究人员对控制这种平衡持非常乐观的态度："公共政策和治理实际上可以塑造创业需要的所有情境决定因素，而且在更长时期内也可以实现创业者的供给"（Hart，2003）。另一些人则认为创业领域更难以驾驭，更加多样化，并且受到社会非正式制度和文化的影响，仅在一定程度上受到政治法规的影响（Aldrich，1999）。

14.3.3　创业政策的制度定位

正如我们在前面几章中所看到的，创业活动以多种形式发展。这既适用于建设性形式，如商业创业、社会创业和内创业等，也适用于更具破坏性的形式，如贩毒和偷渡。因此，人们可以把政治管制和创业政策视为建立一种制度框架的尝试，这种制度框架既可以促进建设性创业形式，也可以抑制破坏性创业形式（Baumol，1990）。

这种总体努力似乎是世界上大多数政府所共有的，但是确切的制度框架在各国之间，甚至在最发达的国家之间也存在很大差异。这种差异源于各国政治思想的差异，包括产业政策背后的思想。一些国家的重点是为发展经济活动的一般条件创造有利的产业政策，而其他国家则更愿意实施选择性的政策干预措施，以满足特定的需要、机会和群体。这也适用于创业政策，例如在政治辩论中的一个极端主张："赢家优先"策略，其特定的技术、部门或社会经济群体、创业类型都是政治优先事项，而另一个极端则是反对政治家试图选择未来的赢家，着重于创造良好的总体框架条件。在关于为潜在的高影响力创业者创造有利条件的辩论中，尤其体现了经济政策思想的这两个极端，但是也有一些中间立场认为，即使政治家不能"挑选"出最好的创意和创业者，他们也可以在有前途的创业者取得进展时为其提供支持——有时被称为"留住赢家"（Autio和Rannikko，2016）。在这场辩论中，欧盟毅创项目案例就采取了中间立场，因为一方面它"挑选"了某些社会经济团体，但在个人层面，它们的努力旨在培养参与者，而不是选择"最好的"。

14.3.4　目标群体

正如前文所提到的，创业政策原则上涉及所有类型的创业活动，并且在世界各地，几乎所有国家政府都为潜在创业者提供免费或低成本的信息、咨询服务和培训。然而，许多国家的这一总体目标都会通过对特定创业者群体的关注和优先次序加以补充。这或是因为这些特定创业者具有特殊的潜力，例如那些受过高等教育、拥有技术专长的人；或是因为针对社会经济团体的政治努力有助于促进他们的创业活动。

大多数发达国家都支持技术创业者，因为政治家将技术创业看成创造创新型新企业和就业机会的途径。近十几年来的经验表明，微软、苹果、谷歌和 Facebook 等这些 IT 巨头已经跻身世界上最有价值公司之列，这或许是创造伟大、有价值事物的一种方式。这些公司一般是在大学环境中成长起来的。在大学环境中，学生和研究人员共同把他们的新技术知识转化为新企业。而新技术创业者和团队通常是在该地区特殊的创业环境中成长起来的，如加州的斯坦福大学和硅谷。因此，越来越多的大学周围社区正在与大学、研究机构的技术转移中心合作，通过为高技能创业者开发孵化系统来支持这些过程。总的来说，在许多技术创业尝试中只有少数会成功，但经验表明，提供种子资本、支持专利申请、指导、企业孵化以及类似的工作努力，将增加这类风险创业的成功机会。在早期阶段，这类创业往往面临着技术、产品和市场机会等方面的巨大不确定性（Byers 等，2014）。

虽然创建高新科技公司的政治利益是由改善国家经济，实现社会繁荣的愿望驱动的，但对社会经济团体的支持则主要是由福利视角驱动的。更确切地说，这可能与支持特定项目和群体有关，如女性或少数族群创业者。他们被认为有可能为了自身利益和社会的利益而更多地参与创业活动。这些群体也可以是那些渴望成为创业者的人，即使他们的自身条件并不利于创业，如残疾人和失业者。

福利视角涉及个人和社会层面。在个人层面上，可能会参与增加福利和福祉的创业项目，而不论它是否对个人收入直接产生积极或消极的影响。对社区来说，当弱势社会经济群体参与创业活动时，可能会对福祉和财富产生积极影响，当这些创业者在创造新的经济价值时，政府会为他们提供所需的帮助。

针对弱势社会经济群体的政策方案在实践中效果好坏参半。少数族群创业者往往是移民或难民，他们的创业活动水平通常高于大多数人。这可能是由多种因素造成的，包括他们没有机会找到合适的工作。在所有条件相同的情况下，移民和难民在求职过程中可以利用的个人网络较弱，因为他们通常不会流利地说当地语言，而他们在自己国家接受的教育和获得的资历也很难得到认可。对这一群体来说，找到一份高薪工作的道路是艰难的，从机会成本的角度来看，这使创业者这个职业对他们相当具有吸引力。机会成本是指一个人选择一项行动而放弃另一项行动时可以获得的收益。总的来说，移民和难民的创业动机通常相对较高。同时，他们往往具有良好的学历和教育背景，并具有在以前所在国的工作经验。因此，各国政府通过政策，能够成功地将这些群体从被动支持转向自我支持的可能性相对较高。

对仅占全球所有创业者 1/3 左右的女性创业者来说，具体的政策方案效果似乎相当有限。《全球创业观察》项目多年来一直跟踪世界各地的发展情况，总的来说，性别差异似乎正在慢慢缩小。然而，尚不明确这是否可归因于政策或其他条件，如性别角色的逐渐变化。根据来自 61 个国家和地区的数据，《全球创业观察》公布的一份关于女性创业报告指出，在2012～2014 年间，性别差距（女性与男性参与创业的比例）缩小了 6%（Kelley 等，2015）。这里应注意的是，《全球创业观察》主要关注独立创业，其中女性的比例远低于内创业活动（Bosma 等，2011）。

14.3.5　创业政策领域、目标和措施

许多不同的政策因素都会影响创业活动。一些政策工具提供了经济激励，例如，通过为创业者提供税收优惠、增加融资机会，来降低咨询和知识产权（IP）保护成本；另一些政策工具则减少了行政障碍，例如，为开办新企业在行政和财政上提供便利，或减少与终止企业运营相关的成本。这些经济和行政措施产生了立竿见影的强大效果，而诸如教育和活动之类的"软性"措施的效果则更为间接和长远。

　　在创业政策领域中，研究人员关于应该考虑的政策举措的辩论一直在持续。哈特（2003）排除了不直接影响创业活动的教育、宏观经济政策和其他政策，而斯蒂文森和伦德斯特伦（2007）等研究者则认为应该包括更为间接和"软性"的政策措施。其他一些研究者则走得更远，指出创业政策应该涵盖非常广泛的政策领域，而不是专注于相对较小的经济政策角落中的具体行动——有时也被称为经济政策的"附加"政策。"创业政策实际上可能与特定的新工具或机构无关，而更多的是关于如何将传统政策和机构从其在管理经济中的传统角色，转换到创业经济中截然不同的角色定位"（Audretsch 等，2007）。

　　斯蒂文森和伦德斯特伦（2007）研究了许多国家自 2000 年以来的创业政策和措施，他们梳理了政策领域的优先事项、目标和措施。总的来说，他们认为创业政策着重于三个关键因素：动机、技能和机会。这里的逻辑是，创业者应该能够发现或创造机会，但这需要具有动机和技能的行动者来实现这个机会。培养技能需要为创业者们提供信息、培训和建议，而对于培养动机而言，创业教育和创业促进是很重要的因素。此外，机会的存在取决于进入和退出的障碍以及财务状况。总体而言，他们得出的结论是，影响创业活动的政策领域主要有六个（见图 14-1）。

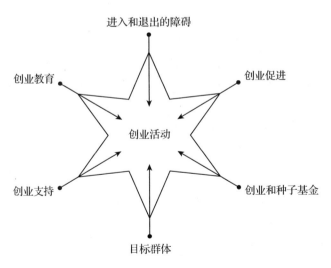

图 14-1　影响创业活动的六个政策领域

如表14-1所示，六个政策领域中的每一个都有具体的目标和措施。

表 14-1   政策领域、目标和措施

政策领域	政策目标	政策措施
创业促进	增加社会价值；提高认识；推广榜样	奖励计划；塑造榜样；大众媒体活动；创业事件
创业教育	增加获得"诀窍"的机会；将创业纳入正规教育体系	将创业纳入国家课程指南；开发与创业相关的课程；培训教师传授创业；支持青年创业；赞助商业计划竞赛；基金孵化器和种子资本计划
进入和退出的障碍	减少创办企业的时间和成本；改善创业和成长机会；消除对创业职业选择的"不利因素"	简化企业注册流程；消除劳动力市场上的"静态抑制因素"；审查竞争法和其他法规；减轻新公司的税收和行政负担；为新公司提供税收优惠；在政府中推行"更好的监管"
创业支持	轻松获取创办企业信息、建议和咨询；促进"诀窍"的转让	企业和创业服务中心及一站式服务；创业门户网站；面向新创业者的指导和培训计划；支持创业网络；提高业务咨询服务质量的计划
创业和种子基金	解决市场失灵和提供适当融资方面的缺口；减少信息不对称	小额贷款，创业前期和启动基金；贷款担保计划；为技术创业者提供种子基金；天使投资和风险资本投资的激励措施；获得有关可用资金的信息；与银行和金融中介机构的伙伴关系
目标群体	减少代表性不足的创业者群体的系统性障碍；减少高增长技术初创企业的风险	特定的目标群体中心；奖励；促进咨询、培训和指导服务；采购补贴；技术初创者的孵化器；风险投资、前种子基金、校园资本计划

资料来源：Stevenson 和 Lundström，2007。

因此，创业政策的目标和资源范围广泛而复杂。一些是心理、教育和社会学等"软性"因素，另一些则是经济和技术等"硬性"因素。通常情况下，"软性"因素对创业活动具有间接和长期的影响，而"硬性"因素则对创业活动具有更直接和短期的影响。关于本章的悖论——创业政策是财富性的还是福利性的，我们可以说活动、建议和培训等"软性"措施旨在促进财富和福利，而"硬性"措施主要旨在增加财富。

如图14-2所示，"胡萝卜奖励和政策"展示了激励的重要性。

图 14-2 胡萝卜奖励和政策

14.3.6 财富视角的创业政策

现在让我们回到本章的悖论，首先关注财富视角。

在全球范围内，近几十年来政策制定者对创业的兴趣迅速增长，其主要原因来自一种将创业活动与经济增长联系在一起的政治理念。自2000年以来，一系列创业研究表明，创业活动与经济增长之间的关系并不像许多政治家想象的那么简单、直接，但这并没有降低政治家们的兴趣，他们反而越来越意识到保持新企业数量与质量之间平衡的重要性。在最发达的国家和地区，影响其长期经济增长的并不是新企业的数量，而是具有高影响力和高技术的创业所占的比例。在最不发达的那些国家和地区，让更多人创办企业并不重要。大多数发展中国家的创业率非常高，因此在这些国家，政治利益主要涉及现有企业的发展、专业化和国际化。

从财富视角来看，政策工具主要是"硬性"的经济工具，例如补贴和税收优惠，以及规定开办和经营新企业的法律和行政条件。

14.3.7 福利视角的创业政策

然而，对创业政策的政治兴趣并不是仅从经济角度出发，正如我们在前面的章节中所看到的，政治家将创业政策视为让边缘群体和弱势群体参与经济的一种手段。对于这些群体，参与创业活动通常可以增强个人的技能、自信和自尊心，并通过新的网络关系建立社会资本。因此，这些人通过他们的创业承诺可能获得的不仅仅是经济上的成功，即使他们最终没有获得经济利益，创业经验仍然可能是他们摆脱社会孤立和弱势地位的第一步。对弱势群体的政治兴趣还体现在有一些直接支持这些群体的项目，另外，政治家对支持创办和经营具有社会目的的业务的社会创业者的兴趣也日益增长。

14.3.8   创业政策：财富性的还是福利性的

表 14-2 总结了上述两种视角的关键特征。在宏观层面，关注财富视角旨在实现经济增长，而福利视角则致力于帮助发展福利系统，以及鼓励弱势和边缘群体参与经济。在微观层面，我们发现相应的重点是改善个人的经济状况以及提升他们的福利。从方法上讲，财富视角的创业政策特别注重"硬性"经济激励措施以及对经济参与者的法定要求和条件，而福利视角的创业政策重点主要是"软性"措施。这些措施增强了人们的创业兴趣，有助于在创业活跃的人群中培养创业动机和能力。此外，财富视角尤其关注具有高影响力的创业者和技术创业者，而福利视角则寻求让社会边缘群体和弱势群体参与创业活动，同时支持社会创业者。

表 14-2   悖论：财富性的还是福利性的

	财 富	福 利
宏观目标	增加国民生产总值（GNP）和就业	改善福利制度
微观目标	增加收入	改善福利
措施	主要是"硬性"措施	主要是"软性"措施
目标群体	技术创业者和高影响力创业者	社会创业者和3D（弱势群体、脱节群体和气馁群体）

最后，应该强调的是，不能将这两种视角看成对立的。从历史上看，社会财富增长与福利体系建设之间存在着明显的联系。在个人层面上，个人的财富与福利之间也存在着积极的关系。

14.4   理论视角下的创业政策

根据所提出的理论，我们现在回到本章开头的欧盟毅创项目案例，基于财富和福利视角对该案例进行解释。

14.4.1 财富视角

正如我们在理论部分所看到的那样，创业政策的主要目的是创造更大的繁荣。在案例描述中提到"欧盟委员会、地方当局和研究界都认为创业是驱动经济增长的引擎"。但是，案例还表明，迄今为止欧盟政治家尚未成功地实现新企业数量的预期增长，因此有必要探索新的途径。这个案例通常可以被解释为一种非传统的尝试，试图接触有潜力但尚未开发出来的新群体，即弱势群体、脱节群体和气馁群体。与以往的创业方案相比，这种方法是非常规的，但目标是相同的，即扩大繁荣和加强经济。

这个案例还与斯蒂文森和伦德斯特伦的观点一致，即强调针对特定群体制定适当政策的重要性，以"减少代表性不足的创业者群体的系统性障碍"，见表 14-1。如果通过政策措施可以提高特定的、参与度很低的人群中创业者的活跃比例，那么所谓的巨大的推动作用更有可能在这些群体中产生，而不是在已经有大量参与创业活动的成员的群体中产生。这些措施可以被看作为了经济利益和生活水平而提高整体创业活动所做的合理尝试。对于成功创办企业的参与者来说，随着经济的日益繁荣，这种影响将愈发明显，但这也会间接地对整体经济产生积极影响。

正如项目经理所说，欧盟毅创项目的计划结果很难评估："政策方案的经济影响更难评估，我们只能期望预计诸如欧盟毅创项目之类计划对经济发展产生了积极的影响。"然而，这并不意味政策计划所追求的目标不在于创造经济增长和繁荣。

这个案例还描述了该项目如何通过最佳实践方法将成功经验从一个国家转移到另一个国家。这可以被看成一种合理的尝试，以使欧盟在该项目上投资的 150 万欧元的经济效益最大化。

最后，让我们思考一下，欧盟毅创项目是否针对系统性的市场失灵采取了措施，如果消除这一失灵，是否会增加欧盟的整体繁荣。与其他人口群体相比，欧盟中弱势群体和边缘群体的参与率相对较低属于系统性的市场失灵吗？答案是否定的。我们在世界其他地方，例如在美国，也看到了相同的模式，这可能与创业者的一些关键特征有关，比如高度的自我效能感（见第 2 章的讨论），这在弱势和边缘化的社会群体中似乎很少见。

我们也可以说，欧盟中参与创业活动较少的问题可能是市场失灵的表现，但更有可能在于市场失灵和政府失灵的复合效应。事实上，参与率低的原因可能在于欧盟国家有相对充足的福利和失业计划，这削弱了弱势群体就业或创业的动机。然而，这种系统错误无法通过一个小项目来解决，如欧盟毅创项目。政治家需要对这些国家的社会和劳动力市场政策进行深刻的改革。

14.4.2 福利视角

从一开始，欧盟毅创项目就面临福利方面的挑战，因为针对的是处于社会弱势或边缘地位、生活相对贫困、常常不快乐的人们，他们感觉自己不是社会的一部分。欧盟毅创项目的出发点：虽然这些群体总体上与大多数创业者并不一致，但应该有可能通过创业项目激活其中一些人，从而增加他们的福利。无论创业项目的成功程度如何，这一点都适用，因为在项目期间，他们会做一些有意义的事，建立新的关系，以及发展技能和信心。

如果我们仔细研究欧盟毅创项目主题下所考虑的特定群体，即弱势群体、脱节群体和气馁群体，那么所有这些群体面临福利挑战都是显而易见的。让我们来看一下两大主要群体：移民人士和失业者。

来自欧盟以外的移民人士代表了欧盟国家中越来越多的公民群体。很大一部分移民人士生活相对贫困，被边缘化，远离大社会。这是由许多因素造成的：联邦政府的限制、劳动力市场的歧视、网络关系薄弱、缺少被认可的技能以及移民不精通当地语言和文化法规等。总之，这些条件叠加在一起，意味着与大多数人具有相同资历的移民人士很难找到工作。这种情况如此让人绝望，以至于它可能会诱使那些渴望得到工作，或以其他合法的形式就业的移民人士把犯罪、卖淫等视为摆脱困境的出路，并以此养活自己和家人。在这种情况下，在像欧盟毅创项目之类的支持下开展创业活动是一种受欢迎的选择，它可以通过为移民人士提供有意义的生存和自我支持的能力来改善他们的福利。

对失业者来说，虽然不同国家的受益期和经济条件差异很大，但所有国家对可申请失业救济的时间都有限制，而且这些也代表了相对较低的收入水平。因此，失业者，特别是长期处于失业状态的失业者，可能会发现自己处于与移民人士相似的境地，因为他们发现自己无法进入劳动力市场，并且必须寻找另一条生活路径。此时，像欧盟毅创项目之类的援助之手可能是使他们走出绝境的第一步。不论创业项目的成功程度如何，他们的参与都将有助于使他们变得积极，并赋予他们有意义的工作。这个群体在福利方面也可以得到很大的好处。

除了为直接相关人员提供的福利改善外，欧盟毅创项目还可以通过展示一种替代雇员角色的方式，对与弱势和边缘化群体打交道的政府、工会、就业中心以及其他参与者产生更为间接的影响。通常，这些系统和组织过于注重就业，以至于忽视了弱势群体中的人可以创办自己企业的可能性，政府和组织的这种偏见可以说是一种"政府失灵"，欧盟毅创项目可以帮助人们纠正这种偏见。通过这种方式，被欧盟毅创项目潜在影响到的人数远远超出有机会参与该项目的人数。

14.5　创业政策真的如此吗

正如我们在本章中所讨论的，除非你能走进周围的政治现实，否则很难理解创业政策领域内的理论和实践现实。因此，我们建议你进行以下练习。

1. 绘制本地区的创业政策体系

基于你所在的城市或社区，试着写下所有直接或间接参与设计或实施创业政策的公共组织、私营组织和志愿组织。这里肯定会有一些你事先不知道的参与组织，因此，请通过互联网进行搜索。

2. 写故事

写一个真实或虚构的故事，假设你所在社区中的移民妇女或失业者有机会参加公共政策所支持的创业项目，从她的角度写出创业的过程和结果。

3. 采访政策制定者

咨询一位活跃于创业政策领域的政治家或政治参与者，并进行访谈，询问他在政策领域的角色和观点，记录并将其整理成一个案例。

参考文献

Acs, Z. (2008) 'Foundations of high impact entrepreneurship', *Foundations and Trends in Entrepreneurship*, 4(6), 535–620.

Aldrich, H. (1999) *Organizations Evolving*, London: Sage.

Audretsch, D. (2007) *The Entrepreneurial Society*, Oxford: Oxford University Press.

Audretsch, D., Grilo, I. & Thurik, R. (eds) (2007), *Handbook of Research on Entrepreneurship Policy*, Cheltenham, UK and Northampton, MA, USA: Edward Elgar Publishing.

Auerswald, P.E. (2007) 'The simple economics of technology entrepreneurship: Market failure reconsidered', in Audretsch, D., Grilo, I. & Thurik, R. (eds), *Handbook of Research on Entrepreneurship Policy*, Cheltenham, UK and Northampton, MA, USA: Edward Elgar Publishing, 18–35.

Autio, E. and Rannikko, H. (2016) 'Retaining winners: Can policy boost high-growth entrepreneurship?' *Research Policy*, 45(1), 42–55.

Autio, E., Kronlund, M. & Kovalainen, A. (2007) *High-Growth SME Support Initiatives in Nine Countries: Analysis, Categorization, and Recommendations*, Helsinki: Finnish Ministry of Trade and Industry.

Bager, T., Klyver, K. & Nielsen, P.S. (2015) 'Special interests in decision making in entrepreneurship policy', *Journal of Small Business and Enterprise Development*, 22(4), 680–697.

Baumol, W.J. (1990) 'Entrepreneurship: Productive, unproductive and destructive', *The Journal of Political Economy*, 98(5), 893–921.

Bosma, N., Wennekers, S., Guerrero, M., Amorós, J.E., Martiarena, A. & Singer, S. (2011) *GEM Special Report, Entrepreneurial Employee Activity* (last accessed 31 December 2016 at http://www.babson.edu/executive-education/thought-leadership/premium/Documents/90246%20EEA%20Report%202011.pdf).

Byers, T., Dorf, R. & Nelson, A. (2014) *Technology Ventures – From Idea to Enterprise*, New York: McGraw-Hill.

Gilbert, B.A., Audretsch, D. and McDougall, P.P. (2004) 'The emergence of entrepreneurship policy', *Small Business Economics*, 22(3–4), 313–323.

Hart, D.M. (2003) 'Entrepreneurship policy – What it is and where it came from', in Hart, D.M. (ed.), *The Emergence of Entrepreneurship Policy – Governance, Start-ups, and Growth in the U.S. Knowledge Economy*, New York: Cambridge University Press, 3–19.

Kelley, D., Brush, C., Greene, P., Herringtoon, M., Ali, A. & Kew, P. (2015) *GEM Special Report, Women's Entrepreneurship* (last accessed 31 December 2016 at http://gemorg.bg/reports/special-topic-reports/gem-2015-women-s-report/).

Minniti, M. (2008) 'The role of government policy on entrepreneurial activity: Productive, unproductive, or destructive?', *Entrepreneurship Theory & Practice*, 32(5), 779–790.

Stevenson, L. & Lundström, A. (2007) 'Dressing the emperor: The fabric of entrepreneurship policy', in Audretsch, D., Grilo, I. & Thurik, R. (eds), *Handbook of Research on Entrepreneurship Policy*, Cheltenham, UK and Northampton, MA, USA: Edward Elgar Publishing, 94–129.

Van Stel, A., Carree, M. & Thurik, R. (2005) 'The effect of entrepreneurial activity on national economic growth', *Small Business Economics*, 24(3), 311–321.

结语：在悖论中保持平衡

作为创业者，你必须做好准备迎接悖论的挑战。例如，你必须在规划与即兴创作之间找到平衡，创业若正处于规划阶段，上一分钟你忙于撰写计划并精打细算，下一分钟你就可以自由发挥自己的即兴创作能力，这些过程有时是同步发生的，有时是不同步的。但是无论处于哪个阶段，作为创业者，在充满各种悖论的实践中，你都必须像走钢丝那样小心翼翼，因为这是创业取得成功所必需的前提。在这一点上，我们希望读者对本书已讨论的各种悖论形成一目了然的印象，并提出以下问题：各种悖论之间是否存在联系？在实践中，创业者肯定体会到了某些联系，但是否还有更深层次的理论背景？也许可以将各种悖论分类整合在一起，找到隐藏在前面章节所述各种悖论模式之中的元悖论。

本书中的悖论

创业者要在充满悖论的实践中保持平衡。悖论不是一个选择问题，而是在特定情境下找到合适的平衡，这取决于你是谁以及你寻求发展的过程是什么。然而，作为创业者，你可能会很有把握地认为自己无法适应任何一个极端，无论它对你有多大吸引力。一位创业者可能会喜欢起步阶段，因为这个阶段创意不断涌现，而且有即兴创作的空间。另一位创业者在产生项目的基本创意后可能会更自在，因为通过行动、计划和组织来实现这个创意是很重要的。

无论创业者的偏好如何，没有哪种创业过程中仅存在悖论的一个极端。创意在进行第一次直接评估之前几乎没有构思，在整个组织阶段，人们始终需要有关如何展示产品、培养客户、招聘员工等方面的新创意。因此，无论个人偏好和创业过程的阶段如何，创业者都是在一种充满悖论的环境中前行，这就需要务实的"既此又彼的解决方案"，而不是"非此即彼的解决方案"。可以说，掌握了创业过程中各种悖论的创业者或创业团队可能是众多项目竞争中的赢家，而这些项目也将不断地在所有可能的领域中展开。

这就是我们为什么选择围绕一些关键悖论来编写这本书。我们相信这些悖论很重要，就像它们对一般组织和管理来说一样重要（Hatch 和 Carlie，2006；Scot 和 Davis，2007；De Wit 和 Meyer，2010）。此外，通过这些悖论可以看出，有些悖论在创建阶段至关重要，其他悖论则在后期阶段很重要，或是与特定情境有关。最后，我们聚焦于创业的本质：发现或创造机会以供组织评估和利用之间的相互作用，而非关注财务和营销等。

我们先总结一下这些悖论（见图Ⅱ-1），它们在本书绪论中也有介绍。

天生的	创业者	后天发展的
被发现的	机会	被创造的
工具性的	机会评估	合法性的
可预测规划的	机会组织	即兴创作的
基于必要性	新生创业	基于机会
资源利用	创业	资源探索
理性工具的	创业网络	社会嵌入的
管理工具	商业计划书	抑制创造力
创业思维	创业	设计思维
自上而下的	内创业	自下而上的
商业世界	社会创业	更美好的世界
封闭的	公共创业	开放的
财富性的	创业政策	福利性的

图Ⅱ-1 本书中的悖论

这些悖论不应该被理解为互不相容的两个极端。在解释实践中，我们更多地将其看成同一主题看似矛盾的两种视角之间的平衡问题。因此，这不是必须要在两个极端之间做出选择，而是创业者或创业团队仅仅采取了一种平衡行为，就像在两个极端之间走钢丝。这两种悖论视角通常有助于我们理解创业过程中发生的事情。

悖论的综合

图 II-1 中的各悖论之间是否存在联系？左侧是天生的、被发现的、工具性的、可预测规划的、基于必要性、资源利用、理性工具的、管理工具、创业思维、自上而下的、商业世界、封闭的和财富性的，而右侧则是后天发展的、被创造的、合法性的、即兴创作的、基于机会、资源探索、社会嵌入的、抑制创造力、设计思维、自下而上的、更美好的世界、开放的和福利性的。这个谜题中是否隐藏着一种元悖论？实际上，人们可以为元悖论的存在而争辩，尽管有些悖论比其他悖论更符合元悖论。图 II-1 的左侧可以被归纳为客观主义方法，右侧则可以被归纳为主观主义方法（Burrell 和 Morgan，1979）。客观主义方法和主观主义方法反映了两种不同的理论方向。前者认为存在一个独立于人类及其行为的客观世界，在这个客观世界中，就人类行为而言，外部世界是可以被了解、描述和预测的。在主观主义方法中，现实并不是由外部世界给出的，而是内在的、个人的主观理解。现实是通过人类行为、经验和理解来创造的，即社会现实是被创造的，而不是被发现的。

接下来，我们将进一步解释上述元悖论是如何体现在创业之中的。

客观主义方法

图 II-1 的左侧总结了创业的客观主义方法，在这里，个人和群体以尽可能经济合理的方式行事。左侧的联系是创业者发现机会，运用工具对这个机会进行评估并开始组织，这几乎是可以预先绘制的线性过程。除此之外，这些活动还包括创业者为达到目的而调整自己的网络，以及撰写商业计划书，进而使创业者能够更有效、更安全地管理自己的创业过程。这个过程是深思熟虑的、系统的和可控制的，可通过规划实现可预测的特定目标：一个可盈利的组织。因此，只有正确的知识才能管理创业过程，而这正是高层通过自上而下的管理和控制来开展创业行动的关键。这种方法假设存在最佳方案，以指导一个或多个创业者进行创业。所有这一切都可以被称为客观主义的创业方法，因为创业过程是给定的，它也独立于个人，存在于"现实世界中"。

作为行动者，创业者只是机器轮子上的一颗"齿轮"，这台机器试图尽可能快速有效地实现目标。关键因素是项目，而不是人员。创业者的职能是开发和管理创业机器，以达到预先确定的目标。通过规划、控制机器、协调和分析，创业者能使创业机器朝着理想的方向行驶。天生视角强调了创业者如何被认为是为此目的而生的。

客观主义方法也促成了新组织建立的"最佳实践"。商业计划书被认为是一种管理工具，是这种组织形成的"最佳实践"的例子。商业计划书的客观性质反映在以下事实上：从创业过程开始，就可以在很大程度上预测创业者在实现目标的过程中必须访问哪些目的地。商业计划书的各个方面（融资、营销、战略等）表明，创业过程包括了一系列需要计划和协调的活动。因此，客观主义方法的核心是提出一些普遍适用的工具和结构规则，以支持创业者管理创业机器。

萨阿斯瓦斯（2008）将客观主义方法描述为"因果关系"，因为它既基于创业者不断追求的目标，也基于实现目标的手段选择。它假定创业者能够获得所需的手段，例如，资源和网络（或多或少），或在开始创业过程时确定这些手段，并理所当然地认为就是这些手段。

类似的因果关系还可参见古典组织理论、20世纪早期泰勒提出的组织形成与运作的机械理性方法（Scot和Davis，2007）。同样，我们发现这种方法也反映在决策理论中，理性传统在决策理论中一直处于中心地位。然而，对组织来说，它是有限理性而不是绝对理性（Simon，1946）。有限理性意味着我们不知道所做选择的所有替代方案及其结果，就像我们在实践中接受满意的解决方案而不是最优的解决方案一样，这样的理解对创业来说也很有意义。

主观主义方法

图 Ⅱ-1 的右侧总结了创业的主观主义方法。在这里，创业者的激励和行动来自许多不同逻辑，这些逻辑并不总是符合传统的理性经济逻辑。无论是个人层面还是群体层面，人都处于中心地位。个人通过自身发展成为创业者，他对创业过程的设计和塑造起着决定性的影响。然而，创造机会并决定追求机会的人也只是一个平凡的人，在生活中还有其他重要的事。因此，创业过程远不是由"外部"所赋予的固定存在，相反，它是一种由创业者的行动、思想、情感、欲望和经验等创建的存在。

然而，主观主义方法强调，创业者不是独自创建创业过程。这个过程是通过与他人不断互动而创建和再创建的，这说明了创业过程是如何被社会建构的。因此，他人和网络是创业过程嵌入其中的基础，并且不断影响着创业过程的工作方式。因此，创业过程远非遵循预定阶段和目标的线性过程，而是通过前后迭代和并行顺序来塑造的。

主观主义方法的另一个基础是对规划价值和明确定义的目标持有怀疑态度。未来是无法预测的，行为和决定应取决于具体出现的情况。这不仅适用于创业过程早期阶段的创业者，在更成熟的现有组织中，由于很大程度上已经确定了程序和系统，规划和目标定义可能同样也是难以完成的活动，尤其是如果目标是创造新事物。因此，不可能预测一切，重要的是让从事日常活动的创业者有行动的空间。根据这种方法，让创新自下而上地发生也是至关重要的，因为创造和设计新事物有时可能是一个混乱的过程，在这个过程中，目标和规划并不总是起作用，也无法创造价值。实际上，人们可以说，一种高度理性、有计划的方法会破坏创业者的机会并削弱新创意的发展。因此，商业计划书常常被认为抑制了创造力，而设计思维对于抵消计划思维方式的影响是非常重要的。

主观主义方法不是在办公桌前进行规划的，而是要进入真实世界，在创意的引导下，对改变或新的方向持有开放态度。例如，一个创意可能被重新定位到完全不同的客户群。主观主义方法认为，创业过程不是可预测的、普遍有效的和有针对性的，而是将它视为一个独特的过程，其结果尚未可知。就像斯泰亚特所指出的那样，"每一次创业努力都追随并书写自己的故事"（Steyaert，1997）。

创业者只有通过行动并与他人互动，才能弄清楚机会是否可以被组织，如何组织，以及这个机会是否合法，更准确地说，它应该被如何挖掘出来。韦克用一句话抓住了这一点，"我怎么知道我在想什么，直到我明白我在说什么"（Weick，1969）。这是先说并做某事，然后再理解和解释的例子。萨阿斯瓦斯（2008）指出，主观主义方法的出发点并没有被严格定义的目标。相反，它的出发点是创业者所采取的行动以及他能使用的手段。萨阿斯瓦斯称这种方法是"效果逻辑的"而不是"因果逻辑的"，因为出发点是创业者为达到整体效果而采用的手段。

方法相关性和可能组合

我们再次强调，上述两种广泛的创业方法都很重要，不一定要将它们看成是对立竞争的，它们都有可靠的理论基础。对个人创业者来说，关键是在任何特定情况下都能取得平衡。这种平衡有时会倾向于客观主义方法，而有时则倾向于主观主义方法。在选择大学的学习课程和项目时，类似的情况也适用，学生应该能够同时处理主观主义和客观主义这两个方面。

这两种方法也是相关的。你可以单独使用其中一种视角获益，即选择悖论的一种视角，并从这种视角来思考创业项目或过程。但是，同时从悖论的两种视角来思考创业项目或过程肯定是有价值的。同时使用这两种方法，你可以更深入地研究资料，并更有效地避免我们自身带有的规范"盲目性"，即我们都喜欢从特别具有吸引力的特定角度出发。例如，在创业启动时，有些人会被理性视角"激发"，而有些人会被"计算"方法所挫败。可以说，两者都需要戴上"反向镜"，从相反的角度来看待问题。通过从多种角度思考创业，人们可以更好地理解创业过程为什么会这样演变，并且重要的是，理解创业过程为什么有可能成功也有可能失败。

你的旅程才刚刚开始

现在，我们即将结束本书及其相关领域学习的旅程。我们希望你喜欢这趟旅程，从中得到了启发，感觉很好，并且有能力在自己的特定情境下开始自己的创业之旅。无论你是将来想成为独立的创业者，还是在现有组织或闲暇时间继续发展创业项目，我们都非常有信心，在未来的某个时刻你会参与新创意，这仅仅是因为它在人们的生活与事业中是如此普遍和重要。

展望未来，我们建议你以某种方式来实践一个或几个创业项目。只有在实践时，你才会真正理解本书中的大部分内容，也只有通过这种方式，你才能发现（也许是隐藏的）你所拥有的天赋和实力。也正是在实际项目中，你会体验到这是多么困难和令人沮丧，无法在创意的丛林中找到自己的出路。但是，你也可以体验创业项目成功时的那种感觉。这有点像在地面上观看过山车：只有当你真实地坐在过山车上时，你才知道那是一种怎样的感觉。

你可以通过多种方式找到实践项目，在学习期间开展学生创业项目，而不是从事学生工作，或者与他人一起开展社会创业项目。例如，针对全球气候或贫困问题，或者也可以在一家公司或组织中实习，在那里你将与跨学科项目团队一起开发新机会。

你也可以在不同大学中，通过继续钻研本书中的主题来拓展你的知识。如果本书及相关主题领域引起了你的兴趣，你可以在世界各地的许多大学继续深造，这些大学开设的课程专注于我们提到的问题，如创新或创造力。美国的一项研究表明，接受过训练和教育以促进新创意、发现或创造机会的学生，比未接受过此类训练和教育的学生更胜一筹（DeTienne 和 Chandler，2004）。在这里，"熟能生巧"这句古老的格言是十分恰当的。此外，在一些特定主题上也有值得你学习的其他知识，例如，适用于初创公司的融资条件、成长管理知识，或者与知识产权保护有关的特殊程序和规则。

你也可以选择参加全球不同大学及继续教育机构提供的许多课外活

动，其中包括创新训练营，通常在企业领导人和其他组织代表的参与下运行 48 小时；还包括商业计划竞赛和培训课程，以及在本地企业孵化器中为学生提供的指导。

也许你尚未确信创业对你来说很重要，因此，最后让我们总结三个关键点：

（1）无论你毕业时是想找到一份工作，还是想创办一家新组织，作为一名大学生，如果你已经学会并掌握了创业的关键方面，如创造、评估和组织机会，这将会增加你成功的机会。请记住，在当代社会，受过高等教育的人的绝大部分工作都涉及基于项目的跨学科工作，这些工作涉及新创意、机会及其实现。一切都表明，随着社会变革进程的加快和创新水平的提高，这一点在未来将变得越来越重要。

（2）如果你希望创建自己的组织，很可能是与他人一起创建的，那么在大学里就为它做好准备是很重要的。因为在大学里，当它开始变得具有风险和花费你很多钱之前，你仍有机会"扮演"这个角色。

（3）最后一点是参加创业项目很有趣。作为一名学生，你的大部分时间都花在了学习和吸收现有知识上。创业从本质上说是不同的：尽管这里也有既定知识的学术领域，但是从根本上讲，创业需要发展抓住尚不存在的事物的能力，而且在大多数情况下看起来很有趣。更有趣的是，你正在努力开发新事物，并且往往会与拥有完全不同经验和学术背景的人合作。通常只有在这样的背景下，我们才能真正理解所学的知识以及掌握如何使用它。

让我们以哈佛大学 C. 奥托·沙默教授的观点作为结束语，以证明创业和未来导向很重要：

> 我们向我们的教育系统中投入了大量资金，但是尚未建立起能够培养人们感知和塑造未来的天赋的学校和高等教育机构，我认为这是 21 世纪知识经济和共创经济最重要的核心能力。(Scharmer, 2007)

参考文献

Burrell, G. & Morgan, G. (1979) *Sociological Paradigms and Organisational Analysis*, London: Heinemann Educational.

DeTienne, D. & Chandler, G.N. (2004) 'Opportunity identification and its role in the classroom: A pedagogical approach and empirical test', *Academy of Management Learning and Education*, 3(3), 242–257.

De Wit, B. & Meyer, R.J.H. (2010) *Strategy Synthesis, Resolving Strategy Paradoxes to Create Competitive Advantage*, London: Cengage Learning.

Hatch, M.J. & Cunliffe, A.L. (2006) *Organization Theory, Modern Symbolic and Postmodern Perspectives*, Oxford: Oxford University Press.

Sarasvathy, S. (2008) *Effectuation: Elements of Entrepreneurial Expertise*, Cheltenham, UK and Northampton, MA, USA: Edward Elgar Publishing.

Scharmer, C.O. (2007) *Theory U – Leading from the Future as it Emerges*, Cambridge, MA: SoL Press.

Scott, W.R. & Davis, G.F. (2007) *Organizations and Organizing: Rational, Natural and Open System Perspectives*, Englewood Cliffs, NJ: Prentice Hall.

Simon, H. (1997[1946]) *Administrative Behavior*, New York: Free Press.

Steyaert, C. (1997) 'A qualitative methodology for process studies of entrepreneurship – Creating local knowledge through stories', *International Studies of Management and Organization*, 27(3), 13–33.

Weick, K. (1969) *The Social Psychology of Organizing*, Reading, MA: Addison-Wesley.

推荐阅读

书号	书名	作者	定价
978-7-111-31549-0	明茨伯格管理进行时	（加）亨利·明茨伯格	42
978-7-111-31707-4	管理者而非MBA(珍藏版)	（加）亨利·明茨伯格	48
978-7-111-31945-0	明茨伯格论管理(珍藏版)	（加）亨利·明茨伯格	48
978-7-111-38600-1	战略历程：穿越战略管理旷野的指南(原书第2版)	（加）亨利·明茨伯格	59
978-7-111-39878-3	管理和你想的不一样	（加）亨利·明茨伯格	36
978-7-111-46815-8	管理至简：以实践为根基实现简单、自然、有效的管理	（加）亨利·明茨伯格	39
978-7-111-55900-9	战略过程：概念、情境与案例（原书第5版）	（加）亨利·明茨伯格 等	89

商业模式的力量

书号	书名	定价	作者
978-7-111-54989-5	商业模式新生代（经典重译版）	89.00	（瑞士）亚历山大·奥斯特瓦德 （比利时）伊夫·皮尼厄
978-7-111-38675-9	商业模式新生代（个人篇）：一张画布重塑你的职业生涯	89.00	（美）蒂姆·克拉克 （瑞士）亚历山大·奥斯特瓦德 （比利时）伊夫·皮尼厄
978-7-111-38128-0	商业模式的经济解释：深度解构商业模式密码	36.00	魏炜 朱武祥 林桂平
978-7-111-57064-6	超越战略：商业模式视角下的竞争优势构建	99.00	魏炜 朱武祥
978-7-111-53240-8	知识管理如何改变商业模式	40.00	（美）卡拉·欧戴尔 辛迪·休伯特
978-7-111-46569-0	透析盈利模式：魏朱商业模式理论延伸	49.00	林桂平 魏炜 朱武祥
978-7-111-47929-1	叠加体验：用互联网思维设计商业模式	39.00	穆胜
978-7-111-57840-6	工业4.0商业模式创新：重塑德国制造的领先优势	39.00	（德）蒂莫西·考夫曼
978-7-111-55613-8	如何测试商业模式	45.00	（美）约翰·马林斯
978-7-111-30892-8	重构商业模式	36.00	魏炜 朱武祥
978-7-111-25445-4	发现商业模式	38.00	魏炜

彼得·德鲁克全集